U0791747

高等职业教育课程改革系列教材 · 财务会计类

Tax Accounting and Intelligent Declaration

税费核算与智能申报

袁正 主编

东北财经大学出版社
Dongbei University of Finance & Economics Press
大连

图书在版编目（CIP）数据

税费核算与智能申报 / 袁正主编. —大连 ：东北财经大学出版社，2024.8.
（高等职业教育课程改革系列教材 · 财务会计类）. —ISBN 978-7-5654-5299-4
Ⅰ. F810.423；F812.42
中国国家版本馆CIP数据核字第20242V08K5号

东北财经大学出版社出版
（大连市黑石礁尖山街217号　邮政编码　116025）
网　　址：http://www.dufep.cn
读者信箱：dufep@dufe.edu.cn
大连东泰彩印技术开发有限公司印刷　东北财经大学出版社发行

幅面尺寸：185mm×260mm　字数：372千字　印张：16.5　插页：1
2024年8月第1版　2024年8月第1次印刷

责任编辑：包利华　孟　鑫　责任校对：刘贤恩
封面设计：原　皓　版式设计：原　皓

定价：46.00元

教学支持　售后服务　联系电话：（0411）84710309

如有印装质量问题，请联系营销部：（0411）84710711

前言

“税费核算与智能申报”是财会类专业核心课程。本教材通过各税种征税范围、纳税人、税率等基本税收理论引领纳税申报实践，培养学生熟练计算应纳税额和办理申报纳税业务的职业能力，达到熟悉税收理论、熟练办税业务的要求，满足涉税单位对技术技能型人才的需求。

本教材的主要特色表现在以下几个方面：

1. 以“税费核算、申报流程”为基础来设计教材内容

在内容编排上，以党的二十大精神为引领，落实课程思政，按照税收理论、税额计算、纳税申报工作过程设计内容，力求缩小理论与实践的差距，提高学生岗位适应能力。

2. 以“项目导向，任务驱动”为原则来组织教材内容

基于税费核算、申报工作任务，构建每一个项目单元。每一项目单元设计若干学习任务，完成任务即达到教学目标。全面反映各税种任务完成过程，突出实践性和可操作性，利于学生上手操作、理解数据关系。

3. 兼顾比赛及考证要求

税费核算与智能申报，是财税技能竞赛的重点考核内容，不仅要求学生掌握算税、报税知识和技能，而且要求学生具备良好的会计账务处理操作能力。在内容设置上，本教材将课程内容与初级会计专业技术资格考试考点融为一体，既有利于学生平时学习，又有利于学生考前强化。

4. 引入新技术、新手段，弥补课堂教学不足

教材融合互联网技术，开展教学方法改革，配备微课视频、随堂测等数字拓展资源。对教材中重要的和较难的知识点，学生可以通过微课视频反复学习巩固、通过随堂测边学边练，以弥补课堂教学时间有限、学生对新知识接受程度参差不齐等不足，进一步提高课堂教学效果。

5. 与企业合作，丰富教材资源

“税费核算与智能申报”课程配有“税务实训平台”及课件、案例、实训等丰富的教学资源。

本教材可供高等职业院校的财会类专业学生使用，也可供财会在职人员培训及自学使用。

本教材由浙江东方职业技术学院袁正担任主编，浙江东方职业技术学院熊萧、张文

福及温州财税会计学校董书担任副主编，浙江东方职业技术学院杨贤超、张燕红、魏宝全、李咏、白婧、徐濛娜、王真、王安特以及温州财税会计学校张炜臻参与编写。具体分工如下：张文福、杨贤超共同编写项目一；张燕红编写项目二；袁正、魏宝全共同编写项目三；魏宝全、董书、张炜臻共同编写项目四；李咏编写项目五和项目六；白婧编写项目七、项目八和项目九；徐濛娜编写项目十、项目十一和项目十二；袁正、魏宝全共同编写项目十三；王安特编写项目十四；袁正、王真共同编写项目十五。熊萧、王真、魏宝全、袁正共同完成了课程视频的拍摄制作工作。全书由袁正统稿。

由于编者水平有限，教材中难免存在不妥之处，欢迎读者和同行批评指正，以便修订时改正。

编　者

2024年8月

目录

项目一
纳税概述

学习目标

【知识目标】

- 理解税收的含义和基本特征
- 掌握税法要素
- 熟悉税收体系

【能力目标】

- 能办理开业、变更、停业、复业、注销税务登记
- 能领购发票

【素养目标】

- 培养依法纳税意识
- 培养诚信纳税品质

任务一　理解税收的意义

一、理解税收的基本含义

税收是国家为了满足社会公共需要，凭借政治权力参与社会剩余产品分配，强制地、无偿地、按照法定标准征收的一种财政收入。

国家为什么要征税？国家征税最直接的出发点就是满足社会公共需要。社会公共需

要是指向社会提供的安全、秩序、公民基本权利和经济发展的必要条件等方面的需要，如国防、外交、公安、司法、行政管理、基础教育、基础科学研究、卫生保健、生态环境保护、城市基础设施等。社会公众需要通过市场交换得到补偿，因此，市场机制不能提供满足上述公共需要的产品和服务。而这些需要的满足又是社会正常运转和发展进步的必要条件，作为公共管理和服务主体的政府必须担负起弥补市场机制缺陷（不能提供公共产品）的职责，通过征税来保证全体国民对于各类公共产品的需要。

微课

国家与税收

国家凭借什么征税？税收同劳动工资、资本利息等一样都是一种分配方式，但又不同于这些分配方式。其主要区别在于，税收是国家以政府为征收主体凭借政治权力进行的分配。任何分配都要发生财富所有权、占有权或支配权的转移，涉及相关方面的物质利益，这就决定了任何分配的实现都要以一定的权力为依托。那么，国家运用税收这种方式进行分配是凭借什么权力呢？我们知道，领取工资要凭借自己的劳动付出，领取存款利息需要将钱存入银行，领取股利需要购买股票，这些按照生产要素进行的分配都要凭借对某种生产要素占有的权力。国家利用税收参与分配凭借的不是这些权力，而是政治权力，即国家的权力。这种权力是因全体公民需要委托一个公共管理者管理公共事务而授予政府的。公民委托政府管理公共事务和向政府纳税是出于权利与义务的对等，一方面，国家公共权力要靠征税取得赖以存在的物质基础；另一方面，征税又必须以各种强制性的公共权力为后盾。

税收分配的对象是什么？根据马克思再生产理论，社会总产品的价值形态可分为两个部分：一部分是已消耗的生产资料转移的价值，这部分只能留在生产部门内部，用于重新购置生产资料，以保证简单再生产的进行，一般不进入分配领域，因此不属于纯粹意义上的分配；另一部分是劳动者新创造的价值，只有这一部分才有一个划分为不同份额并决定归谁占有的问题。因此，也只有这一部分才能成为税收分配的对象。而新创造的价值又包括必要产品价值V（或称为劳动者为自己劳动创造的价值）和剩余产品价值M（或称为劳动者为社会劳动创造的价值）两部分。前者归劳动者个人占有，用于个人消费以保证劳动力的再生产；后者主要是在社会范围内分配，用于社会积累和社会消费，以满足扩大再生产和社会公共需要。税收是国家为满足社会公共需要而参与国民收入的分配，因此，它的分配对象主要是剩余产品价值。随着社会的进步和经济的发展，个人收入渠道出现了多元化的趋势，来自这一部分的税收收入比重不断提高。

二、了解税收的基本特征

税收与其他财政收入相比有哪些不同特征？政府筹集财政收入的方式除税收外，还有借债（发行国债）、向国有企业收取利润和向社会收取各种规费等。从形式上看，税收与其他财政收入相比具有无偿性、强制性和固定性的特征，习惯上称之为税收的“三性”。也就是说，判断一种财政收入是不是税收，就看它在形式上是否具有“三性”。

微课

税收本质

税收的无偿性是指国家取得税收收入不需要直接向缴纳的单位和个人付出任何代价。通过征税，单位和个人缴纳的实物或货币即转变为国家所有，不再直接归还给缴纳者。而国债收入是国家以债务人的身份凭借国家信用取得的收入，国家对债券持有者具有直接的偿还义务；规费收入是国家机关向有关当事人提供某种服务而收取的一种报酬，也不具有无偿性，因此它们不属于税收范畴。

税收的强制性是指税收这种分配是以国家的政治权力为依托的，具体表现为国家以颁布税收法令和制度等法律法规形式来规范、制约、保护和巩固这种分配关系。国家规定的税收法令和制度，任何单位和个人都必须遵守，否则就要受到法律的制裁。税收的强制性，不仅仅是要求纳税人必须依法纳税这一个方面。对征税机关来说，税收也是强制的，如不依法征税，无论是多征了还是少征了，都要承担相应的法律责任。

税收的固定性是指对什么征税和征多少税是通过法律形式事先规定的，征纳双方都必须遵守。这是保证税收征收空间上的并存性和时间的继起性以及政府权力的有限性的必要条件。这和一次性的临时摊派以及对违法行为的罚款、没收等有明显的区别。固定性也是税收区别于罚没收入等其他财政收入的重要标志，也正因为税收的固定性特征，才能保证国家财政收入的均衡和稳定。

税收“三性”是相互联系、缺一不可的。只有无偿征收，才能满足一般的社会公共需要。而要无偿取得财物，就必须凭借法律的强制性手段。固定性则是保证强制、无偿征收的适当限度的必然结果。税收“三性”只是税收的形式特征，就实质而言，税收征收形式上的强制性是与民主协商过程的自愿性相结合的；税款征纳的无偿性是与“取之于民，用之于民”的总体有偿性相结合的；税收法律的固定性是与按照规定程序调整的可变性相结合的。

随堂测 1-1

（多选题）税收与其他财政收入相比，具有以下（　　）基本特征。

A.强制性　　B.固定性

C.无偿性　　D.有偿性

任务二　熟悉税法要素

微课

税法概述

税法是规定政府与纳税人之间在税款征收和缴纳方面的权利、义务关系的法律规范。它既是税务机关向纳税人征税的法律依据，也是纳税人履行纳税义务的法定准则。

税法主要有两类：一是规定税收权利义务关系的税收实体法。税收实体法的基本要素是指各个税种在立法时必须载明的、不可缺少的基本内容。比如对什么征税、对谁征税、征收多少、什么时间征收等。这些要素即征税对象、纳税人、税率、纳税环节、纳税期限、减免税等。其中，纳税人、征税对象和税率是税收制度的三个最基本的构成要素。二是规定税收征纳程序方面的税收程序法。任何税种都需要有法定的征纳程序进行规范，如纳税登记、纳税申报、违法处理等。

税收实体法的基本要素如下：

一、征税对象

征税对象是指对什么征税，是税收法律关系中征纳双方权利义务共同指向的客体或标的物。征税对象指明对什么征税，是区分不同税种的主要标志，如企业所得税的征税对象是企业的应纳税所得额，消费税则以特定消费品为征税对象。

税目是各个税种所规定的具体征税项目。它是征税对象的具体化，其作用在于进一步明确征税范围。比如，消费税就将作为征税对象的消费品具体划分为烟、酒、高档化妆品等税目，而除了这些特定消费品以外的其他消费品，就不需要缴纳消费税。

与征税对象、税目相关的概念还有计税依据。计税依据是征税对象的量化特征，是计算税款的依据。不同税种甚至不同税目的计税依据是不同的，有按征税对象的实物量征税的，也有按征税对象的价值量征税的。比如，增值税的计税依据是货物和应税劳务等的增值额，城镇土地使用税的计税依据是土地面积。

二、纳税人

纳税人又称纳税义务人，是指税法规定直接负有纳税义务的法人、自然人及其他组织。如增值税的纳税人是在我国境内销售货物、劳务、服务、无形资产、不动产以及进口货物的单位和个人，消费税的纳税人是在我国境内生产、委托加工和进口应税消费品的单位和个人。

与纳税人相关的概念还有负税人、扣缴义务人、税务代理人、委托代征人。

负税人是实际承担税款的单位和个人，而纳税人是直接向税务机关缴纳税款的单位和个人。如果纳税人能够通过一定途径把税款转嫁出去，纳税人就不再是负税人，否则，纳税人同时也是负税人。

扣缴义务人包括代扣代缴义务人和代收代缴义务人。代扣代缴义务人是指有义务从持有的纳税人收入中扣除其应纳税额并代为缴纳的单位和个人。代收代缴义务人是指有义务从纳税人处收取其应纳税额并代为缴纳的单位和个人。

税务代理人是指在国家有关法律法规规定的范围内，受纳税人、扣缴义务人的委托，办理涉税服务事项的主体。

委托代征人是指接受税务机关的委托，按照税务机关核发的代征证书的要求，以税务机关的名义向纳税人征收零星税款的单位。

三、税率

税率是应纳税额与征税对象数量之间的法定比例或额度。它是计算税额的尺度，也是衡量税负轻重与否的重要标志。我国现行税率主要有比例税率、定额税率和累进税率三种类型。

（一）比例税率

比例税率是指对同一征税对象不分数额大小，规定相同的征收比例。如我国企业所得税的现行税率为25%。增值税、城市维护建设税等采用的也是比例税率。

（二）定额税率

定额税率是按征税对象确定的计算单位，直接规定一个固定的税额。如我国的车船税、城镇土地使用税等都规定有按辆、平方米等计税的规定。

（三）累进税率

累进税率是根据征税对象数量或金额的多少，分等规定递增的多级税率。应税数量越多或金额越大，适用税率越高。累进税率能体现量能负担原则，使纳税人的负担水平与负税能力相适应，但税款计算较复杂。

累进税率按其累进依据不同，可分为依额累进和依率累进。即前者按征税对象的绝对额累进，后者按征税对象的相对数累进。其累进方式也有两种，即按征税对象的全部数量累进和只对征税对象超过一定量的部分累进。将不同的累进依据和不同的累进方式交叉组合，可形成全额累进税率、超额累进税率、全率累进税率和超率累进税率等四种累进税率。我国目前采用了超额累进税率和超率累进税率两种。

全额累进税率，是指将征税对象的全部计税依据数额按照其所适用的最高一级征税比例计税的一种累进税率。在这种累进税率形式下，一个纳税人的全部征税对象计税依据数额仅仅适用一个征税比例，当征税对象计税依据数额提高到一个较高级次时，全部征税对象计税依据数额都按照高一级的税率征税。从这个意义上说，全额累进税率仍是一种比例税率。全额累进税率具有计算简便、累进幅度大、调节收入有效的优点，但这种累进税率在两个级次的临界点附近往往容易出现税额增加超过征税对象计税依据数额增加的不合理现象。

超额累进税率，是指将征税对象按计税依据数额大小划分为若干个等级，每一等级规定一个税率，当计税依据的数额增加到需要提高一级税率时，仅就超过上一等级的部分，按高一级税率征税的税率。换言之，同一征税对象，可能适用几个等级的税率。该征税对象的全部应纳税额为多个等级部分应纳税额的合计数。

表1-1是一张简化了的累进税率表。

表1-1　累进税率表

级次	全年应纳税所得税额级距	税率（%）	速算扣除数（元）
1	不超过5 000元的部分	5	0
2	5 000元以上~10 000元（含）	10	250
3	10 000元以上~30 000元（含）	20	1 250
…	…	…	…
—	50 000元以上	35	6 750

从表1-1中可见，累进税率是按应纳税所得额的数量，由少到多地划分若干等级，并分等级确定不同比例税率的一种税率组合形式。这些等级称为累进级次，有几个级次

就相应称为几级累进税率。如我国，现行税法规定有“七级超额累进税率”“五级超额累进税率”等。每一级的起止数之间的距离称为级距。不同级距的税率是逐级提高的。

【做中学 1-1】

纳税人甲全年的应纳税所得额为 10 000 元，纳税人乙全年的应纳税所得额为 10 001 元。假如实行全额累进税率，按照表 1-1 的税率，纳税人甲和纳税人乙的应纳税额分别为：

纳税人甲的应纳税额=10 000 ×10% =1 000（元）

纳税人乙的应纳税额=10 001 ×20% =2 000.2（元）

纳税人乙的应纳税所得额比纳税人甲只多 1 元，但要多交 1 000.2 元的税款。这对鼓励纳税人增加收入的积极性是不利的，所以，我国税法现在已经不再采用这种全额累进税率形式。

【做中学 1-2】

纳税人甲全年的应纳税所得额为 10 000 元，纳税人乙全年的应纳税所得额为 10 001 元。如果改按超额累进税率计算，按照表 1-1 的税率，则：

纳税人甲的应纳税额为：

第一级：5 000×5% =250（元）

第二级：（10 000−5 000）× 10% =500（元）

应纳税额=250+500=750 （元）

纳税人乙的应纳税额为：

第一级：5 000×5% =250（元）

第二级：（10 000−5 000）×10% =500（元）

第三级：（10 001−10 000）×20% =0.2（元）

应纳税额=250+500+0.2 =750.2（元）

纳税人乙的应纳税所得额比纳税人甲多 1 元，应交税额只多 0.2 元，这就比较容易让纳税人接受了。

可见，在税率既定的前提下，对同等量的应纳税所得额来说，超额累进的税负要比全额累进的税负轻。对不等量的应纳税所得额来说，超额累进只是将超过一定级距范围的部分按高一级的税率计征，不会出现在级距临界部分的税负陡增现象。换句话说，超额累进的累进幅度比较缓和，更能体现合理负担原则，但计算比较复杂。为了简化超额累进税率的计算，在实际工作中通常采用“速算扣除法”，即按全额累进的方法计算出税额，再从中减去一个“速算扣除数”，其差额即为超额累进的应纳税额的方法。用公式表示为：

超额累进的应纳税额=应纳税所得额 × 按全额累进所适用的税率−速算扣除数

如【做中学1-2】用速算扣除法计算，结果为：

应交税费=10 001×20%−1 250=750.2（元）

所谓“速算扣除数”，就是预先按全额累进计算的税额同按超额累进计算的税额相减得出的差额数。如表 1-1 中，第三级的速算扣除数 1 250 元，就是纳税人乙【做中学 1-1】的应纳税额减去【做中学 1-2】的应纳税额之差，即 2 000.2−750.2=1 250（元）。

它也可以按下列公式事先求出，作为常数列入税率表中：

本级速算扣除数=前一级最高所得额×（本级税率−前一级税率）+前一级的速算扣除数

则：第二级的速算扣除数=5 000×（10%−5%）=250（元）

第三级的速算扣除数=10 000×（20%−10%）+250=1 000+250=1 250（元）

上述三种税率体现着不同的负担政策。比例税率体现等比政策，对收入水平不同的纳税人征收，实际税率相等，税额不等，纳税人之间的税前收入和税后收入水平的差距比例不变。定额税率体现着等量负担政策，同等数量条件下，收入不同，税额相同，实际负担比率不等，单位数量收入越高，负担比率越低，纳税人之间的税后收入水平的差距比税前扩大。累进税率体现累进负担政策，收入不等，实际税率也不等，收入越高，税率越高，纳税人之间税后收入水平的差距比税前缩小。

随堂测 1-2

（多选题）税制的基本构成要素包括（　　）。

A.税率　　B.纳税人

C.征税对象　　D.征税范围

四、减免税

减免税，是根据国家政策，对某些纳税人和征税对象通过减征部分税款或免于征税而给予鼓励和照顾的一种特殊规定。

减免税的具体形式有三种：

其一是税基式减免，即通过缩小计税依据来实现减免税。它具体又包括起征点、免征额、项目扣除、跨期结转等。起征点是税法规定的征税对象达到开始征税数额的界限。征税对象的数额未达到起征点的不征税，达到或超过起征点的，则就其全部数额征税。如我国增值税通过规定起征点免除了收入较少的纳税人的税收负担。免征额是征税对象总额中免予征税的数额，它是按照税法规定的标准从征税对象总额中预先扣除的数额，免征额的部分不征税，只就超过免征额的部分征税。项目扣除是指在征税对象总额中允许扣除某些项目的金额，而只就其余额作为计税依据计算应纳税额。跨期结转是将某些费用或损失向前或向后期间结转，抵消本期一部分收益，缩小计税基数，来实现减免的一种方法。

其二是税率式减免，即通过降低税率来实现减免税，包括规定低税率和零税率、暂定照顾性税率等。

其三是税额式减免，即通过减少一部分或全部应纳税额来实现减免税，包括全部免征、减半征收、规定减征比例或核定减征额等。

五、纳税环节

纳税环节是税法规定的征税对象在从生产到消费的流转过程中应当缴纳税款的环节。商品的流转过程包括工业生产、农业生产、货物进出口、农产品采购、商业批发、商业零售等在内的各个环节，其中具体被确定为应当缴纳税款的环节，就是纳税环节。

按照纳税环节的多少，可以将税收制度划分为一次课征制和多次课征制。如现行的消费税对大部分消费品实行一次课征制，主要是对应税消费品的生产、委托加工、进口或者零售过程中的某一环节缴纳消费税，在其他流通环节不再缴纳消费税。而增值税则实行多次课征制，从商品生产环节到商业零售环节，每一个环节都要就其增值额部分纳税。

六、纳税期限

纳税期限是指纳税人的纳税义务发生后应依法缴纳税款的期限。纳税期限有两层含义：一是结算应纳税款的期限，也称结算期限，是指结算一次应纳税额的时间跨度，如按月结算、按年结算等。二是缴纳税款的期限，也称缴款期限，是指结算应纳税款后在多少天内缴纳税款，如次月15日之前缴纳、30日之内缴纳等。

任务三　熟悉税收体系

我国现行税收体系按照不同的方法，可以划分为不同的类别。

一、按税收的征税对象划分

按征税对象划分，是税收分类最主要的方法。按照这种方法，我国目前开征的18种税收大体可分为以下五类：

（一）对商品和劳务的征税

对商品和劳务的征税，简称商品劳务税，俗称“流转税”，它是对商品和劳务交易征收的一类税收。对商品和劳务的征税是与商品和劳务的流转紧密联系在一起的。商品和劳务无处不在，又处于不断流动之中，这就决定了对商品和劳务征税的范围十分广泛。商品劳务税的计征，能够及时足额地保证财政收入。商品劳务税一般采用比例税率或定额税率，计算简便，易于征收。商品劳务税形式上由商品生产者或销售者缴纳，但其税款常附着于卖价，易转嫁给消费者负担，而消费者却未直接感受到税负的压力。由于以上原因，商品劳务税一直是我国的主体税种，一方面体现在它的收入在全部税收收入中所占的比重一直较大；另一方面体现在它的调节面比较广泛，对经济的调节作用一直比较显著。

我国当前开征的商品劳务税主要有：增值税、消费税和关税。

（二）对所得的征税

对所得的征税简称所得税，是对纳税人在一定时期的合法收入总额减除成本费用和法定允许扣除的其他各项支出后的余额（即应纳税所得额）征收的一类税收。所得税按照纳税人负担能力（即所得）的大小和有无来确定税收负担，实行“所得多的多征，所得少的少征，无所得的不征”的原则。因此，它对调节国民收入分配、缩小纳税人之间的收入差距有着特殊的作用。所得税长期以来一直是西方国家的主体税种，在我国，随着经济的发展，居民所得的逐步增加，所得税已成为近年来收入增长较快的一类税。

我国当前开征的所得税主要有：企业所得税、个人所得税。

（三）对资源的征税

对资源的征税是对开发、利用和占有国有自然资源的单位和个人征收的一类税收。征收这类税有两个目的：一是取得资源消耗的补偿基金，保护国有资源的合理开发利用；二是调节资源级差收入，以利于企业在平等的基础上开展竞争。

我国目前对资源的征税主要有：资源税、耕地占用税、城镇土地使用税和土地增值税。

（四）对财产的征税

对财产的征税是对纳税人所拥有或属其支配的财产数量或价值额征收的一类税收，包括对财产的直接征收和对财产转移的征收。开征这类税在为国家取得财政收入的同时，对提高财产的利用效果、限制财产不必要的占有量也有一定作用。

我国目前对财产的征税主要有：房产税、契税、车辆购置税和车船税。

（五）对行为的征税

对行为的征税也称行为税，它一般是指针对某些特定行为或为达到特定目的而征收的一类税收。征收这类税，或是为了对某些特定行为进行限制调节，或是为了开辟地方财源，达到特定目的。这类税的设置比较灵活，其中有些税种具有临时税的性质。

我国目前对行为的征税主要有：印花税、城市维护建设税、船舶吨税、环境保护税和烟叶税。

二、按管理和使用权限划分

在我国，税收按其管理和使用权限，可分为中央税、地方税、中央与地方共享税。这是在分级财政体制下的一种重要的分类方法。通过这种划分，可以使各级财政有相应的收入来源和一定范围的税收管理权限，从而有利于调动各级财政组织收入的积极性，更好地完成一级财政的任务。一般的做法是：将税源集中、收入大、涉及面广，并由全国统一立法和统一管理的税种，划作中央税；将一些与地方经济联系紧密、税源比较分散的税种，列为地方税；一些既能兼顾中央和地方经济利益，又有利于调动地方组织收入积极性的税种，列为中央与地方共享税。

当前我国中央政府固定收入包括关税、船舶吨税、消费税、车辆购置税和海关代征的增值税；地方政府固定收入包括房产税、城镇土地使用税、耕地占用税、契税、土地增值税、车船税、烟叶税、环境保护税；中央与地方共享收入主要有增值税、企业所得税、个人所得税、资源税等。除关税、船舶吨税、代征进口环节的增值税和消费税由海关负责征收外，其他税种均由税务机关征收。

三、按其他方法划分

（一）按税负能否转嫁划分

税负转嫁是指税法上规定的纳税人将自己所缴纳的税款转移给他人负担的过程。按税负能否转嫁可以将各税种划分为直接税和间接税。

直接税是指由纳税人直接负担、不易转嫁的税种。直接税的纳税人，不仅在表面上有纳税义务，而且实际上也是税收承担者，即纳税人与负税人一致。如所得税、财产税均属于直接税。

间接税是指纳税人能将税负转嫁给他人负担的税种。间接税的纳税人，虽然表面上负有纳税义务，但是实际上已将自己的税款用提高价格或提高收费标准等方法转嫁给消费者负担，即纳税人与负税人不一致。如商品劳务税就是由商品和劳务的购买者即消费者最终负担的。

（二）按税收与价格的关系划分

按照与价格的关系，税收可以分为价内税和价外税。凡在征税对象的计税价格之中包含税款的税，都称为价内税，如我国现行的消费税。其计税销售额是包含该税款的销售额。凡在征税对象的计税价格之中不包含税款的税，都称为价外税，如我国现行的增值税，其计税销售额是不含该税款的销售额。

（三）按税收的计税标准划分

按计税标准的不同，税收可分为从价税和从量税。从价税是以征税对象的价值量为标准计算征收的税收，税额的多少会随着价格的变动而相应增减。从量税是按征税对象的重量、件数、容积、面积等为标准，采用固定税额征收的税收。从量税具有计算简便的优点，但税收收入不能随价格高低而增减。

除上述主要分类外，税收还有一些其他分类方法，如按缴纳形式，可分为力役税、实物税和货币税；按用途，可分为一般税和目的税等。

任务四　纳税准备工作

一、办理开业税务登记

开业税务登记是纳税人履行纳税义务的第一步，是税务机关对纳税人实施税收管理的首要环节和基础工作。在商事制度改革后，我国对税务登记工作进行了简化。

（一）办理开业税务登记的对象

依法应当办理开业税务登记的主体有两类：一类是从事生产、经营的纳税人，具体包括企业、企业在外地设立的分支机构和从事生产经营的场所、个体工商户、从事生产经营的事业单位四种；另一类是其他纳税人，即不从事生产、经营，但依照法律、法规的规定负有纳税义务的单位和个人（不含临时取得应税收入或发生应税行为以及只缴纳个人所得税、车船税的单位和个人）。这两类主体都必须到有关税务主管部门办理税务登记，否则将面临法律的制裁。

（二）办理开业税务登记的时间和地点

办理开业税务登记的时间和地点因纳税人的不同而有所差异。根据有关法律规定，可以分为以下几种情况：

1.从事生产、经营的纳税人领取工商营业执照（含临时工商营业执照）的，应当自领取工商营业执照之日起30日内向生产、经营地税务机关申报办理税务登记。

2.从事生产、经营的纳税人未办理工商营业执照但经有关部门批准设立的，应当自有关部门批准设立之日起30日内向生产、经营地税务机关申报办理税务登记。

3.从事生产、经营的纳税人，应办而未办理工商营业执照，或不需办理工商营业执照而必须经有关部门批准设立但未经有关部门批准设立的（简称“无照户纳税人”），应当自纳税义务发生之日起30日内向生产、经营地税务机关申报办理税务登记。

4.有独立的生产经营权、在财务上独立核算并定期向发包人或者出租人上交承包费或租金的承包承租人，应当自承包承租合同签订之日起30日内，向其承包承租业务发生地税务机关申报办理税务登记。

5.境外企业在中国境内承包建筑、安装、装配、勘探工程和提供劳务的，应当自项目合同或协议签订之日起30日内，向项目所在地税务机关申报办理税务登记。

6.非从事生产、经营但依法负有纳税义务的单位和个人，除国家机关、个人和无固定生产、经营场所的流动性农村小商贩外，均应当自纳税义务发生之日起30日内，向纳税义务发生地税务机关申报办理税务登记。

（三）商事制度改革后的税务登记

2017年5月，国务院办公厅印发并实施的《关于加快推进“多证合一”改革的指导意见》，要求2017年10月底前，在全国全面推行“多证合一”。“多证合一、一照一码”登记制度改革，即在全面实施企业、农民专业合作社工商营业执照、组织机构代码证、税务登记证、社会保险登记证、统计登记证“五证合一、一照一码”登记制度改革和个体工商户工商营业执照、税务登记证“两证整合”的基础上，将涉及企业、个体工商户和农民专业合作社（以下统称企业）登记、备案等有关事项和各类证照进一步整合到营业执照上，实现“多证合一、一照一码”，使“一照一码”营业执照成为企业唯一“身份证”，使统一社会信用代码成为企业唯一身份代码，实现企业“一照一码”走天下。

做中学1-3

雅灿电器制造有限公司属于从事生产经营的纳税人。该公司税务会计刘茹领取加载统一社会信用代码的营业执照后，在主管税务机关进行“多证合一”登记信息确认，填制税务机关提供的“多证合一”登记信息确认表（见表1-2），对有关涉税信息进行确认、补充和更正，并提交相关证件和资料。

表 1-2　　　　“多证合一”登记信息确认表

尊敬的纳税人：

以下是您在工商机关办理注册登记时提供的信息。为保障您的合法权益，请您仔细阅读，对其中不全的信息进行补充，对不准的信息进行更正，对需要更新的信息进行补正，以便为您提供相关服务。

<table>
<tr><td colspan="9">一、以下信息非常重要，请您务必仔细阅读并予以确认</td></tr>
<tr><td>纳税人名称</td><td colspan="3">雅灿电器制造有限公司</td><td colspan="3">统一社会信用代码</td><td colspan="2">914401066332045218</td></tr>
<tr><td>登记注册类型</td><td colspan="2">其他责任有限公司</td><td>批准设立机关</td><td colspan="2">广州天河市场监督管理局</td><td colspan="2">开立（设立）日期</td><td>2024年03月01日</td></tr>
<tr><td>生产经营期限起</td><td colspan="2">2024年03月01日</td><td>生产经营期限止</td><td></td><td>注册地址邮政编码</td><td>511400</td><td>注册地址联系电话</td><td>020-80966725</td></tr>
<tr><td>注册地址</td><td colspan="8">广州市天河区天穗路16号</td></tr>
<tr><td>生产经营地址</td><td colspan="8">广州市天河区天穗路16号</td></tr>
<tr><td>经营范围</td><td colspan="8">电器制造等</td></tr>
<tr><td>注册资本</td><td colspan="3">币种</td><td colspan="2">人民币</td><td colspan="2">金额</td><td>100万元</td></tr>
<tr><td>投资方名称</td><td colspan="2">证件类型</td><td colspan="3">证件号码</td><td colspan="2">投资比例</td><td>国籍或地址</td></tr>
<tr><td>张锦</td><td colspan="2">身份证</td><td colspan="3">440101197910100016</td><td colspan="2">60%</td><td>中国</td></tr>
<tr><td>李谓之</td><td colspan="2">身份证</td><td colspan="3">440101198007090058</td><td colspan="2">40%</td><td>中国</td></tr>
<tr><td>联系人项目</td><td colspan="2">姓名</td><td>证件类型</td><td colspan="2">证件号码</td><td colspan="2">固定电话</td><td>移动电话</td></tr>
<tr><td>法定代表人</td><td colspan="2">张锦</td><td>居民身份证</td><td colspan="2">440101197910100016</td><td colspan="2">020-80966725</td><td>13500288976</td></tr>
<tr><td>财务负责人</td><td colspan="2">李谓之</td><td>居民身份证</td><td colspan="2">440101198007090058</td><td colspan="2">020-80966725</td><td>13759876039</td></tr>
<tr><td colspan="9">二、以下信息比较重要，请您根据您的实际情况予以确认</td></tr>
<tr><td colspan="2">法定代表人电子邮箱</td><td colspan="2">45890721@qq.com</td><td colspan="2">财务负责人电子邮箱</td><td colspan="3">22349876@qq.com</td></tr>
<tr><td colspan="2">投资总额</td><td colspan="2">币种</td><td colspan="2">人民币</td><td colspan="2">金额</td><td>100万元</td></tr>
<tr><td colspan="9">若您是总机构，请您确认</td></tr>
<tr><td>分支机构名称</td><td colspan="3">雅灿电器制造有限公司中山分公司</td><td colspan="3">分支机构统一社会信用代码</td><td colspan="2">9144200MA4X7A3588L</td></tr>
<tr><td>分支机构名称</td><td colspan="3"></td><td colspan="3">分支机构统一社会信用代码</td><td colspan="2"></td></tr>
<tr><td>分支机构名称</td><td colspan="3"></td><td colspan="3">分支机构统一社会信用代码</td><td colspan="2"></td></tr>
<tr><td colspan="9">若您是分支机构，请您确认</td></tr>
<tr><td>总机构名称</td><td colspan="3"></td><td colspan="3">总机构统一社会信用代码</td><td colspan="2"></td></tr>
<tr><td colspan="9">经办人：刘茹
纳税人（盖章）
2024年03月01日</td></tr>
</table>

二、报备财会制度和银行存款账户账号

（一）报备财会制度

1.办理财会制度报备手续的时间。

从事生产、经营的纳税人应当依法设置账簿，并在领取税务登记证件（或加载统一社会信用代码的营业执照）之日起15日内将其财务、会计制度或者财务、会计处理办法报送主管税务机关备案。纳税人使用计算机记账的，应当在使用前将会计电算化系统的会计核算软件、使用说明书及有关资料报送主管税务机关备案。

扣缴义务人应当自税收法律、行政法规规定的扣缴义务发生之日起10日内，按照所代扣、代收的税种，分别设置代扣代缴、代收代缴税款账簿。

2.办理财会制度报备手续需要提交的证件、资料。

根据规定，办理财会制度备案时，纳税人需要提交“财务会计制度及核算软件备案报告书”，说明财务、会计制度或者财务、会计处理办法，纳税人使用计算机记账的，还需要提供会计电算化系统的会计核算软件、使用说明书及有关资料。

（二）报备银行存款账户账号

1.办理银行存款账户账号备案手续的时间。

从事生产、经营的纳税人应当自开立基本存款账户或者其他存款账户之日起15日内，向主管税务机关书面报告其全部账号；发生变化的，应当自变化之日起15日内，向主管税务机关书面报告。

2.办理银行存款账户账号备案手续需要提交的证件、资料。

纳税人办理存款账户账号备案登记时应当填写纳税人存款账户账号报告表，并根据主管税务机关的要求提供税务登记证（副本）（或加载统一社会信用代码的营业执照副本）、银行开户许可证及其复印件等资料。

三、领购发票

（一）确定领购发票的种类

发票是指在购销商品、提供或者接受服务以及从事其他经营活动中，开具或收取的收付款凭证。它是明确交易双方完成交易的经济责任的一种证书，是企业进行会计核算的原始凭证，也是计缴税款的原始依据。

发票包括纸质发票和电子发票。纸质发票的基本联次包括存根联、发票联、记账联。存根联由收款方或开票方留存备查；发票联由付款方或受票方作为付款原始凭证；记账联由收款方或开票方作为记账原始凭证。省以上税务机关可根据纸质发票管理情况以及纳税人经营业务需要，增减除发票联以外的其他联次，并确定其用途。电子发票是指在购销商品、提供或者接受服务以及从事其他经营活动中，按照税务机关发票管理规定以数据电文形式开具、收取的收付款凭证。电子发票与纸质发票的法律效力相同，任何单位和个人不得拒收。

2021年12月，全面数字化的电子发票试点工作开始，全国统一的电子发票服务平台建成。全面数字化的电子发票（简称全电发票、数电票）是与纸质发票具有同等法律效力的全新发票，不以纸质形式存在、不用介质支撑、无须申请领用、发票验旧及申请增版增量。纸质发票的票面信息全面数字化，多个票种集成归并为电子发票单一票种，全国统一赋码、开具金额总额度管理、自动流转交付。

根据发票的使用范围，可以将发票分为增值税专用发票、普通发票和专业发票。

1.增值税专用发票。

增值税专用发票是专门用于结算销售货物或者提供应税劳务使用的一种发票，仅限于增值税一般纳税人使用。

2.普通发票。

普通发票主要由增值税小规模纳税人使用，增值税一般纳税人在不能开具增值税专用发票的情况下也可以使用。

3.专业发票。

专业发票是指国有金融、保险企业的存货、汇兑、转账凭证，保险凭证；国有邮政、电信企业的邮票、邮单、话务、电报收据；国有铁路、民用航空企业和交通部门国有公路、水上运输企业的客票、货票等。

（二）提出购票申请

单位和个人向主管税务机关提出购票申请时，应填写纳税人领购发票票种核定申请表，并按要求提供税务登记证（副本）（或加载统一社会信用代码的营业执照副本）、经办人身份证明，以及财务专用章或者发票专用章的印模。

（三）领取发票购领簿

税务机关对纳税人提交的证件、资料进行审核后，符合规定的，即可核发发票领购簿。发票领购簿的内容一般包括用票单位和个人的名称、所属行业、经济类型、购票方式、核准购票种类、发票名称、领购日期、准购数量、起止号码、违章记录、领购人签字（盖章）、核发税务机关（章）等内容。

（四）申购发票

纳税人应当根据发票领购簿核定的发票种类、数量以及购票方式，向主管税务机关申购发票。购票者在领购发票时应当根据主管税务机关的要求提供发票领购簿、税控IC卡（增值税一般纳税人使用）、财务专用章或发票专用章。非初次购买发票的单位和个人还应提供已用发票的存根。

依法不需办理税务登记的单位，如某些机关、团体、部队、学校和不从事生产、经营的事业单位，需要领购发票的，可以依照法律规定直接向主管税务机关申请领购。

临时到本省、自治区、直辖市以外从事经营活动的单位或者个人，应当凭所在地税务机关填发的“外出经营活动税收管理证明”向经营地税务机关申请领购，或者填开经营地的普通发票，并提供保证人或者根据所领购发票的票面限额及数量缴纳不超过1万元的发票保证金，并限期缴销发票。按期缴销发票的，解除保证人的担保义务或者退还保证金；未按期缴销发票的，由保证人承担法律责任。

做中学 1-4

雅灿电器制造有限公司税务会计刘茹在领取“一照一码”证件以后，依法向主管税务机关提出购票申请，填写“纳税人领用发票票种核定表”（见表 1-3），并提交有关证件、资料。在通过主管税务机关审核后，凭主管税务机关核发的发票领购簿申领发票。

表 1-3　　纳税人领用发票票种核定表

纳税人识别号	914401066332045218						
纳税人名称	雅灿电器制造有限公司						
经营范围	电器制造等						
领票人	联系人			身份证类型		身份证号码	
刘茹	13662698888			身份证		440101198508190034	
发票种类名称	发票票种核定操作类型	单位（数量）	每月最高领票数量	每次最高领票数量	持票最高数量	定额发票累计领票金额	领票方式
增值税普通发票	初次	份	25	25	25		验旧领新
纳税人（签章） 经办人：刘茹　法定代表人（业主、负责人）：张锦　填表日期：2024 年 03 月 30 日							
发票专用章印模：							

备注：除特殊情况外（如快递等单位），定额发票必须核定完定额才能申请，一本 100张（不能拆分），面值有100元、50元、20元、10元、5元、2元、1元，发票金额不能超过核定定额。

四、办理变更税务登记

变更税务登记，是纳税人税务登记内容发生变化而向原税务登记机关申报办理变更的一种税务登记手续。

（一）办理变更税务登记的情形

纳税人办理税务登记后，发生以下情形之一的，应当办理变更税务登记：

1.改变纳税人名称、法定代表人；

2.改变经济性质或经济类型；

3.改变住所和经营地点（不含改变主管税务机关）；

4.改变生产经营或经营方式；

5.增减注册资金（资本）；

6.改变隶属关系；

7.改变生产经营期限；

8.改变或增减银行账号；

9.改变生产经营权属；

10.改变其他税务登记内容。

（二）办理变更税务登记的时间和地点

纳税人税务登记内容发生变化的，应当自市场监督管理机关或者其他机关办理变更登记之日起30日内，持有关证件向原税务登记机关申报办理变更税务登记。

纳税人税务登记内容发生变化，不需要到市场监督管理机关或者其他机关办理变更登记的，应当自发生变化之日起30日内，持有关证件向原税务登记机关申报办理变更税务登记。

（三）办理变更税务登记的程序

1.纳税人提出变更税务登记申请。

纳税人应当在法定期限内向主管税务机关提出变更税务登记的申请，并向主管税务机关领取变更税务登记表，如实填写变更登记事项、变更登记前后的具体内容。税务登记变更表的项目主要有：纳税人名称、变更项目、变更前内容、变更后内容、上缴的证件情况。

2.纳税人提交有关证件、资料。

纳税人办理变更税务登记时，应当按照主管税务机关的要求提供有关证件、资料。

商事制度改革后，在“纳税人信息采集表”中的有关事项发生变更时，应当向税务机关提出变更信息申请，由税务机关对其有关信息予以变更。

五、办理停业、复业税务登记

（一）办理停业、复业税务登记的对象

实行定期定额征收方式的个体工商户，在营业执照核准的经营期限内需要停业的，应当在停业前向主管税务机关申报办理停业登记，并在恢复生产、经营之前，向税务机关申报办理复业登记。

（二）办理停业税务登记的程序

1.纳税人提出停业申请。

纳税人应当在停业前向主管税务机关申报办理停业登记，并如实填写停业登记表，说明停业的理由、期限，停业前的纳税情况和发票的领、用、存情况。

2.税务机关审核、办理停业登记。

经税务机关审核（必要时可以进行实地审查），纳税人可以办理停业登记。在办理

停业登记时，税务机关应当责成申请停业的纳税人结清税款，并收回税务登记证件（或加载统一社会信用代码的营业执照）、发票领购簿和发票，办理停业登记。

（三）办理复业税务登记的程序

1.纳税人提出复业申请。

纳税人应当于恢复生产、经营之前，向税务机关申报办理复业登记，并如实填写停业、复业（提前复业）报告书。

2.税务机关审核、办理复业登记。

经税务机关确认，纳税人可以办理复业登记，领回或启用税务登记证件和发票领购簿及发票，纳入正常管理。

六、办理外出经营报验登记

从事生产、经营的纳税人到外县（市）临时从事生产、经营活动的，应当向主管税务机关申请开具外出经营活动税收管理证明（简称“外管证”），向营业地税务机关报验登记，接受税务管理。在经营活动结束后向外出经营地税务机关申报核销。

（一）申请开具“外管证”

需要到外县（市）临时从事生产、经营活动的纳税人，应当在外出生产经营以前，持税务登记证（或加载统一社会信用代码的营业执照）向主管税务机关提出申请，如实填写外出经营活动税收管理证明申请表。

（二）核发“外管证”

主管税务机关对纳税人的申请审核通过后，按照一地一证的原则，核发“外管证”。“外管证”的有效期限一般为30日，最长不得超过180天。

（三）申请报验登记

纳税人应当在到达“外管证”注明地进行生产、经营前向当地税务机关申请报验登记，并按规定提交税务登记证件（副本）（或加载统一社会信用代码的营业执照副本）、“外管证”等证件、资料。

纳税人在“外管证”注明地销售货物的，除提交以上证件、资料外，还应如实填写外出经营货物报验单，申报查验货物。

（四）结束外出经营活动

外出经营活动结束，纳税人应当向经营地税务机关填报外出经营活动情况申报表，并按规定结清税款，缴销未使用的发票。

（五）缴销“外管证”

纳税人应当在“外管证”有效期届满后10日内，持“外管证”回原税务登记地税务机关办理“外管证”缴销手续。

七、办理注销税务登记

（一）办理注销税务登记的情形

根据规定，企业出现以下情况时，应当办理注销税务登记：

1. 因经营期限届满而自动解散；
2. 由于改组、分立、合并等原因而被撤销；
3. 纳税人住所、经营地址迁移而涉及改变原主管税务机关；
4. 被市场监督管理部门吊销营业执照；
5. 其他依法终止履行纳税义务的情形。

（二）办理注销税务登记的时间和地点

发生解散、破产、撤销以及依法应当终止履行纳税义务的纳税人，应当在向市场监督管理机关办理注销登记前，持有关证件向原税务登记管理机关申报办理注销税务登记；按照规定不需要在市场监督管理机关办理注销登记的，应当自有关机关批准或者宣告终止之日起15日内，持有关证件向原税务登记管理机关申报办理注销税务登记。

纳税人因住所、经营地点变动而涉及改变主管税务登记机关的，应当在向市场监督管理机关或者其他机关申请办理变更、注销登记前，或者住所经营地点变动前，持有关证件向原税务登记机关申报办理注销税务登记，并自注销税务登记之日起30日内向迁达地税务机关申报办理税务登记。

纳税人被市场监督管理机关吊销营业执照的，应当自营业执照被吊销之日起15日内向原税务登记机关申报办理注销税务登记。

已实行商事制度改革登记模式的企业办理注销登记，须先向税务主管机关申报清税，填写“清税申报表”。清税完毕后，由受理税务机关根据清税结果向纳税人出具“清税证明”，并将信息共享给其他相关主管部门。

（三）办理注销税务登记的程序

1. 注销登记前的清理工作。

纳税人办理注销税务登记前，应当对下列事项进行清理：

（1）缴销发票。发票缴销是指用票单位和个人按照规定向税务机关上缴已使用或未使用的发票。办理发票缴销手续时，纳税人应当如实填写发票缴销登记表，并携带发票领购簿和未使用的空白发票，向主管税务机关申请办理发票缴销手续。

（2）进行最后一期申报纳税，并缴清应纳税款、多退（免）税款、滞纳金和罚款。

2. 提出注销税务登记申请。

纳税人应当在规定期限内依法向主管税务机关提出注销税务登记申请，领取并填写注销税务登记申请审批表，并根据主管税务机关的要求提交下列有关证件、资料：（1）税务登记证件（或加载统一社会信用代码的营业执照）；（2）上级主管部门批复文件或董事会决议及其他有关证明文件；（3）工商营业执照被吊销的，应提交市场监督管理机关发出的吊销决定等。

3.办理注销税务登记。

主管税务机关对纳税人提交的上述证件、资料进行审核，审核无误的，予以办理注销税务登记。

项目二 增值税核算与申报

学习目标

【知识目标】

- 理解增值税的概念
- 熟悉增值税的征税范围
- 熟悉增值税的纳税人和适用税率
- 掌握增值税一般纳税人销项税额的计算
- 掌握增值税一般纳税人进项税额的计算
- 熟悉增值税一般纳税人的纳税申报
- 掌握增值税小规模纳税人的应纳税额计算

【能力目标】

- 能计算一般纳税人当期应交增值税税额
- 会填写增值税及附加税费申报表附表
- 会填写增值税及附加税费申报表（一般纳税人适用）主表

任务一　增值税概述

一、增值税的概念

增值税是以销售货物、提供加工修理修配劳务，销售服务、无形资产或不动产过程中产生的增值额作为计税依据而征收的一种流转税。增值税一般来说都是由消费者负担的，商品没有增值的部分不征税，只有增值的部分才需要征税。

实行增值税的国家，据以征税的增值额都是一种法定增值额，并非理论上的增值额。法定增值额可以等于理论增值额，也可以大于或小于理论增值额。造成法定增值额与理论增值额不一致的一个重要原因，是各国在规定扣除范围时，对外购固定资产的处理办法不同。

微课

增值税相关法律制度

二、增值税的类型

增值税按对外购买固定资产的处理方式的不同，可划分为生产型增值税、收入型增值税和消费型增值税。

（一）生产型增值税

课税基数大体相当于国民生产总值的统计口径，不允许扣除任何外购固定资产的价款，税基最大，但重复征税也最严重。生产型增值税下法定增值额大于理论增值额，虽能保证国家的财政收入，但对固定资产存在重复征税，不利于鼓励投资。

（二）收入型增值税

课税基数相当于国民收入部分，对外购固定资产价款只允许扣除当期计入产品价值的折旧费部分。收入型增值税下法定增值额等于理论增值额。收入型增值税是一种标准的增值税，但会给凭票扣税的计算方法带来困难。

（三）消费型增值税

课税基数仅限于消费资料价值的部分，允许将当期购入的固定资产价款一次全部扣除。消费型增值税实行凭票扣税，便于操作，也便于管理，是最简便、最能体现增值税优越性的，但这种类型的增值税会使购进固定资产的当期因扣除额大大增加而减少财政收入。我国自2009年开始全面实施消费型增值税。

随堂测 2-1

（单选题）关于增值税的类型，以下说法正确的是（　　）。

A. 消费型增值税是一种标准的增值税

B. 收入型增值税的法定增值额大于理论增值额

C. 生产型增值税不利于鼓励投资，但可以保证财政收入

D. 消费型增值税会给凭票扣税的计算方法带来困难

三、增值税纳税人

（一）纳税人

在中华人民共和国境内销售货物或者提供加工修理修配劳务，销售服务、无形资产或者不动产，以及进口货物的单位和个人，为增值税的纳税人。所谓单位，包括企业、行政单位、事业单位、军事单位、社会团体及其他单位；所谓个人，包括个体工商户和其他个人。

单位以承包、承租、挂靠方式经营的，承包人、承租人、挂靠人（以下统称“承包人”）以发包人、出租人、被挂靠人（以下统称“发包人”）名义对外经营并由发包人承担相关法律责任的，以该发包人为纳税人。否则，以承包人为纳税人。

对报关进口的货物，以进口货物的收货人或办理报关手续的单位和个人为进口货物的纳税人。

建筑企业与发包方签订建筑合同后，以内部授权或者三方协议等方式，授权集团内其他纳税人（以下称“第三方”）为发包方提供建筑服务，并由第三方直接与发包方结算工程款的，由第三方缴纳增值税并向发包方开具增值税发票，与发包方签订建筑合同的建筑企业不缴纳增值税。

总结

境外的单位或者个人在境内发生应税行为时纳税人的确定方法见表2-1。

表2-1　境外单位或个人在境内发生应税行为时纳税人的确定方法

境外的单位或者个人在境内的业务	在境内设有经营机构的	在境内未设有经营机构的
销售劳务	经营机构为纳税人	以其境内代理人为扣缴义务人；在境内没有代理人的，以购买方为扣缴义务人
销售服务、无形资产、不动产		以购买方为扣缴义务人

（二）类型

为了便于征管，借鉴国际通行的做法，我国将增值税纳税人按其经营规模大小以及会计核算健全与否，划分为一般纳税人和小规模纳税人。对一般纳税人实行凭票扣税的计税方法；对小规模纳税人实行简易的计税方法和征收管理办法。

1. 基本资格登记标准——销售规模的金额标准。

增值税纳税人年应纳税销售额超过财政部、国家税务总局规定的小规模纳税人标准（简称“规定标准”）的，除另有规定者外，应当向其机构所在地主管税务机关办理一般纳税人登记。小规模纳税人和一般纳税人的确定方法见表2-2。

表2-2　小规模纳税人和一般纳税人的确定方法

要点	相关规定
年应税销售标准	自2018年5月4日起，年应税销售额500万元（含）以下的，为小规模纳税人
	注意： ①年应税销售额是不含增值税的销售额 ②销售服务、无形资产或者不动产有扣除项目的纳税人，其年应税销售额按未扣除之前的销售额计算
年应税销售额范围	年应税销售额，是指纳税人在连续不超过12个月或4个季度的经营期内累计应征增值税销售额，包括纳税申报销售额、稽查查补销售额、纳税评估调整销售额
	注意： ①“纳税申报销售额”是指纳税人自行申报的全部应征增值税销售额，其中包括免税销售额和税务机关代开发票销售额。 ②“稽查查补销售额”和“纳税评估调整销售额”计入查补税款申报当月（或当季）的销售额，不计入税款所属期销售额 ③纳税人偶然发生的销售无形资产、转让不动产的销售额，不计入年应税销售额

随堂测 2-2

（多选题）下列销售额应计入增值税纳税人判定标准的有（　　）。

A.纳税评估调整的销售额　　B.稽查查补的销售额

C.免税销售额　　D.税务机关代开发票销售额

2.资格条件。

年应税销售额不能达到规定标准但符合资格条件的，也可登记成增值税一般纳税人。目前规定的资格条件为：能够按照国家统一的会计制度规定设置账簿，根据合法、有效凭证核算，能够准确提供税务资料。

除国家税务总局另有规定外，一经登记为一般纳税人后，不得转为小规模纳税人。

3.例外规定。

在增值税一般纳税人资格登记规则中，有一般规定之外的例外规定，包括选择登记、不能登记。

（1）选择登记。

①《中华人民共和国增值税暂行条例实施细则》第二十九条规定，非企业性单位、不经常发生应税行为的企业可选择按照小规模纳税人纳税。

②《营业税改征增值税试点实施办法》第三条规定，年应税销售额超过规定标准但不经常发生应税行为的单位和个体工商户可选择按照小规模纳税人纳税。

（2）不能登记。

①选择按照小规模纳税人纳税的（应当向主管税务机关提交书面说明），不能登记为一般纳税人。

②年应税销售额超过规定标准的其他个人不能登记为一般纳税人。

随堂测 2-3

（单选题）下列纳税人，必须办理一般纳税人登记的是（　　）。

A.其他个人

B.非企业性单位

C.不经常发生应税行为的单位

D.年应税销售额超过500万元且经常发生应税行为的工业企业

任务二　增值税征税范围及税率

微课

增值税的征税范围（一）

在中华人民共和国境内销售货物或者提供加工修理修配劳务（以下简称“劳务”），销售服务、无形资产、不动产以及进口货物的单位和个人，为增值税的纳税人，应当按照规定缴纳增值税。我国增值税的征税范围具体包括以下几个方面：

一、我国境内销售货物及适用税率

（一）我国境内销售货物

货物是指除土地、房屋和其他建筑物等不动产以外的各种有形动产，包括水、电力、热力、气体在内。销售货物是指有偿转让货物的所有权，也就是以从购买方取得货币、货物或其他经济利益等为条件转让货物所有权的行为。境内销售货物是指销售货物的起运地或所在地在境内。

（二）适用税率

我国增值税适用税率目前分别为13%、9%、6%和零税率四种。

微课

增值税适用的税率

增值税的基本税率为13%，适用于纳税人销售或者进口货物（适用9%的低税率的除外）、提供加工修理修配劳务、销售有形动产租赁服务。

提示　加工是指受托加工货物，即委托方提供原料和主要材料，受托方按照委托方的要求制造货物并收取加工费的业务。修理修配是指受托对损伤和丧失功能的货物进行修复，使其恢复原状和功能的业务。凡是有偿提供加工修理修配劳务的，属于增值税的征税范围，但不包括单位或者个体工商户聘用的员工为本单位或者雇主提供的劳务。

提醒　在我国境内提供的加工修理修配劳务适用13%的基本税率。

一般纳税人销售或进口下列货物，适用9%税率：（1）粮食等农产品、食用植物油、食用盐；（2）自来水、暖气、冷气、热水、煤气、石油液化气、沼气、二甲醚、天然气、居民用煤炭制品；（3）图书、报纸、杂志、音像制品、电子出版物；（4）饲料、化肥、农药、农机、农膜；（5）国务院规定的其他货物。

提示　除适用9%的税率外，其他境内销售货物均适用13%的税率。

注意：

【1】国内印刷企业承印的经新闻出版主管部门批准印刷且采用国际标准书号编序的境外图书，适用9%的增值税税率。

【2】适用低税率的自来水不包括农业灌溉用水、引水工程输送的水。

【3】适用低税率的农药不包括用于人类日常生活的各种类型包装的日用卫生用药，如卫生杀虫剂、驱虫剂、驱蚊剂、蚊香、消毒剂等。

【4】适用低税率的农机不包括以农副产品为原料加工工业产品的机械、农用汽车、机动渔船、森林砍伐机械、集材机械、农机零部件。

随堂测2-4

（单选题）下列货物适用9%的税率的是（　　）。

A. 蚊香　　B. 食用盐

C. 农业灌溉用水　　D. 淀粉

二、销售服务及适用税率

销售服务，是指提供交通运输服务、邮政服务、电信服务、建筑服务、金融服务、现代服务、生活服务。

（一）交通运输服务

交通运输服务是指利用运输工具将货物或者旅客送达目的地，使其空间位置得到转移的业务活动，包括陆路运输服务、水路运输服务、航空运输服务和管道运输服务。

注意：

【1】出租车公司向使用本公司自有出租车的出租车司机收取的管理费用，按照“陆路运输服务”缴纳增值税。

【2】水路运输的程租、期租业务，属于“水路运输服务”。航空运输的湿租业务，属于“航空运输服务”。

【3】无运输工具承运业务，按照“交通运输服务”缴纳增值税。无运输工具承运业务，是指经营者以承运人身份与托运人签订运输服务合同，收取运费并承担承运人责任，然后委托实际承运人完成运输服务的经营活动。

【4】自2018年1月1日起，纳税人已售票但客户逾期未消费取得的运输逾期票证收入，按照“交通运输服务”缴纳增值税。

交通运输服务（除国际运输服务、航天运输服务采用零税率外）一般纳税人采用9%的低税率政策。

（二）邮政服务

邮政服务是指中国邮政集团公司及其所属邮政企业提供邮件寄递、邮政汇兑和机要通信等邮政基本服务的业务活动，包括邮政普遍服务、邮政特殊服务和其他邮政服务。

1.邮政普通服务，是指函件、包裹等邮件寄递，以及邮票发行、报刊发行和邮政汇兑等业务活动。

2.邮政特殊服务，是指义务兵平常信函、机要通信、盲人读物和革命烈士遗物的寄递等业务活动。

3.其他邮政服务，是指邮册等邮品销售、邮政代理等业务活动。

邮政服务一般纳税人适用9%的增值税税率。中国邮政集团公司及其所属邮政企业提供的邮政普通服务和邮政特殊服务免征增值税。

（三）电信服务

电信服务是指利用有线、无线的电磁系统或者光电系统等各种通信网络资源，提供语音通话服务，传送、发射、接收或者应用图像、短信等电子数据和信息的业务活动，包括基础电信服务和增值电信服务。

1.基础电信服务，是指利用固网、移动网、卫星、互联网，提供语音通话服务的业务活动，以及出租或者出售带宽、波长等网络元素的业务活动。

2.增值电信服务，是指利用固网、移动网、卫星、互联网、有线电视网络，提供短信和彩信服务、电子数据和信息的传输及应用服务、互联网接入服务等业务活动。

注意：

【1】卫星电视信号落地转接服务，按照“增值电信服务”计算缴纳增值税。

【2】纳税人通过楼宇、隧道等室内通信分布系统，为电信企业提供的语音通话和移动互联网等无线信号室分系统传输服务，分别按照“基础电信服务”和“增值电信服务”缴纳增值税。

基础电信服务一般纳税人适用9%的低税率，增值电信服务一般纳税人适用6%的低税率。

（四）建筑服务

建筑服务是指各类建筑物、构筑物及其附属设施的建造、修缮、装饰，线路、管道、设备、设施等的安装以及其他工程作业的业务活动，包括工程服务、安装服务、修缮服务、装饰服务和其他建筑服务。

注意：

【1】有形动产修理属于加工修理修配劳务；建筑物、构筑物的修补、加固、养护、改善属于建筑服务中的修缮服务。

【2】物业服务企业为业主提供的装修服务，按照“建筑服务”缴纳增值税。

【3】钻井（打井）、拆除建筑物或者构筑物、平整土地、园林绿化、疏浚（不包括航道疏浚）、建筑物平移、搭脚手架、爆破、矿山穿孔、表面附着物（包括岩层、土层、沙层等）剥离和清理等工程作业属于“其他建筑服务”。

【4】纳税人将建筑施工设备出租给他人使用并配备操作人员的，按照“建筑服务”缴纳增值税。

【5】固定电话、有线电视、宽带、水、电、燃气、暖气等经营者向用户收取的安装费、初装费、开户费、扩容费以及类似收费，按照“安装服务”缴纳增值税。

建筑服务一般纳税人适用9%的低税率。

（五）金融服务

金融服务是指经营金融保险的业务活动，包括贷款服务、直接收费金融服务、保险服务和金融商品转让。

各种占用、拆借资金取得的收入，包括金融商品持有期间（含到期）利息（保本收益、报酬、资金占用费、补偿金等）收入、信用卡透支利息收入、买入返售金融商品利息收入、融资融券收取的利息收入，以及融资性售后回租、押汇、罚息、票据贴现、转贷等业务取得的利息及利息性质的收入，按照“贷款服务”缴纳增值税。

直接收费金融服务，是指为货币资金融通及其他金融业务提供相关服务并收取费用的业务活动，包括提供货币兑换、账户管理、电子银行、信用卡、信用证、财务担保、资产管理、信托管理、基金管理、金融交易场所（平台）管理、资金结算、资金清算、金融支付等服务。

纳税人转让因同时实施股权分置改革和重大资产重组而首次公开发行股票并上市形成的限售股，以及上市首日至解禁日期间由上述股份孳生的送、转股，以该上市公司股票上市首日开盘价为买入价，按照“金融商品转让”缴纳增值税。

注意：

【1】以货币资金投资收取的固定利润或者保底利润，按照“贷款服务”缴纳增值税。

【2】金融商品持有期间（含到期）取得的非保本的收益，不属于利息或利息性质的收入，不征收增值税。

【3】存款利息、被保险人获得的保险赔付，不征收增值税。

【4】对单位投资者转让创新企业CDR取得的差价收入，按金融商品转让政策规定征免增值税。

金融服务一般纳税人适用6%的低税率。

微课

增值税的征税范围（二）

（六）现代服务

现代服务是指围绕制造业、文化产业、现代物流产业等提供技术性、知识性服务的业务活动，包括研发和技术服务、信息技术服务、文化创意服务、物流辅助服务、租赁服务、鉴证咨询服务、广播影视服务、商务辅助服务和其他现代服务。

注意：

【1】广告服务包括广告代理和广告的发布、播映、宣传、展示等。

【2】宾馆、旅馆、旅社、度假村和其他经营性场所提供会议场地及配套服务的活动，按照“会议展览服务”缴纳增值税。

【3】将建筑物、构筑物等不动产或者飞机、车辆等有形动产的广告位出租给其他单位或者个人用于发布广告，按照“经营租赁服务”缴纳增值税。

【4】车辆停放服务、道路通行服务（包括过路费、过桥费、过闸费等）等按照“不动产经营租赁服务”缴纳增值税。

【5】水路运输的光租业务、航空运输的干租业务，属于经营性租赁。

【6】翻译服务和市场调查服务按照“咨询服务”缴纳增值税。

【7】纳税人为客户办理退票而向客户收取的退票费、手续费等收入，按照“其他现代服务”缴纳增值税。

增值税一般纳税人的不动产租赁服务适用9%的低税率，有形动产租赁服务适用13%的基本税率；小规模纳税人与不动产有关的特殊项目适用5%的征收率；个人出租住房应按照5%的征收率减按1.5%计算应纳税额。

（七）生活服务

生活服务是指为满足城乡居民日常生活需求提供的各类服务活动，包括文化体育服务、教育医疗服务、旅游娱乐服务、餐饮住宿服务、居民日常服务和其他生活服务。

注意：

【1】纳税人在游览场所经营索道、摆渡车、电瓶车、游船等取得的收入，按照“文化体育服务”缴纳增值税。

【2】纳税人现场制作食品并直接销售给消费者，按照“餐饮服务”缴纳增值税。

【3】纳税人以长（短）租形式出租酒店式公寓并提供配套服务的，按照“住宿服务”缴纳增值税。

【4】纳税人提供植物养护服务，按照“其他生活服务”缴纳增值税。

生活服务一般纳税人适用6%的低税率。

三、销售无形资产

销售无形资产是指有偿转让无形资产所有权或者使用权的业务活动。无形资产，是指不具实物形态，但能带来经济利益的资产，包括技术、商标、著作权、商誉、自然资源使用权和其他权益性无形资产。

自然资源使用权，包括土地使用权、海域使用权、探矿权、采矿权、取水权和其他自然资源使用权。

其他权益性无形资产，包括基础设施资产经营权、公共事业特许权、配额、经营权（包括特许经营权、连锁经营权、其他经营权）、经销权、分销权、代理权、会员权、席位权、网络游戏虚拟道具、域名、名称权、肖像权、冠名权、转会费等。

一般纳税人销售无形资产（除转让土地使用权适用9%的低税率外）适用6%的低税率。

四、销售不动产

销售不动产是指有偿转让不动产所有权的业务活动。不动产，是指不能移动或者移动后会引起性质、形状改变的财产，包括建筑物、构筑物等。

建筑物，包括住宅、商业营业用房、办公楼等可供居住、工作或者进行其他活动的建造物。

构筑物，包括道路 、桥梁、隧道、水坝等建造物。

一般纳税人销售不动产适用9%的低税率。

五、进口货物

进口货物是指申报进入我国海关境内的货物。确定一项货物是否属于进口货物，必须看其是否办理了进口报关手续。通常境外产品要输入境内，必须向我国海关申报进口，并办理有关报关手续。只要是进口报关的应税货物，均属于增值税征税范围，在进口环节缴纳增值税。

进口货物适用的税率参照境内销售货物。

六、视同销售

（一）视同销售货物

销售货物是指有偿转让货物的所有权，下列行为虽然没有转让货物的所有权，或者是无偿转让货物的所有权，但按规定都应视同销售并征收增值税：

1.将货物交付其他单位或者个人代销；

2.销售代销货物；

3.设有两个以上机构并实行统一核算的纳税人，将货物从一个机构移送其他机构用于销售，但相关机构设在同一县（市）的除外；

4.将自产或者委托加工的货物用于集体福利或者个人消费；

5.将自产、委托加工或者购进的货物作为投资，提供给其他单位或者个体工商户；

6.将自产、委托加工或者购进的货物分配给股东或者投资者；

7.将自产、委托加工或者购进的货物无偿赠送其他单位或者个人。

（二）视同销售服务、无形资产或者不动产

1.单位或者个体工商户向其他单位或者个人无偿提供应税服务，无偿转让无形资产或者不动产，但用于公益事业或者以社会公众为对象的除外；

2.财政部、国家税务总局规定的其他情形。

七、增值税征税范围的特殊规定

（一）混合销售

混合销售是指纳税人的一项销售行为既涉及服务又涉及货物。一般情况下，销售货物为主的企业的混合销售按照销售货物缴纳增值税，销售服务为主的企业的混合销售按照销售服务缴纳增值税。

自2017年5月1日起，纳税人销售活动板房、机器设备、钢结构件等自产货物的同时提供建筑、安装服务，不属于混合销售，应分别核算货物和建筑服务的销售额，分别适用不同的税率或者征收率。

一般纳税人销售自产机器设备的同时提供安装服务，应分别核算机器设备和安装服务的销售额，安装服务可以按照甲供工程选择适用简易计税方法计税。

一般纳税人销售外购机器设备的同时提供安装服务，如果已经按照兼营的有关规定，分别核算机器设备和安装服务的销售额，安装服务可以按照甲供工程选择适用简易计税方法计税。

（二）兼营行为

兼营行为是指纳税人的经营范围包括销售货物、加工修理修配劳务、服务、无形资产或者不动产。纳税人应当分别核算适用不同税率或者征收率的销售额，未分别核算销售额的，按照以下方法适用税率或者征收率：

1.兼有不同税率的销售货物、加工修理修配劳务、服务、无形资产或者不动产，从高适用税率；

2.兼有不同征收率的销售货物、加工修理修配劳务、服务、无形资产或者不动产，从高适用征收率；

3.兼有不同税率和征收率的销售货物、加工修理修配劳务、服务、无形资产或者不动产，从高适用税率。

八、增值税的征收率

目前，我国增值税的征收率有3%和5%两档，另在一些特殊条件下或针对一些特殊业务实施更低比率的征收率。

考虑到小规模纳税人经营规模小，且会计核算不健全，难以按上述税率计税和使用增值税专用发票抵扣进项税额，因此，实行按销售额与征收率计算应纳税额的简易办法。除部分不动产销售和租赁行为的征收率为5%以外，小规模纳税人发生的应税行为以及一般纳税人发生的特定应税行为，增值税征收率为3%。

1.适用3%征收率计税的一般纳税人和小规模纳税人，其某些特殊销售项目依照3%征收率减按2%征收增值税：

（1）小规模纳税人（除其他个人外，下同）销售自己使用过的除固定资产以外的物品，应按3%的征收率征收增值税。

（2）小规模纳税人销售自己使用过的固定资产（有形动产，下同），适用简易办法依照3%征收率减按2%征收增值税政策的，可以放弃减税，按照简易办法依照3%征收率缴纳增值税，并可以开具或由主管税务机关代开增值税专用发票。

（3）一般纳税人销售自己使用过的不得抵扣且未抵扣进项税额的固定资产，适用简易办法依照3%征收率减按2%征收增值税政策的，可以放弃减税，按照简易办法依照3%征收率缴纳增值税，并可以开具增值税专用发票。

（4）纳税人（含一般纳税人和小规模纳税人）销售旧货（二手车除外），按照简易办法依照3%征收率减按2%征收增值税。

2.以下行为暂按5%征收率征收增值税：

（1）小规模纳税人销售自建或者取得的不动产。

（2）一般纳税人选择简易计税方法计税的不动产销售。

（3）房地产开发企业中的小规模纳税人，销售自行开发的房地产老项目，选择适用简易计税方法的。

（4）其他个人销售其取得（不含自建）的不动产（不含其购买的住房）。

（5）一般纳税人选择简易计税方法计税的不动产经营租赁。

（6）小规模纳税人出租（经营租赁）其取得的不动产（不含个人出租住房）。

（7）其他个人出租（经营租赁）其取得的不动产（不含住房）。

（8）一般纳税人2016年4月30日前签订的不动产融资租赁合同，或以2016年4月30日前取得的不动产提供的融资租赁服务，选择适用简易计税方法的。

（9）一般纳税人收取试点前开工的一级公路、二级公路、桥、闸通行费，选择适用简易计税方法的。

（10）纳税人转让2016年4月30日前取得的土地使用权，选择适用简易计税方法的。

（11）房地产开发企业的一般纳税人销售自行开发的房地产老项目，选择适用简易计税方法的。

3.个人出租住房，应按照5%的征收率减按1.5%计算应纳税额。

任务三　一般纳税人增值税税额的计算

按照《中华人民共和国增值税暂行条例》的规定，我国现行增值税一般纳税人应纳税额的计算采用购进扣税法，即根据购进货物和劳务增值税专用发票上注明的税款进行抵扣，销项税额与进项税额之差为应纳税额。计算公式为：

应纳增值税税额=当期销项税额-当期进项税额

一、一般纳税人销项税额的计算

当期销售税额的计算公式为：

销项税额=不含税销售额×适用税率

其中，销售额是指纳税人销售货物、提供应税劳务或者发生应税行为向购买方收取的全部价款和价外费用，但不包括向购买方收取的销项税额。

微课

增值税应纳税额的计算

（一）一般销售的销售额

销售额为纳税人发生应税销售行为收取的全部价款和价外费用。

所谓价外费用，包括销售方在价外向购买方收取的手续费、补贴、基金、集资费、返还利润、奖励费、违约金、滞纳金、延期付款利息、赔偿金、代收款项、代垫款项、包装费、优质费以及其他各种性质的价外收费。但不包括下列项目：

1.收取的销项税额。

2.受托加工应征消费税的消费品所代收代缴的消费税。

3.符合条件的代垫运输费用。符合条件是指：（1）承运部门的运输费用发票开具给购买方的；（2）纳税人将该项发票转交给购买方的。

4.符合条件代为收取的政府性基金或者行政事业性收费。

5.销售货物同时代办保险等收取的保险费，以及向购买方收取的代购买方缴纳的车辆购置税、车辆牌照费。

注意：

以下收入为含税收入：

【1】商业企业零售价。

【2】普通发票（或通用发票）上注明的金额。

【3】价税合并收取的金额。

【4】价外费用。

【5】并入销售额征税的包装物押金。

遇到这种情况，在计税时先要将含税销售额换算为不含税销售额，其换算公式为：

销售额=含税销售额÷（1+税率）

（二）视同销售的销售额

纳税人销售价格明显偏低且无正当理由或者有视同销售应税销售行为而无销售额者，在计算时，销售额要按照如下规定的顺序来确定，不能随意跨越次序：

1.按纳税人最近时期同类应税销售行为的平均销售价格确定。

2.按其他纳税人最近时期同类应税销售行为的平均销售价格确定。

3.按组成计税价格确定。

（1）不属于应征消费税的货物的组成计税价格的计算公式为：

不属于应征消费税的货物的组成计税价格=成本×（1+成本利润率）

（2）属于应征消费税的货物，其组成计税价格应加计消费税税额，在从价计征消费税的情况下，其计算公式如下：

组成计税价格=［成本×（1+成本利润率）］÷（1−消费税比例税率）

（三）特殊销售方式下销售额的确定

1.折扣销售方式下销售额的确定。

折扣销售（又称“商业折扣”）是按商品标明的价格扣减一定数额后的销售。通常用百分比表示，如5%、10%。若销售额和折扣额在同一张发票上的“金额”栏分别注明的，可按折扣后的销售额计算征收增值税；仅在“备注”栏注明折扣额或将折扣额另开发票的，折扣额不得从销售额中扣除。

提醒 销售折扣的折扣额不得从销售额中扣除。销售折让若开具红字发票，折让额可以从销售额中扣除。

2.以旧换新销售方式销售额的确定。

以旧换新，是指消费者在购买新商品时，如果能把同类旧商品交给商店，就能抵扣一定的价款，旧商品起着折价券的作用。一般货物按新货同期销售价格确定销售额，不得减除旧货收购价格；但金银首饰以旧换新按销售方实际收到的不含增值税的全部价款（差价）征税。

3.还本销售方式销售额的确定。

还本销售是企业销售货物后，在一定期限内将全部或部分销货款一次或分次无条件退还给购货方的一种销售方式。还本销售方式下销售额就是货物的销售价格，不能扣除还本支出。

4.以物易物方式销售额的确定。

以物易物是一种较为特殊的购销活动，是指购销双方不是以货币结算，而是以同等价款的货物相互结算，以实现货物购销的一种方式。双方以各自发出货物核算销售额并计算销项税，双方是否能抵扣进项税还要看能否取得对方开具的增值税专用发票、是否用于可抵扣项目等因素。

（四）包装物对销售额的影响

通常情况下，包装物是商品的组成部分，纳税人销售带包装的货物，无论包装物是否单独计价，在会计上如何核算，也不论这部分包装物是自制还是外购的，均应包括在销售额内。但有的纳税人为了能收回包装物周转使用，对包装物不作价随同货物出售，而是另外收取押金，并单独记账核算，这种情况下，包装物押金一般不并入销售额。但酒类产品收取的包装物押金，除销售啤酒、黄酒外，无论是否返还以及会计上如何核算，都应并入当期销售额计税。

对按规定不并入销售额计税的包装物押金，如果超过合同或双方协议约定的期限或者超过1年未收回，并且押金不再退还的，则应按所包装货物的适用税率计算销售额。由于逾期包装物押金为含税收入，需换算成不含税价再并入销售额。

逾期包装物押金销售额=包装物押金÷（1+适用税率）

随堂测 2-5

（单选题）某工业企业为增值税一般纳税人，2024年6月销售货物，开具增值税专用发票，注明金额300万元，在同一张发票“金额”栏注明的折扣金额为50万元，为鼓励买方及早付款，实行现金折扣“2/30，1/45，N/90”。买方于第45天付款。该企业上述业务的销项税额为（　　）万元。

A.32.12　　B.32.50　　C.39.00　　D.38.61

二、一般纳税人准予从销项税额中抵扣进项税额的计算

根据《中华人民共和国增值税暂行条例》的规定，在征收增值税时，可以对上一生产流通环节已纳税款实行抵扣。在实务中，外购业务所承担的税额即进项税额，有的准予从销项税额中抵扣，有的却不得从销项税额中抵扣。一般纳税人准予从销项税额中抵扣的进项税额，限于符合规定的增值税扣税凭证上注明的增值税额和按规定的扣除率计算的进项税额，主要包括以下几种情况：

（一）增值税专用发票（含税控机动车销售统一发票）上注明的增值税额

进项税额，是指纳税人购进货物或者接受加工修理修配劳务、服务、购进无形资产或者不动产，支付或者负担的增值税税额。一般纳税人购进业务，如果对方可提供增值税专用发票，则增值税专用发票中注明的税额即为购买方的可抵扣税额。

（二）购进农产品准予抵扣的进项税额

一般纳税人购进农产品，取得增值税专用发票或者海关进口增值税专用缴款书，以增值税专用发票或海关进口增值税专用缴款书上注明的增值税额为进项税额；从按照简易计税方法按照3%征收率计算缴纳增值税的小规模纳税人处取得增值税专用发票的，以增值税专用发票上注明的金额和9%的扣除率计算进项税额；取得（开具）农产品销售发票或收购发票的，以农产品销售发票或收购发票上注明的农产品买价和9%的扣除率计算进项税额；一般纳税人购进用于生产销售或委托受托加工13%税率货物的农产品，按照10%的扣除率计算进项税额；一般纳税人购进农产品既用于生产销售或委托受托加工13%的税率货物又用于生产销售其他货物服务的，应当分别核算用于生产销售或委托受托加工13%的税率货物和生产销售其他货物服务的进项税额，未分别核算的，统一以增值税专用发票或者海关进口增值税专用缴款书注明的增值税额为进项税

额，或以农产品销售发票或收购发票上注明的农产品买价和9%的扣除率计算进项税额。

（三）进口增值税专用缴款书和完税凭证上注明的增值税税额

目前货物进口环节的增值税由海关负责代征，一般纳税人在进口货物办理报关进口手续时，需向海关申报缴纳进口增值税并从海关取得完税证明，所取得的海关进口增值税专用缴款书上注明的增值税税额准予抵扣。

一般纳税人从境外单位或者个人购进服务、无形资产或者不动产等，按照自税务机关或者扣缴义务人取得的解缴税款的完税凭证上注明的增值税额申报抵扣。一般纳税人凭完税凭证抵扣进项税额的，应当具备书面合同、付款证明和境外单位的对账单或者发票。资料不全的，其进项税额不得从销项税额中抵扣。

一般纳税人进口货物，按规定的组成计税价格和税率计算增值税应纳税额：

应纳税额=组成计税价格×税率

上式中的税率是规定的增值税税率；组成计税价格有两种情况：

1.进口货物只征收增值税的，其组成计税价格为：

组成计税价格=关税完税价格+关税=关税完税价格×（1+关税税率）

2.进口货物同时征收增值税和消费税的，其组成计税价格为：

组成计税价格=关税完税价格+关税+消费税=关税完税价格×（1+关税税率）÷（1−消费税税率）

（四）过桥过路费的抵扣

纳税人支付的道路通行费，按照收费公路通行费增值税电子普通发票上注明的增值税额抵扣进项税额。其中，高速公路通行费的计税率为3%，一级、二级公路通行费的计税率为5%。纳税人支付的桥、闸通行费，暂凭取得的通行费发票上注明的收费金额按照下列公式计算可抵扣的进项税额：

桥、闸通行费可抵扣进项税额=桥、闸通行费发票上注明的金额÷（1+5%）×5%

（五）旅客运输服务的抵扣

纳税人购进国内旅客运输服务，其进项税额允许从销项税额中抵扣。如果纳税人未取得增值税专用发票，暂时按照以下规定确定进项税额：

1.取得增值税电子普通发票的，为发票上注明的税额。

2.取得注明旅客身份信息的航空运输电子客票行程单的，按照下列公式计算进项税额：

航空旅客运输进项税额=（票价+燃油附加费）÷（1+9%）×9%

3.取得注明旅客身份信息的铁路车票的，按照下列公式计算进项税额：

铁路旅客运输进项税额=票面金额÷（1+9%）×9%

4.取得注明旅客身份信息的公路、水路等其他客票的，按照下列公式计算进项税额：

公路、水路等其他旅客运输进项税额=票面金额÷（1+3%）×3%

三、一般纳税人不准予从销项税额中抵扣的进项税额

（一）用于简易计税方法计税项目、免征增值税项目、集体福利或者个人消费的购进货物、劳务、服务、无形资产和不动产的进项税额

用于简易计税方法计税项目、免征增值税项目、集体福利或者个人消费的购进货物、劳务、服务、无形资产和不动产的进项税额不得从销项税额中抵扣，其中涉及的固定资产、无形资产、不动产，仅指专用于上述项目的固定资产、无形资产（不包括其他权益性无形资产）、不动产。发生兼用于上述不允许抵扣项目情况的，该进项税额准予全部抵扣。

另外，纳税人购进其他权益性无形资产无论是专用于简易计税方法计税项目、免征增值税项目、集体福利或者个人消费，还是兼用于上述不允许抵扣项目，均可以据实抵扣进项税额。

用于集体福利或个人消费的购进货物或应税劳务，是指企业内部设置的供职工使用的食堂、浴室、理发室、宿舍、幼儿园等福利设施及其设备、物品等或者以福利、奖励、津贴等形式发放给职工个人的物品。个人消费，包括纳税人的交际应酬消费。纳税人凡购进货物或应税劳务是用于集体福利、个人消费的，由于其已改变了生产、经营需要的用途，成为最终消费品，所以，其进项税额不能抵扣。

（二）非正常损失涉及的进项税额

非正常损失所对应的进项税额，具体包括：

1.非正常损失的购进货物，以及相关的劳务和交通运输服务。

2.非正常损失的在产品、产成品所耗用的购进货物（不包括固定资产）、劳务和交通运输服务。

3.非正常损失的不动产，以及该不动产所耗用的购进货物、设计服务和建筑服务。

4.非正常损失的不动产在建工程所耗用的购进货物、设计服务和建筑服务。纳税人新建、改建、扩建、修缮、装饰不动产，均属于不动产在建工程。

上述4项所说的非正常损失，是指因管理不善造成货物被盗、丢失、霉烂变质，以及因违反法律法规造成货物或者不动产被依法没收、销毁、拆除的情形。这些非正常损失是由纳税人自身原因造成征税对象实体的灭失，为保证税负公平，其损失不应由国家承担，因而纳税人无权要求抵扣进项税额。

上述3、4所称货物，是指构成不动产实体的材料和设备，包括建筑装饰材料和给排水、采暖、卫生、通风、照明、通信、煤气、消防、中央空调、电梯、电气、智能化楼宇设备及配套设施。

已抵扣进项税额的不动产，发生非正常损失，或者改变用途，专用于简易计税方法计税项目、免征增值税项目、集体福利或者个人消费的，按照下列公式计算不得抵扣的进项税额：

不得抵扣的进项税额=（已抵扣进项税额+待抵扣进项税额）×不动产净值率

不动产净值率=（不动产净值÷不动产原值）×100%

（三）购进的贷款服务、餐饮服务、居民日常服务和娱乐服务不得抵扣的进项税额

一般意义上，餐饮服务、居民日常服务和娱乐服务主要服务对象是个人。对于一般纳税人购买的餐饮服务、居民日常服务和娱乐服务，难以准确地界定接受劳务的对象是企业还是个人，因此，一般纳税人购进的餐饮服务、居民日常服务和娱乐服务的进项税额不得从销项税额中抵扣（即使取得增值税发票也不能抵扣）。

纳税人接受贷款服务向贷款方支付的与该笔贷款直接相关的投融资顾问费、手续费、咨询费等费用，其进项税额不得从销项税额中抵扣。不能抵扣的原因是目前税务机关没有对存款利息征收增值税，因此，贷款利息也不能抵税。

需注意的是，酒店住宿可索取增值税专用发票，进项税额可抵扣。

（四）特殊政策规定不得抵扣的进项税额

为了加强对一般纳税人的管理，防止利用一般纳税人和小规模纳税人的两种不同的征税办法达到少缴税款的情况发生，有下列情形之一者，应当按照销售额和增值税税率计算应纳税额，不得抵扣进项税额：

1.一般纳税人会计核算不健全，或者不能够提供准确税务资料的。

2.应当办理一般纳税人资格登记而未办理的，如年销售额超过小规模纳税人标准但未登记为一般纳税人的。

任务四　小规模纳税人增值税的计算

根据《中华人民共和国增值税暂行条例》的规定，小规模纳税人发生应税销售行为，实行按照销售额和征收率计算应纳税额的简易办法，并不得抵扣进项税额。应纳税额的计算公式如下：

应纳税额=销售额×征收率

小规模纳税人的增值税征收率为3%，国务院另有规定的除外。

小规模纳税人的销售额不包括其应纳税额。小规模纳税人销售货物或者应税劳务采用销售额和应纳税额合并定价方法的，按下列公式计算销售额：

销售额＝含税销售额÷（1+征收率）

另外，小规模纳税人因销售货物退回或者折让退还给购买方的销售额，应从发生销售货物退回或者折让当期的销售额中扣减。

任务五　增值税的税收优惠

增值税有多种税收优惠形式，主要分为不征税、免税、即征即退、加计抵减、起征点等。

一、不征收增值税项目

不征收增值税项目包括：

1.用于公益事业或者以社会公众为对象的无偿提供服务、无偿转让无形资产或者不动产。

2.根据国家指令无偿提供的铁路运输服务、航空运输服务，主要用于公益事业的服务。

3.存款利息。存款利息是指按照《中华人民共和国商业银行法》的规定，经国务院银行业监督管理机构审查批准，具有吸收公众存款业务的金融机构支付的存款利息。非金融企业之间、企业和个人之间借贷涉及的利息，不包括在不征税的范围之内。

4.被保险人获得的保险赔付。

5.房地产主管部门或者其指定机构、公积金管理中心、开发企业以及物业管理单位代收的住宅专项维修资金。

6.在资产重组过程中，通过合并、分立、出售、置换等方式，将全部或者部分实物资产以及与其相关联的债权、负债和劳动力一并转让给其他单位和个人，其中涉及的不动产、土地使用权转让行为。

二、免税项目

（一）法定免税项目

增值税法定免税项目包括：

1.农业生产者销售的自产农产品。

2.避孕药品和用具。

3.古旧图书。

4.直接用于科学研究、科学试验和教学的进口仪器、设备。

5.外国政府、国际组织无偿援助的进口物资和设备。

6.由残疾人的组织直接进口供残疾人专用的物品。

7.销售自己使用过的物品。自己使用过的物品，是指其他个人使用过的物品。

（二）免征增值税的保障民生项目

1.托儿所、幼儿园提供的保育和教育服务，养老机构提供的养老服务，残疾人福利机构提供的育养服务。

2.为社区提供养老、托育、家政等服务的机构，提供社区养老、托育、家政服务取得的收入。

3.婚姻介绍服务。

4.殡葬服务。

5.医疗机构提供的医疗服务。

6.符合条件的家政服务企业提供家政服务取得的收入。

（三）免征增值税的符合规定的教育服务项目

1.从事学历教育的学校提供的教育服务。

2.政府举办的从事学历教育的高等、中等和初等学校（不含下属单位），举办进修班、培训班取得的全部归该学校所有的收入。

3.政府举办的职业学校设立的主要为在校学生提供实习场所、并由学校出资自办、由学校负责经营管理、经营收入归学校所有的企业，开展《销售服务、无形资产、不动产注释》中“现代服务”（不含融资租赁服务、广告服务和其他现代服务）、“生活服务”（不含文化体育服务、其他生活服务和桑拿、氧吧）业务活动取得的收入。

4.境外教育机构与境内从事学历教育的学校开展中外合作办学，提供学历教育服务取得的收入。

（四）免征增值税的特殊群体提供的应税服务

1.残疾人员本人为社会提供的服务。

2.学生勤工俭学提供的服务。

（五）免征增值税的农业类收入

1.农业机耕、排灌、病虫害防治、植物保护、农牧保险以及相关技术培训业务，家禽、牲畜、水生动物的配种和疾病防治。

2.纳税人采取转包、出租、互换、转让、入股等方式将承包地流转给农业生产者用于农业生产取得的收入。

3.将土地使用权转让给农业生产者用于农业生产。

4.纳税人将国有农用地出租给农业生产者用于农业生产。

（六）免征增值税的文化类服务

1.纪念馆、博物馆、文化馆、文物保护单位管理机构、美术馆、展览馆、书画院、图书馆在自己的场所提供文化体育服务取得的第一道门票收入。

2.寺院、宫观、清真寺和教堂举办文化、宗教活动的门票收入。

3.个人转让著作权。

4.自2019年1月1日至2023年12月31日，对电影主管部门（包括中央、省、地市及县级）按照各自职能权限批准从事电影制片、发行、放映的电影集团公司（含成员企业）、电影制片厂及其他电影企业取得的销售电影拷贝（含数字拷贝）收入、转让电影版权（包括转让和许可使用）收入、电影发行收入以及在农村取得的电影放映收入，免征增值税。

5.自2019年1月1日至2023年12月31日，对广播电视运营服务企业收取的有线数字电视基本收视维护费和农村有线电视基本收视费，免征增值税。

（七）免征增值税的特殊运输相关的服务

1.台湾航运公司、航空公司从事海峡两岸海上直航、空中直航业务在大陆取得的运输收入。

2.纳税人提供的直接或者间接国际货物运输代理服务。

（八）免征增值税的不动产、土地使用权类项目

1.个人销售自建自用住房。

2.2019年1月1日至2025年12月31日，对经营公租房所取得的租金收入，免征增值税。

3.涉及家庭财产分割的个人无偿转让不动产、土地使用权。

4.土地所有者出让土地使用权和土地使用者将土地使用权归还给土地所有者。

土地所有者依法征收土地，并向土地使用者支付土地及其相关有形动产、不动产补偿费的行为，属于土地使用者将土地使用权归还给土地所有者的情形。

5.县级以上地方人民政府或自然资源行政主管部门出让、转让或收回自然资源使用权（不含土地使用权）。

6.个人将购买不足2年的住房对外销售的，按照5%的征收率全额缴纳增值税；个人将购买2年以上（含2年）的住房对外销售的，免征增值税。上述政策适用于北京市、上海市、广州市和深圳市之外的地区。

（九）免征增值税的就业类项目

1.随军家属就业。

为安置随军家属就业而新开办的企业，自领取税务登记证（或加载统一社会信用代码的营业执照）之日起，其提供的应税服务3年内免征增值税。

从事个体经营的随军家属，自办理税务登记事项之日起，其提供的应税服务3年内免征增值税。

2.军队转业干部就业。

从事个体经营的军队转业干部，自领取税务登记证之日起，其提供的应税服务3年内免征增值税。

为安置自主择业的军队转业干部就业而新开办的企业，凡安置自主择业的军队转业干部占企业总人数60%（含）以上的，自领取税务登记证之日起，其提供的应税服务3年内免征增值税。

（十）免征增值税的社会团体收取的会费

社会团体，是指依照国家有关法律法规设立或登记并取得《社会团体法人登记证书》的非营利法人。会费，是指社会团体在国家法律法规、政策许可的范围内，依照社团章程的规定，收取的个人会员、单位会员和团体会员的会费。

（十一）符合条件的合同能源管理服务免征增值税

根据《财政部　国家税务总局关于全面推开营业税改征增值税试点的通知》（财税〔2016〕36号）附件3《营业税改征增值税试点过渡政策的规定》，同时符合下列条件的合同能源管理服务免征增值税：

1.节能服务公司实施合同能源管理项目相关技术，应当符合《合同能源管理技术通则》（GB/T24915-2010）规定的技术要求。

2.节能服务公司与用能企业签订节能效益分享型合同，其合同格式和内容，符合《中华人民共和国合同法》（现按《中华人民共和国民法典》执行）和《合同能源管理技术通则》（GB/T24915-2010）等规定。

（十二）福利彩票、体育彩票的发行收入免征增值税

根据《财政部　国家税务总局关于全面推开营业税改征增值税试点的通知》（财税〔2016〕36号）附件3《营业税改征增值税试点过渡政策的规定》第一项（三十二）的规定，福利彩票、体育彩票的发行收入免征增值税。

三、即征即退项目

即征即退，是指对按税法规定缴纳的税款，由税务机关在征税时，部分或全部退还给纳税人的一种税收优惠。

（一）超税负退

即征即退税额的计算公式为：

即征即退税额=增值税应纳税额−销售额×3%或6%

该公式适用于以下情况：

1.增值税一般纳税人销售其自行开发生产的软件产品，按13%税率征收增值税后，对其增值税实际税负超过3%的部分实行增值税即征即退政策。

2.增值税一般纳税人提供管道运输，对其增值税实际税负超过3%的部分实行增值税即征即退政策。

3.经人民银行、银监会（现为“国家金融监督管理总局”，下同）或者商务部批准从事融资租赁业务的试点纳税人中的一般纳税人，提供有形动产融资租赁服务和有形动产融资性售后回租服务，对其增值税实际税负超过3%的部分实行增值税即征即退政策。

4.对动漫企业增值税实际税负超过销售额3%的部分实行增值税即征即退政策。

5.对飞机维修劳务增值税实际税负超过销售额6%的部分实行增值税即征即退政策。

（二）限额退

安置残疾人的单位和个体工商户的纳税人的增值税可享受即征即退的优惠政策。

月应退增值税额=纳税人本月安置残疾人员的人数×本月月最低标准的4倍

（三）按比例退

新型墙体材料和风力发电的增值税实行50%的即征即退政策。

（四）全额退

对中博世金科贸有限责任公司通过上海黄金交易所销售的进口铂金，以上海黄金交易所开具的《上海黄金交易所发票》（结算联）为依据，实行增值税全额即征即退政策。国内铂金生产企业自产自销的铂金也实行增值税即征即退政策。

四、加计抵减政策

《财政部　税务总局　海关总署关于深化增值税改革有关政策的公告》（财政部　税务总局　海关总署公告2019年第39号）规定，自2019年4月1日至2021年12月31日，允许生产、生活性服务业纳税人按照当期可抵扣进项税额加计10%，抵减应纳税额（以

下称加计抵减政策)。生产、生活性服务业纳税人,是指提供邮政服务、电信服务、现代服务、生活服务(以下称四项服务)取得的销售额占全部销售额的比重超过50%的纳税人;《财政部 税务总局关于明确生活性服务业增值税加计抵减政策的公告》(财政部 税务总局公告2019年第87号)明确,2019年10月1日至2021年12月31日,允许生活性服务业纳税人按照当期可抵扣进项税额加计15%,抵减应纳税额(以下称加计抵减15%政策)。生活性服务业纳税人,是指提供生活服务取得的销售额占全部销售额的比重超过50%的纳税人。计算公式如下:

当期计提加计抵减额=当期可抵扣进项税额×10%或15%

当期可抵减加计抵减额=上期末加计抵减额余额+当期计提加计抵减额-当期调减加计抵减额

五、个人起征点

对个人销售额未达到规定的增值税起征点的,免征增值税;达到起征点的,依照规定全额计算缴纳增值税。

1.按期纳税的,增值税起征点为月销售额5 000~20 000元(含本数)。

2.按次纳税的,增值税起征点为每次销售额300~500元(含本数)。

起征点的调整由财政部和国家税务总局规定。省、自治区、直辖市财政厅(局)和税务局应当在规定的幅度内,根据实际情况确定本地区适用的起征点,并报财政部和国家税务总局备案。

注意:增值税起征点的适用范围限于个人,不包括登记为一般纳税人的个体工商户。

六、对小规模纳税人的特殊优惠

1.自2021年4月1日起,小规模纳税人发生增值税应税销售行为,合计月销售额未超过15万元(以1个季度为1个纳税期的,季度销售额未超过45万元,下同)的,免征增值税。

小规模纳税人发生增值税应税销售行为,合计月销售额超过15万元,但扣除本期发生的销售不动产的销售额后未超过15万元的,其销售货物、劳务、服务、无形资产取得的销售额免征增值税。

2.适用增值税差额征税政策的小规模纳税人,以差额后的销售额确定是否可以享受上述规定的免征增值税政策。

3.按固定期限纳税的小规模纳税人可以选择以1个月或1个季度为纳税期限,一经选择,一个会计年度内不得变更。

任务六 增值税的纳税申报

一、纳税义务发生时间

1.发生应税销售行为,为收讫销售款项或者取得索取销售款项凭据的当天,先开具发票的，为开具发票的当天。

其中，收讫销售款项或者取得索取销售款项凭据的当天，按销售结算方式的不同，具体为：

（1）采取直接收款方式销售货物，不论货物是否发出，均为收到销售款项或者取得索取销售款项凭据的当天。

（2）采取托收承付和委托银行收款方式销售货物，为发出货物并办妥托收手续的当天。

（3）采取赊销和分期收款方式销售货物，为书面合同约定的收款日期的当天，无书面合同的或者书面合同没有约定收款日期的，为货物发出的当天。

（4）采取预收货款方式销售货物，为货物发出的当天，但生产销售生产工期超过12个月的大型机械设备、船舶、飞机等货物，为收到预收款或者书面合同约定的收款日期的当天。

（5）委托其他纳税人代销货物，为收到代销单位的代销清单或者收到全部或者部分货款的当天。未收到代销清单及货款的，为发出代销货物满180天的当天。

（6）销售应税劳务，为提供劳务同时收讫销售款项或者取得索取销售款项凭据的当天。

（7）纳税人发生视同销售货物行为（不包括代销行为），为货物移送的当天；纳税人发生视同销售服务、无形资产或者不动产行为的，为服务、无形资产或者不动产权属变更的当天。

2.进口货物，为报关进口的当天。

二、纳税期限

纳税人以1个月或者1个季度为纳税期的，自期满之日起15日内申报纳税；以1日、3日、5日、10日或者15日为纳税期的，自期满之日起5日内预缴税款，于次月1日起15日内申报纳税并结清上月应纳税款。

扣缴义务人解缴税款的期限，按照上述规定执行。

纳税人进口货物，应当自海关填发税款缴纳书之日起15日内缴纳税款。

纳税人出口适用税率为零的货物，可以按月向税务机关申报办理该项出口货物的退税。

三、纳税地点

1.固定业户应当向其机构所在地主管税务机关申报纳税。总机构和分机构不在同一县（市）的，应当分别向各自所在地主管税务机关申报纳税；经财政部和国家税务总局或其授权的税务机关批准，也可由总机构汇总向总机构所在地主管税务机关申报纳税。总分支机构不在同一县（市），但在同一省（自治区、直辖市、计划单列市）范围内的，经省（自治区、直辖市、计划单列市）财政厅（局）和税务局批准，可以由总机构汇总向总机构所在地的主管税务机关申报缴纳增值税。

2.固定业户到外县（市）销售货物或发生应税行为，应当向其机构所在地主管税务机关申请开具“外管证”，向其机构所在地主管税务机关申报纳税。未持有其机构所在地主管税务机关核发的“外管证”到外县（市）销售货物或者应税劳务的，应当向销售地主管税务机关申报纳税；未向销售地主管税务机关申报纳税的，由其机构所在地主管税务机关补征税款。

3.非固定业户销售货物、提供应税劳务或发生应税行为，应当向销售地或应税行为发生地主管税务机关申报纳税；未申报纳税的，由其机构所在地或者居住地主管税务机关补征税款。

4.进口货物，应当由进口人或其代理人向报关地海关申报纳税。

5.其他个人提供建筑服务，销售或者租赁不动产，转让自然资源使用权，应向建筑服务发生地、不动产所在地、自然资源所在地主管税务机关申报纳税。

6.扣缴义务人应当向其机构所在地或者居住地主管税务机关申报缴纳扣缴的税款。

三、网上申报（以一般纳税人为例）

1.数据初始化。

双击桌面上的税务实训平台，输入学校授权码，以及账号、密码，点击登录，即可打开软件首页，在软件首页单击数据初始化。

税务实训平台数据初始化界面如图2-1所示。

图2-1　税务实训平台数据初始化界面

2.数据备份和恢复。

税务实训平台数据备份和恢复界面如图2-2所示。

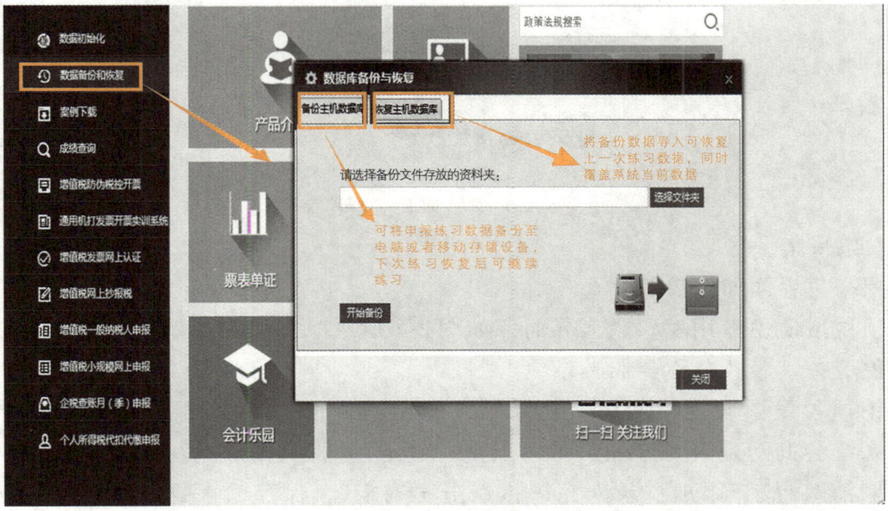

图2-2　税务实训平台数据备份和恢复界面

3.选择增值税一般纳税人网上申报系统登录。

增值税模块子系统界面如图2-3所示。

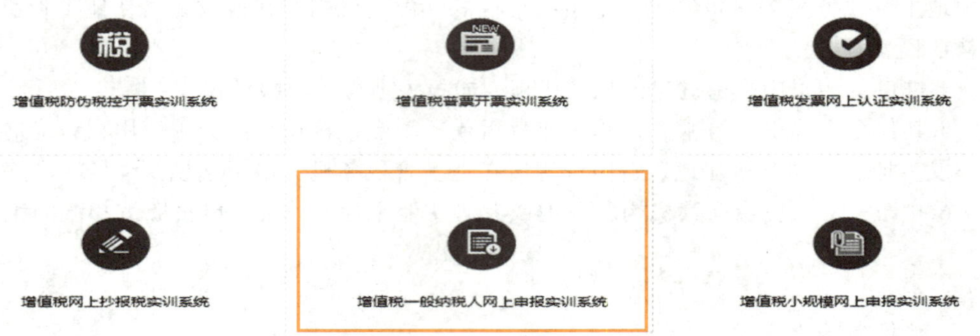

图2-3 增值税模块子系统界面

4.税款所属期的设置。

选择税费申报的期限，如图2-4所示。

图2-4 申报期限修改界面

5.发票采集。

发票采集界面如图2-5所示。

销项税增值税专用发票录入界面，如图2-6所示。图中为发票代码、发票号码及货物或应税劳务、服务名称金额必录项。

在销项税发票录入界面中，如果录入的“销货单位名称”，在往来对象中没有维护，则系统会询问是否要添加。可以点击“确定”，将其添加到往来对象维护，也可以点击“取消”，放弃添加。录入完毕，点击“确定”，保存输入的发票信息；点击“取消”，则关闭窗口。保存时，如果某个必录项没有填写，系统会给出相应提示。

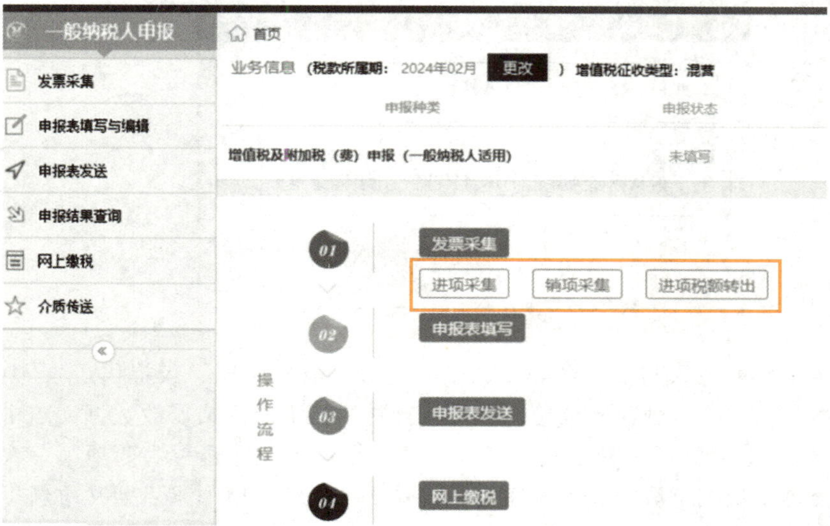

图2-5　发票采集界面

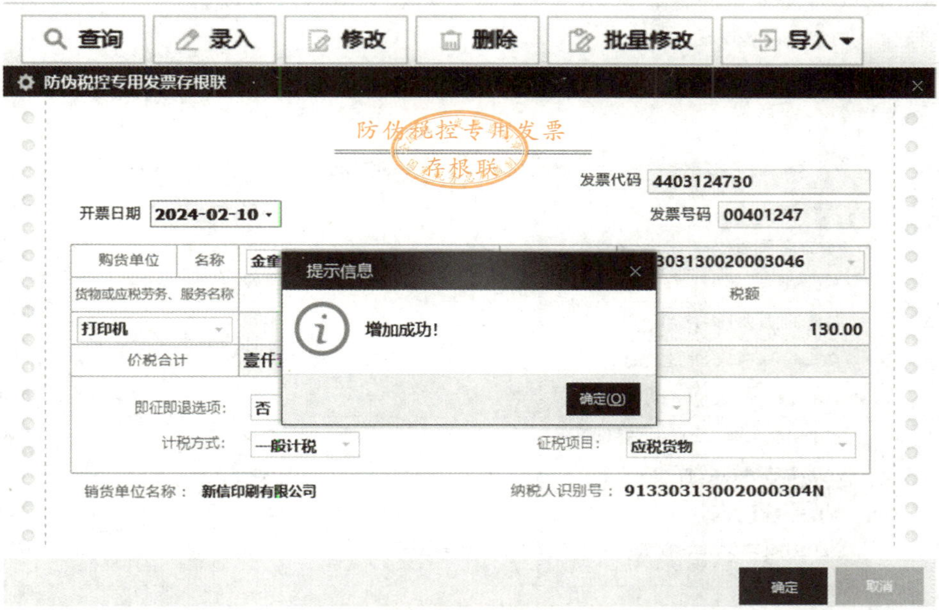

图2-6　销项税增值税专用发票录入界面

如果填写的发票需要修改，则选择要修改的发票，点击“修改”，对于手工录入的发票，可以修改录入的所有信息；对于导入的发票，只能修改发票的属性（“允许抵扣”“是否免税”等）。进项税增值税专用发票的录入与销项税的录入相同。

若要批量修改多张发票，则打勾选中多张需修改的发票，或按Ctrl+A组合键选中全部发票，点击右键菜单中的“批量修改”，打开“批量修改”窗口，如图2-7所示。选择要修改的发票属性，如“即征即退”，然后点击“确定”进行修改，点击“取消”则放弃修改。

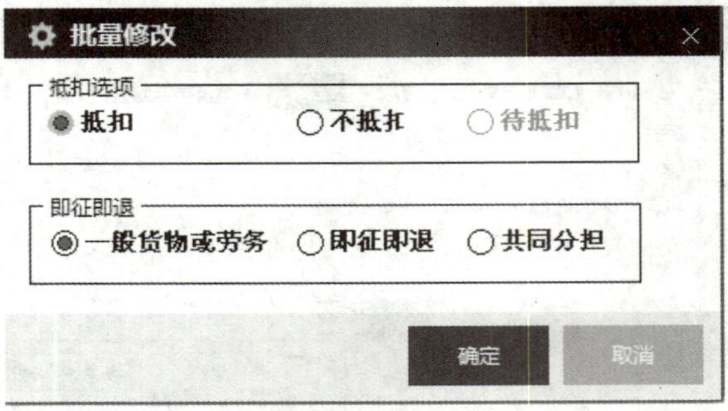

图2-7　发票抵扣修改界面

进项税额转出额的录入与其他各类发票信息的录入有所不同，仅提供了录入功能，没有提供“增加”“修改”“删除”等功能。可直接在页面上录入或修改数据，点击“保存”即可。其中，“上期留抵税额抵减欠税”和“上期留抵税额退税”两项第一次下载核定信息后，会自动从核定取数，无须填写，如图2-8所示。但如果后期又重新下载过核定，则不会再核定取数，这时需要手动修改保存，保存时会校验这两项数据是否与核定一致。修改后需要重新保存附表，才能保证附表更新这两项数据。

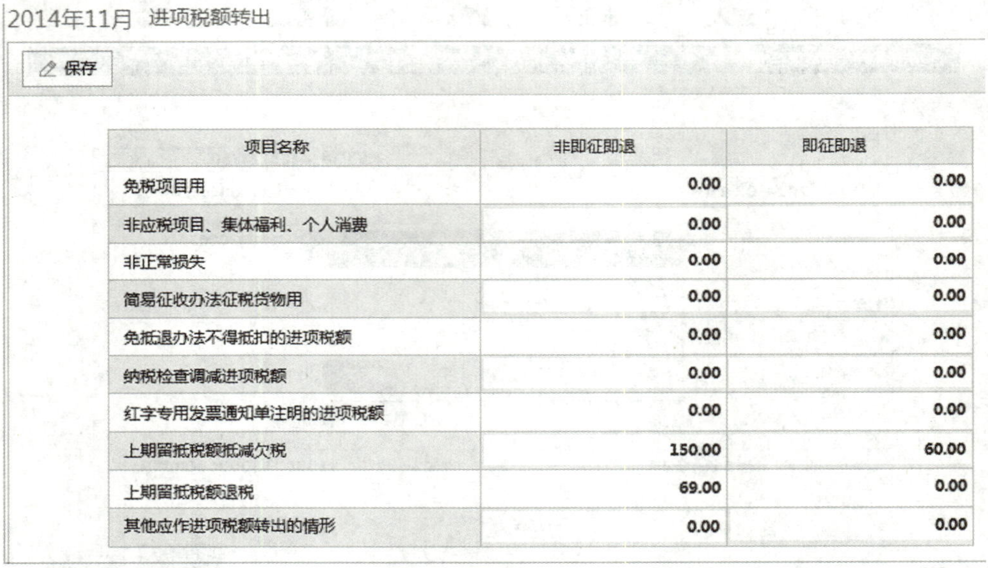
2014年11月　进项税额转出

保存

项目名称	非即征即退	即征即退
免税项目用	0.00	0.00
非应税项目、集体福利、个人消费	0.00	0.00
非正常损失	0.00	0.00
简易征收办法征税货物用	0.00	0.00
免抵退办法不得抵扣的进项税额	0.00	0.00
纳税检查调减进项税额	0.00	0.00
红字专用发票通知单注明的进项税额	0.00	0.00
上期留抵税额抵减欠税	150.00	60.00
上期留抵税额退税	69.00	0.00
其他应作进项税额转出的情形	0.00	0.00

图2-8　进项税额采集界面

6.申报表填写及编辑。

增值税一般纳税人的申报较为复杂，需要进行发票采集、填写报表等操作。

点击“申报表填写及编辑”菜单项，就会出现打开申报表首页。根据当前纳税人核定信息，以及当前税款所属期，显示该纳税人需要办理的申报种类以及当前时间点的申报表填写状态。

申报状态：根据该申报种类是否申报过来显示状态，包括未填写、未申报、申报处理中、申报失败、申报成功。其中，申报处理中，是已经发送申报表，但是还未查询结果的状态；未填写，是指该申报种类的所属报表一张也没有填写过，如果填写过一张，则状态为未申报。

申报日期：显示该申报种类的申报发送日期；申报状态为未填写、未申报时，申报日期不显示。

操作：申报状态为申报处理中、申报成功时，操作列显示“查看”；申报状态为未填写、未申报、申报失败时，操作列显示“立即填写”。点击“立即填写”，打开该申报种类对应需要填写的报表列表，然后选择对应要填写的报表进行填写。

申报表发送：在当前申报表填写界面中，如果没有一个申报种类是被填写过的，则该按钮为灰色，否则为可点击状态，点击则跳转至申报表发送页面。

填写报表：所有发票信息采集完整后，通过发票会自动生成各附表数据，对于不完整的报表，仍需手工继续填写，加以完善。所以在编制报表前，必须确保发票信息的正确性和完整性。发票的管理参见前面的“发票采集”介绍。

填写报表：首先需填写附表，然后才能填写主表。附表未填写，主表显示暂不能填写，点击“暂不能填写”，则提示请先填写附表。

7.申报表的发送。

报表填写完毕后，接下来的工作就是“申报表发送”。如图2-9所示，可以一次性发送所有税种的申报资料，当然也可以分税种发送。但是要注意，对于属于税务机关核定的同一税种必须上报的申报资料，需要一起发送。

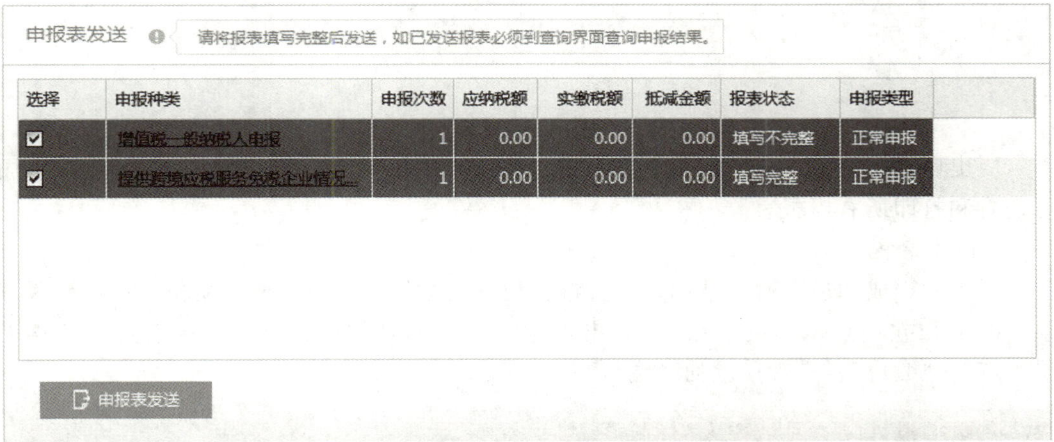

图2-9　申报表发送界面

“申报表发送”成功并不一定表明当期的纳税申报工作已经完成。只有到“申报结果查询”页面查询到申报处理成功，如有税款且扣款成功后，才表明已经完成当期申报纳税工作。通过“申报结果查询”功能可以及时查询到申报的处理结果。

申报表发送后系统会提示是否发送成功，如图2-10所示，需等待系统处理10秒后，点击“申报结果查询”获取反馈信息。如果申报结果查询页面显示该税种申报状态为“申报成功”，则证明纳税申报已成功。

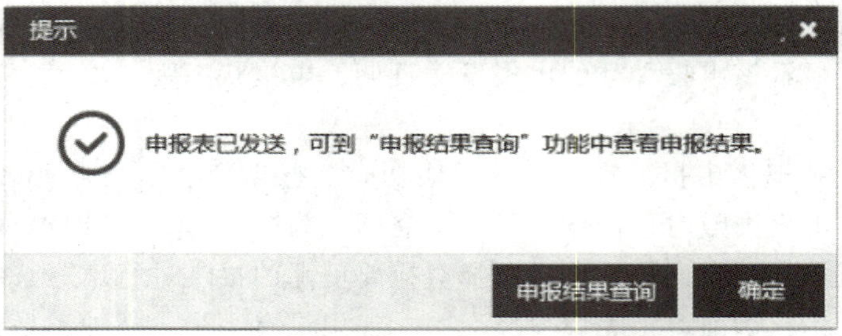

图2-10　申报表发送结果界面

8.申报结果查询。

纳税人可通过"申报结果查询"功能查询当前税款所属期的申报反馈信息，主要查看申报处理结果信息。

申报结果查询：打开"申报结果查询"页面，如图2-11所示，如存在申报状态为"申报处理中"的申报种类，需手动点击"申报结果查询"按钮获取最新申报反馈信息。

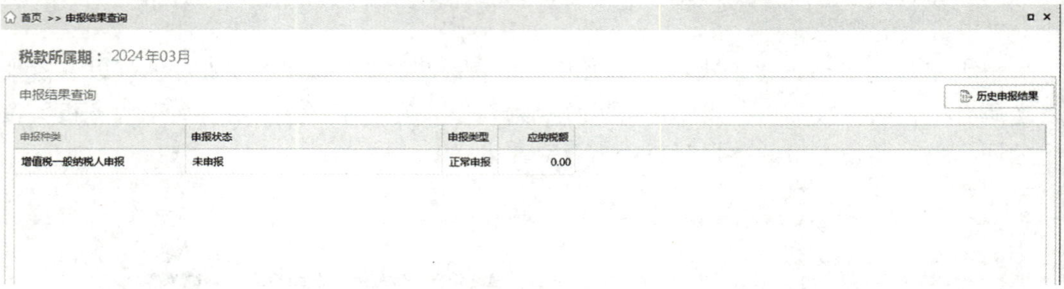

图2-11　申报结果查询界面

历史申报结果：点击"历史申报结果"按钮可跳转至历史申报表查询页面，该页面可查看和打印所有申报表。

9.网上缴税。

报表发送成功后，有税款的，需要进行税款的缴纳，点击"网上缴税"进行缴税。

网上扣款：点击"网上缴税"，出现缴税信息的对话框，核实缴税信息，信息无误，点击"缴税"，实现税款的缴纳。

四、介质申报（以一般纳税人为例）

采用"介质申报"方式的纳税人，申报流程分为四步：

征期内填写申报资料前，到办税服务大厅获取基本信息和核定信息，导入本系统。

将所有的申报资料导出到介质上（如U盘）形成数据文件，然后带着申报资料到税务机关办税服务大厅申报。申报后若想查看反馈信息，需要到办税服务大厅拷贝反馈信息文件，导入本系统。对于采用"网络申报"的纳税人来说，"介质申报"是对"网络申报"方式的补充。当由于某些特殊原因无法采用"网络申报"时，为不耽误申报，可以采用"介质申报"。（注：介质申报和网络申报无须设置，都可使用。）

在初始化页面，点击"介质传送"菜单项，打开如图2-12所示的页面。

图2-12　介质文件传送界面

征期内填写申报资料前，到办税服务大厅获取基本信息和核定信息，导入本系统。基本信息和核定信息的导入方法是完全一样的，所以下面以基本信息为例来介绍如何导入。文件导入的提示界面如图 2-13 所示。

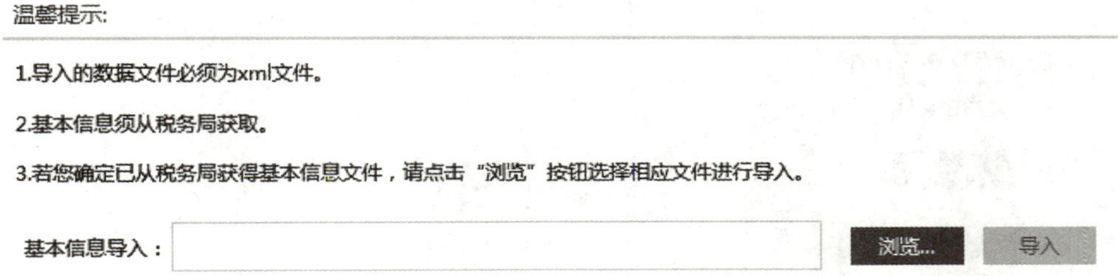

图2-13　文件导入提示界面

点击“浏览”，选择存储在磁盘或其他介质上的基本信息文件，如图 2-14 所示，点击“打开”。

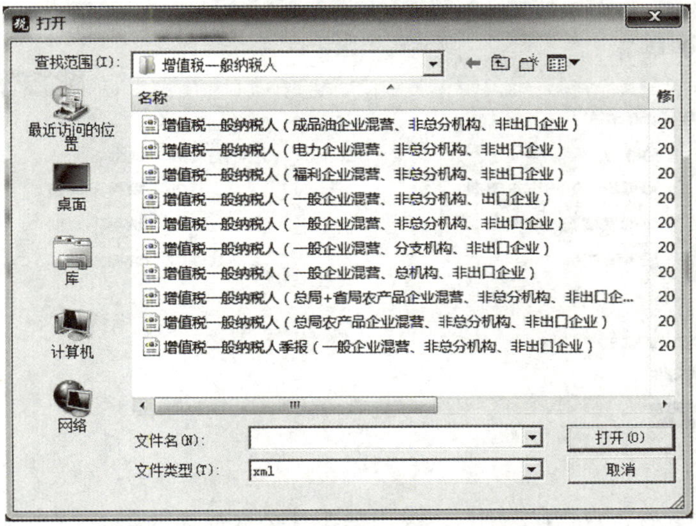

图2-14　文件导入选择文件界面

显示基本信息文件，点击“导入”。

在导入上述信息后，可以开始使用本系统录入发票，填写各类报表数据。

申报资料填写完毕，将申报资料导出到介质上（如U盘）形成数据文件（以企业纳税识别号开头的一个压缩文件如913020375400022601_202407_20240806.zip），到主管税务机关进行纳税申报。

选择“介质传送→申报文件导出”，如图2-15所示。

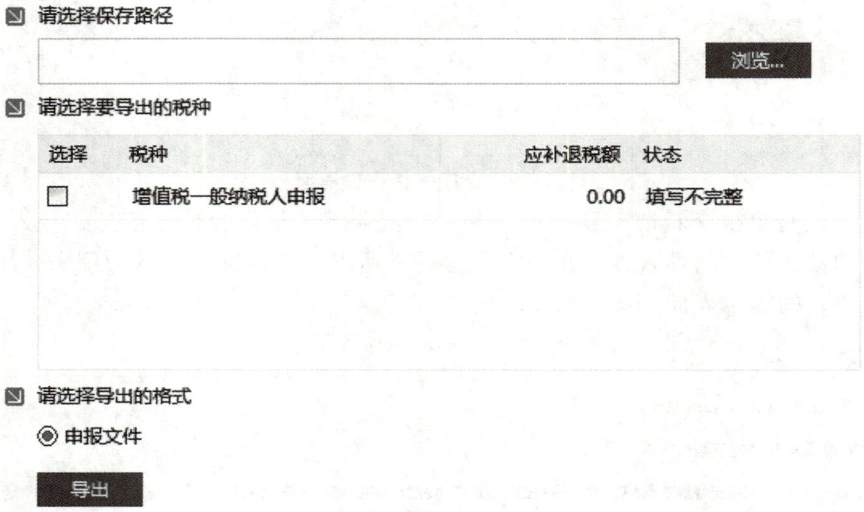

图2-15　文件导出界面

点击“浏览”，选择申报文件存放目录，点击“确定”。

如果有申报多个税种的情况，这里会列出所有要申报的税种，如图2-16所示，可以分次申报。勾选要申报的税种，在标题栏的“选择”栏进行勾选。导出格式默认选择“申报文件”。

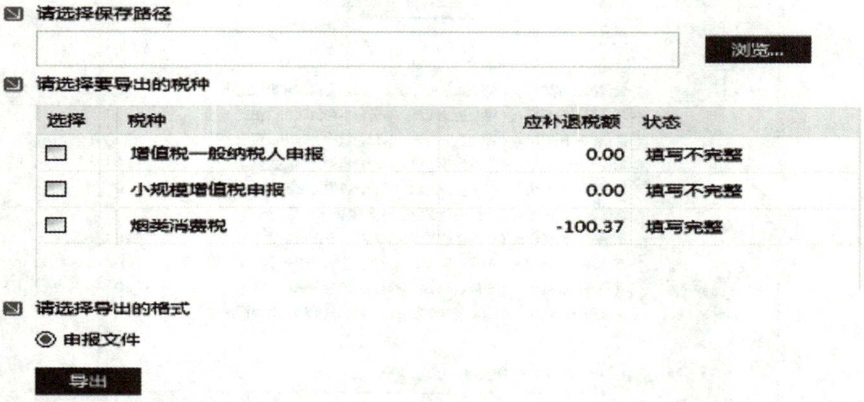

图2-16　导出的税种选择界面

完成以上设置后，点击“导出”，导出的文件结果界面如图2-17所示。

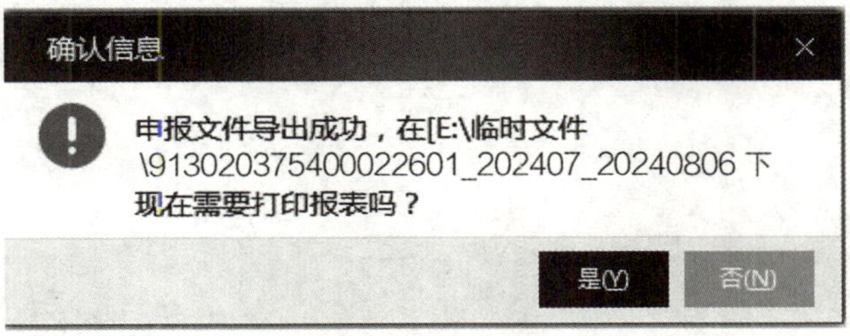

图2-17　导出的文件结果界面

申报后若想查看反馈信息，需要到办税服务大厅拷贝反馈信息文件，导入本系统。然后选择“介质传送→反馈文件导入”。

点击“浏览”，选择存储在磁盘或其他介质上的反馈文件，点击“打开”。显示反馈文件，点击“导入”。

项目三 消费税核算与申报

学习目标

【知识目标】

- 了解消费税的征税范围
- 理解消费税的纳税人及适用税率
- 熟悉消费税的税收优惠政策

【能力目标】

- 能结合消费税的计算方式进行消费税应纳税额的计算
- 能厘清消费税的申报流程并进行纳税申报

任务一　确定消费税的征税范围

消费税是对消费品和特定的消费行为按流转额征收的一种商品税。我国现行消费税是1994税制改革时设置的一个税种，根据其征税范围较强的选择性，引导理性消费，自觉减少影响人类健康及生态环境的商品、奢侈品、不可再生资源、高污染高能耗产品等的消费，调节消费结构，促进产业转型升级。

根据《中华人民共和国消费税暂行条例》（以下简称《消费税暂行条例》）的规定，消费税是对在我国境内从事生产、委托加工和进口应税消费品的单位和个人，就其销售额或销售数量，在特定环节征收的一种税。我国目前消费税税目有15个。

一、烟

凡是以烟叶为原料加工生产的产品，不论使用何种辅料，均属于本税目的征收范围。

在“烟”税目下设“卷烟”、雪茄烟、烟丝和电子烟4个子目。

“卷烟”又分“甲类卷烟”和“乙类卷烟”。其中，甲类卷烟，是指每标准条（200支）不含增值税调拨价在70元（含）以上的卷烟、进口卷烟和政府规定的其他卷烟（如白包卷烟、手工卷烟）；乙类卷烟，是指每标准条不含增值税调拨价在70元以下的卷烟。

雪茄烟包括各种规格、型号的雪茄烟。

烟丝包括以烟叶为原料生产加工的未经卷制的散装烟，如斗烟、莫合烟、烟末、水烟、黄红烟丝等。

电子烟，包括烟弹、烟具和烟弹与烟具组合销售的电子烟产品。

二、酒

酒是指酒精度在1度以上的各种酒类饮料。

本税目下设白酒、黄酒、啤酒、其他酒4个子目。其中，啤酒分甲类啤酒和乙类啤酒。每吨不含增值税出厂价（含包装物及包装物押金）在3 000元（含）以上的是甲类啤酒，每吨不含增值税出厂价（含包装物及包装物押金）在3 000元以下的是乙类啤酒。对饮食业、商业、娱乐业举办的啤酒屋（啤酒坊）利用啤酒生产设备生产的啤酒，应当征收消费税。果啤属于啤酒，按啤酒征收消费税。

三、高档化妆品

本税目征税范围包括：高档美容、修饰类化妆品，高档护肤类化妆品和成套化妆品。

高档美容、修饰类化妆品和高档护肤类化妆品是指生产（进口）环节销售（完税）价格（不含增值税）在10元/毫升（克）或15元/片（张）及以上的美容、修饰类化妆品和护肤类化妆品；美容、修饰类化妆品是指香水、香水精、香粉、口红、指甲油、胭脂、眉笔、唇笔、蓝眼油、眼睫毛；成套化妆品是指由各种用途的化妆品配套盒装而成的系列产品。

舞台、戏剧、影视演员化妆用的上妆油、卸妆油、油彩，不属于本税目征收范围。

四、贵重首饰及珠宝玉石

本税目征税范围包括：凡以金、银、白金、宝石、珍珠、钻石、翡翠、珊瑚、玛瑙等高贵稀有物质以及其他金属、人造宝石等制作的各种纯金银首饰及镶嵌首饰和经采掘、打磨、加工的各种珠宝玉石。

五、鞭炮、焰火

本税目征税范围包括：各种鞭炮、焰火。体育上用的发令纸、鞭炮药引线，不按本税目征收。

六、成品油

本税目下设汽油、柴油、石脑油、溶剂油、航空煤油、润滑油、燃料油七个子目。

（一）汽油

汽油是指用原油或其他原料加工生产的辛烷值不小于66的可用作汽油发动机燃料的各种轻质油。汽油分为车用汽油和航空汽油等。以汽油、汽油组分调和生产的甲醇汽油、乙醇汽油也属于本税目征收范围。

（二）柴油

柴油是指用原油或其他原料加工生产的倾点或凝点在-50至30的可用作柴油发动机燃料的各种轻质油和以柴油组分为主、经调和精制可用作柴油发动机燃料的非标油。以柴油、柴油组分调和生产的生物柴油也属于本税目征收范围。

（三）石脑油

石脑油又叫化工轻油，是以原油或其他原料加工生产的用于化工原料的轻质油。石脑油的征收范围包括除汽油、柴油、航空煤油、溶剂油以外的各种轻质油。非标汽油、重整生成油、拔头油、戊烷原料油、轻裂解料（减压柴油VGO和常压柴油AGO）、重裂解料、加氢裂化尾油、芳烃抽余油均属轻质油，属于石脑油征收范围。

（四）溶剂油

溶剂油是用原油或其他原料加工生产的用于涂料、油漆、食用油、印刷油墨、皮革、农药、橡胶、化妆品生产和机械清洗、胶粘行业的轻质油。橡胶填充油、溶剂油原料，属于溶剂油征收范围。

（五）航空煤油

航空煤油也叫喷气燃料，是用原油或其他原料加工生产的用作喷气发动机和喷气推进系统燃料的各种轻质油。

（六）润滑油

润滑油是用原油或其他原料加工生产的用于内燃机、机械加工过程的润滑产品。润滑油的征收范围包括矿物性润滑油、矿物性润滑油基础油、植物性润滑油、动物性润滑油和化工原料合成润滑油。以植物性、动物性和矿物性基础油（或矿物性润滑油）混合掺配而成的“混合性”润滑油，不论矿物性基础油（或矿物性润滑油）所占比例高低，均属润滑油的征收范围。

（七）燃料油

燃料油也称重油、渣油，是用原油或其他原料加工生产，主要用作电厂发电、锅炉用燃料、加热炉燃料、冶金和其他工业炉燃料。蜡油、船用重油、常压重油、减压重油、180CTS燃料油、7号燃料油、糠醛油、工业燃料等油品的主要用途是作为燃料燃烧，属于燃料油征收范围。

七、小汽车

小汽车是指由动力驱动，具有4个或4个以上车轮的非轨道承载的车辆。

本税目下设乘用车、中轻型商用客车和超豪华小汽车3个子目。

乘用车，是指含驾驶员座位在内最多不超过9个座位（含）的、在设计和技术特性上用于载运乘客和货物的各类乘用车。

中轻型商用客车，是指含驾驶员座位在内的座位数在10～23座（含23座）的、在设计和技术特性上用于载运乘客和货物的商用车。

超豪华小汽车，为每辆零售价格130万元（不含增值税）及以上的乘用车和中轻型商用客车，即乘用车和中轻型商用客车子税目中的超豪华小汽车。

用排气量小于1.5升（含）的乘用车底盘（车架）改装、改制的车辆属于乘用车征收范围；用排气量大于1.5升的乘用车底盘（车架）或用中轻型商用客车底盘（车架）改装、改制的车辆属于中轻型商用客车征收范围。含驾驶员人数（额定载客）为区间值（如8~10人，17~26人）的小汽车，按其区间值下限人数确定征收范围。

电动汽车不属于本税目征收范围。沙滩车、雪地车、卡丁车、高尔夫车不属于消费税征收范围，不征收消费税。

八、摩托车

本税目征税范围包括轻便摩托车和摩托车两种。对最大设计车速不超过50千米/时、发动机气缸总工作容量不超过50毫升的三轮摩托车和气缸容量在250毫升（不含250毫升）以下的摩托车不征收消费税。

九、高尔夫球及球具

高尔夫球及球具是指从事高尔夫球运动所需的各种专用装备，包括高尔球、高尔夫球杆及高尔夫球包（袋）等。高尔夫球是指重量不超过45.93克、直径不超过42.67毫米的高尔夫球运动比赛、练习用球；高尔夫球杆是指被设计用来打高尔夫球的工具，由杆头、杆身和握把三部分组成；高尔夫球包（袋）是指专门用于盛装高尔夫球及球杆的包（袋）。本税目征收范围包括高尔夫球、高尔夫球杆、高夫球包（袋）。高尔夫球杆的杆头、杆身和握把属于本税目的征收范围。

十、高档手表

高档手表是指销售价格（不含增值税）每只在10 000元（含）以上的各类手表。本税目征收范围包括符合以上标准的各类手表。

十一、游艇

游艇是指长度大于8米、小于90米，船体由玻璃钢、钢、铝合金、塑料等多种材料制作，可以在水上移动的水上浮载体。按照动力划分，游艇分为无动力艇、帆艇和机动艇。

本税目征收范围包括艇身长度大于8米（含）、小于90米（含），内置发动机，可以在水上移动，一般为私人或团体购置，主要用于水上运动和休闲娱乐等非牟利活动的各类机动艇。

十二、木制一次性筷子

木制一次性筷子，又称卫生筷子，是指以木材为原料经过锯段、浸泡、旋切、刨切、烘干、筛选、打磨、倒角、包装等环节加工而成的各类一次性使用的筷子。

本税目征收范围包括各种规格的木制一次性筷子。未经打磨、倒角的木制一次性筷子属于本税目征税范围。

十三、实木地板

实木地板是指以木材为原料，经锯割、干燥、刨光、截断、开榫、涂漆等工序加工而成的块状或条状的地面装饰材料。实木地板按生产工艺不同，可分为独板（块）实木地板、实木指接地板、实木复合地板三类；按表面处理状态不同，可分为未涂饰地板（白坯板、素板）和漆饰地板两类。

本税目征收范围包括各类规格的实木地板、实木指接地板、实木复合地板及用于装饰墙壁、天棚的侧端面为榫、槽的实木装饰板。未经涂饰的素板属于本税目征税范围。

十四、电池

电池，是一种将化学能、光能等直接转换为电能的装置，一般由电极、电解质、容器、极端，通常还有隔离层组成的基本功能单元，以及用一个或多个基本功能单元装配成的电池组，包括原电池、蓄电池、燃料电池、太阳能电池和其他电池。

自2015年2月1日起对电池（铅蓄电池除外）征收消费税；对无汞原电池、金属氢化物镍蓄电池（又称“氢镍蓄电池”或“镍氢蓄电池”）、锂原电池、锂离子蓄电池、太阳能电池、燃料电池和全钒液流电池免征消费税。2016年1月1日，对铅蓄电池按4%税率征收消费税。

十五、涂料

涂料是指涂于物体表面能形成具有保护、装饰或特殊性能的固态涂膜的一类液体或固体材料之总称。涂料由主要成膜物质、次要成膜物质等构成。对施工状态下挥发性有机物（Volatile Organic Compounds，VOC）含量低于420克/升（含）的涂料免征消费税。

任务二 确定消费税的纳税人和适用税率

一、确定消费税的纳税人

按照税法规定，在中华人民共和国境内生产、委托加工和进口《消费税暂行条例》规定的消费品的单位和个人，以及国务院确定的销售《消费税暂行条例》规定的消费品的其他单位和个人，为消费税的纳税人。具体包括：

1.生产、销售除金银首饰、钻石及钻石饰品、铂金首饰以外的应税消费品的单位和个人。

2.零售金银首饰、钻石及钻石饰品、铂金首饰的单位和个人。

3.委托加工应税消费品的单位和个人。

4.进口应税消费品的单位和个人。

5.批发卷烟的单位和个人。

6.零售豪华小汽车的单位和个人。

其中，“单位”是指企业、行政单位、事业单位、军事单位、社会团体及其他单位；“个人”是指个体工商户及其他个人。

在中华人民共和国境内，是指生产、委托加工和进口应当缴纳消费税的消费品的起运地或者所在地在境内。

知识窗

消费税的纳税环节

消费税具有单一环节征税的特点，除金银首饰、铂金首饰、钻石及钻石饰品改在零售环节征税，卷烟在批发环节加征消费税，及从2016年12月1日开始对超豪华小汽车在零售环节加征一道税率为10%的消费税之外，其他消费品都只在生产、委托加工或进口环节征税，在以后的批发、零售等环节不再征收消费税。另外对于企业在生产经营的过程中，将应税消费品移送用于加工非应税消费品的，在移送环节征收消费税。

二、消费税的税率

我国现行消费税采用比例税率和定额税率两种形式。对于从价征收的消费品，实行产品差别比例税率；对于从量征收的消费品，对不同产品实行不同的定额税率；对少数消费品实行从价和从量的复合税率征收。其中，比例税率适用于除卷烟以外的烟，除白酒、黄酒和啤酒以外的应税酒，高档化妆品，鞭炮、焰火，贵重首饰及珠宝玉石，摩托车，小汽车，高尔夫球及球具，高档手表，游艇，木制一次性筷子，实木地板，电池，涂料。定额税率适用于啤酒、黄酒、成品油。复合税率适用于白酒和卷烟。消费税税目税率（税额）表见表3-1。

表 3-1 消费税税目税率（税额）表

税目	税率
一、烟 1. 卷烟 工业 （1）甲类卷烟［不含增值税调拨价 70 元/条以上（含 70 元）］ （2）乙类卷烟［不含增值税调拨价 70 元/条以下］ 商场批发 2. 雪茄烟 3. 烟丝 4. 电子烟	 56% 加 0.003 元/支 36% 加 0.003 元/支 11% 加 0.005 元/支 36% 30% 生产（进口）环节36%；批发环节11%
二、酒 1. 白酒 2. 黄酒 3. 啤酒 （1）甲类啤酒 （2）乙类啤酒 4. 其他酒	 20% 加 0.5 元/500 克（或 500 毫升） 240 元/吨 250 元/吨 220 元/吨 10%
三、高档化妆品	15%
四．贵重首饰及珠宝玉石 1. 金银首饰、铂金首饰和钻石及钻石饰品 2. 其他贵重首饰和珠宝玉石	 5% 10%
五、鞭炮、焰火	15%
六、成品油（不含进口成品油） 1. 汽油 2. 石脑油 3. 溶剂油 4. 润滑油 5. 柴油 6. 航空煤油 7. 燃料油	 1.52 元/升 1.52 元/升 1.52 元/升 1.52 元/升 1.2 元/升 1.2 元/升 1.2 元/升
七、小汽车 1. 乘用车 （1）气缸容量（排气量，下同）在 1.0 升（含 1.0 升）以下的 （2）气缸容量在 1.0 升以上至 1.5 升（含 1.5 升）的 （3）气缸容量在 1.5 升以上至 2.0 升（含 2.0 升）的 （4）气缸容量在 2.0 升以上至 2.5 升（含 2.5 升）的 （5）气缸容量在 2.5 升以上至 3.0 升（含 3.0 升）的 （6）气缸容量在 3.0 升以上至 4.0 升（含 4.0 升）的 （7）气缸容量在 4.0 升以上 2. 中轻型商用客车 3. 超豪华小汽车	 1% 3% 5% 9% 12% 25% 40% 5% 零售环节 10%
八、摩托车 1. 气缸容量（排气量，下同）在 250 毫升的 2. 气缸容量在 250 毫升以上的	 3% 10%
九、高尔夫球及球具	10%
十、高档手表	20%
十一、游艇	10%
十二、木制一次性筷子	5%
十三、实木地板	5%
十四、电池	4%
十五、涂料	4%

纳税人兼营不同税率的应税消费品，应当分别适用不同税率核算应税消费品；未分别核算的，从高适用税率。

任务三 消费税应纳税额的计算

消费税应纳税额的计算方法分为从价定率计征、从量定额计征和从价从量复合计征三种。

一、从价定率计征

实行从价定率计征的应税消费品，计税依据为应税消费品的销售额。消费税从价征收的计税公式为：

应纳税额=销售额×消费税比例税率

在从价定率计征方式下，应纳税额的计算取决于应税销售额和适用税率。当税率一定时，销售额的确定就非常关键。消费税和增值税实行交叉征收，消费税为价内税，增值税为价外税。这种情况决定了实行从价定率征收的消费品，其消费税税基和增值税税基是一致的，即都是以含消费税而不含增值税的销售额作为计税基数。

（一）销售额的确定

销售额为纳税人销售应税消费品向购买方收取的全部价款和价外费用。价外费用是指价外收取的手续费、补贴、基金、集资费、返还利润、奖励费、违约金、滞纳金、延期付款利息、赔偿金、代收款项、代垫款项、包装费、包装物租金、储备费、优质费、运输装卸费以及其他各种性质的价外收费。但下列项目不包括在内：

1.纳税人代垫运费，同时将承运部门开具给购货方的增值税专用发票转交给购货方的。

2.代为收取的政府性基金或者行政事业性收费：

（1）由国务院或者财政部批准设立的政府性基金，由国务院或者省级人民政府及其财政、价格主管部门批准设立的行政事业性收费；

（2）收取时开具省级以上（含省级）财政部门监（印）制的财政票据；

（3）所收款项全额上缴财政。

其他价外费用，无论是否属于纳税人的收入，均应并入销售额计算征税。

纳税人销售的应税消费品，以人民币以外的货币结算销售额的，其销售额的人民币折合率可以选择销售额发生的当天或有当月1日的人民币汇率中间价。纳税人应事先确定采取何种折合率，确定后1年内不得变更。

需要说明的是，对实行从价定率办法计算应纳税额的应税消费品连同包装物销售的，无论包装物是否单独计价，也不论其在会计上如何核算，均应并入应税消费品的销售额中缴纳消费税。如果包装物不作价随同产品销售，而是收取押金（收取酒类产品的包装物押金除外），且单独核算又未过期的，则此项押金不应并入应税消费品的销售额中征税。但对因逾期未收回的包装物不再退还的或者已收取1年以上的押金，应并入应税消费品的销售额，按照应税消费品的适用税率缴纳消费税。对酒类产品生产企业销售酒类产品（黄酒啤酒除外）而收取的包装物押金，无论押金是否返还与会计上如何核算，均需并入酒类产品销售额中，依酒类产品的适用税率征收消费税。

对既作价随同应税消费品销售，又另外收取的包装物押金，凡纳税人在规定的期限内没有退还的，均应并入应税消费品的销售额，按照应税消费品的适用税率征收消费税。

（二）含增值税销售额的换算

应税消费品在缴纳消费税的同时，与一般货物一样，还应缴纳增值税。按照《中华人民共和国消费税暂行条例实施细则》的规定，应税消费品的销售额，不包括向购货方收取的增值税税款。如果纳税人应税消费品的销售额中未扣除增值税税款或者因不得开具增值税专用发票而发生价款和增值税税款合并收取的，在计算消费税时，应将含增值税的销售额换算为不含增值税税款的销售额。其换算公式为：

应税消费品的销售额=含增值税的销售额÷（1+增值税税率或征收率）

在使用换算公式时，应根据纳税人的具体情况分别使用增值税税率或征收率。如果消费税的纳税人同时是增值税一般纳税人的，应适用13%的增值税税率；如果消费税的纳税人是增值税小规模纳税人的，应适用3%的征收率。

二、从量定额计征

在从量定额计征方式下，应纳税额等于应税消费品的销售数量乘以单位税额，计税公式为：

应纳税额=销售数量×消费税单位税额

其计税依据是纳税人销售应税消费品的数量，通常为每单位应税消费品的重量、容积或数量，在企业会计核算中，主要包括销售发票中所反映的销售数量，以及其他视同销售的数量和加工及进口的数量。具体规定为：

- 销售应税消费品的，为应税消费品的销售数量。
- 自产自用应税消费品的，为应税消费品的移送使用数量。
- 委托加工应税消费品的，为纳税人收回的应税消费品数量。
- 进口应税消费品的，为海关核定的应税消费品进口征税数量。

我国消费税对黄酒、啤酒、汽油、柴油等实行定额税率，采用从量定额的办法征税。啤酒、黄酒是以吨为税额单位；汽油、柴油是以升为税额单位。实际销售过程中，一些纳税人会把吨和升这两个计量单位混用。吨与升的换算标准见表3-2。

三、从价从量复合计征

现行消费税的征税范围中，只有卷烟、白酒采用从价从量复合计征方法。计税依据既要按照销售收入确定，又要按照销售数量确定。以两者计税之和为应缴消费税。其计算公式为：

应纳税额=销售数量×消费税单位税额+销售额×消费税比例税率

表 3-2 吨、升换算表

序号	名称	计算单位的换算标准
1	黄酒	1吨=962升
2	啤酒	1吨=988升
3	汽油	1吨=1 388升
4	柴油	1吨=1 176升
5	航空煤油	1吨=1 246升
6	石脑油	1吨=1 385升
7	溶剂油	1吨=1 282升
8	润滑剂	1吨=1 126升
9	燃料油	1吨=1 015升

生产、销售卷烟、白酒从量定额计税依据为实际销售数量。进口、委托加工、自产自用卷烟、白酒从量定额计税依据分别为海关核定的进口征税量、委托方收回数量、移送使用数量。

另外，纳税人生产销售两种税率以上的应税消费品，如卷烟厂同时生产销售两种税率卷烟、炼油厂同时生产销售汽油和柴油，要分别核算其销售额和销售数量。未分别核算或将不同税率的应税消费品组成成套消费品销售的，从高适用税率。

【做中学 3-1】

某白酒厂某月以直接收款方式销售粮食白酒10吨，价款50 000元；销售薯类白酒200吨，价款830 000元，随同产品销售单独计价的包装物18 080元，计算该厂的应纳消费税税额。

应纳消费税税额=10×2 000×0.5+50 000×20% +200×2 000×0.5+［830 000+18 080÷（1+13%）］×20%
=389 200（元）

知识窗

卷烟批发环节应纳消费税的计算

为适当增加财政收入，完善烟产品消费税制度，自2009年5月1日起，在卷烟批发环节加征一道消费从价税。2015年5月10日，又对卷烟批发环节消费税税率进行了调整。

卷烟批发环节消费税纳税人为在中华人民共和国境内从事卷烟批发业务的单位和个人。纳税人销售给纳税人以外的单位和个人的卷烟于销售时纳税。但纳税人之间销售的卷烟不缴纳消费税。

纳税人实行复合计税方式，税率为：从价税税率11%，从量税税额0.005元/支。计税依据为纳税人批发卷烟的销售额（不含增值税）、批发卷烟的销售数量。

卷烟消费税在生产和批发两个环节征收后，批发企业在计算纳税时不得扣除已含的生产环节的消费税税款。

任务四　视同销售应纳消费税的计算

在实际经济活动中，经常出现纳税人生产了应税消费品后，不是用于直接对外销售，而是用于连续生产应税消费品或其他方面。例如，有的企业把自己生产的应税消费品，以福利或奖励等形式发给本厂职工。这种自产自用应税消费品的行为是否要纳税或应该如何纳税，税法有明确的规定。

一、视同销售行为的确定

纳税人自产自用的应税消费品，用于连续生产应税消费品的，不纳税。例如，卷烟厂生产出烟丝，再用生产出的烟丝连续生产卷烟，虽然烟丝是应税消费品，但用于连续生产卷烟的烟丝就不用缴纳消费税，只对生产销售的卷烟征收消费税。这体现了不重复课税的原则。

纳税人自产自用的应税消费品，除用于连续生产应税消费品外，凡用于其他方面的，都视同销售，于移送使用时纳税。视同销售是指纳税人将自产的应税消费品用于生产非应税消费品、在建工程、管理部门、非生产机构、提供劳务，以及用于馈赠、赞助、集资、广告、样品、职工福利、奖励等方面。其中“用于生产非应税消费品”是指把自产的应税消费品用于生产“消费税税目税率（税额）表”（见表3-1）所列的应税消费品以外的产品。

总之，企业生产的应税消费品虽然没有用于销售，但只要是用于税法所规定的视同销售范围的，都要依法缴纳消费税。

二、视同销售应纳消费税的计算

纳税人自产自用应税消费品，凡用于其他方面，均应当纳税。纳税人用于换取生产资料和消费资料、投资入股和抵偿债务三方面的应税消费品，以纳税人同类应税消费品最高销售价格为计税依据。

纳税人将自产应税消费品自用于生产非应税产品、在建工程等其他方面，视同销售的，其销售额按以下顺序确定：

1. 按纳税人当月销售同类消费品的销售价格计算；如果当月同类消费品当期销售价格高低不同，按销售数量加权平均计算。但销售价格明显偏低又无正当理由的，或者无销售价格的，不能列入加权平均计算。

2. 如果当月无销售或当月未完结，按照同类消费品上月或最近月份的销售价格计算。

3. 如果没有同类消费品销售价格，按组成计税价格计算。

（1）实行从价定率办法计算纳税的组成计税价格计算公式为：

组成计税价格=（成本+利润）÷（1-消费税比例税率）

（2）实行复合计税办法计算纳税的组成计税价格计算公式为：

组成计税价格=（成本+利润+自产自用数量×消费税定额税率）÷（1-消费税比例税率）

式中：成本是指应税消费品的产品生产成本；利润是指根据应税消费品的全国平均成本利润率计算的利润。全国平均成本利润率由国家税务总局确定，见表3-3。

表3-3　全国平均成本利润率表

货物名称	利润率	货物名称	利润率
1.甲类卷烟	10%	11.摩托车	6%
2.乙类卷烟	5%	12.高尔夫球及球具	10%
3.雪茄烟	5%	13.高档手表	20%
4.烟丝	5%	14.游艇	10%
5.粮食白酒	10%	15.木制一次性筷子	5%
6.薯类白酒	5%	16.实木地板	5%
7.其他酒	5%	17.乘用车	8%
8.高档化妆品	5%	18.中轻型商用客车	5%
9.鞭炮、焰火	5%	19.电池	4%
10.贵重首饰及珠宝玉石	6%	20.涂料	7%

任务五　外购已税消费品应纳消费税的计算

为了避免重复征税，现行《消费税暂行条例》规定，纳税人外购已税消费品生产应税消费品的，仍应以纳税人的销售额为依据进行计税，但可从其应纳消费税税额中扣除当期生产领用的外购已税消费品的已纳税额。

一、准予扣除外购已税消费品税额范围

某些应税消费品是用外购已缴纳消费税的应税消费品连续生产出来的，在对这些连续生产出来的应税消费品计算征税时，税法规定应按照当期生产领用数量计算准予扣除的外购应税消费品已缴税款。可以扣除原料已纳消费税税款的范围包括：

1.外购已税烟丝为原料生产的卷烟；

2.外购已税高档化妆品为原料生产的高档化妆品；

3.外购已税珠宝玉石为原料生产的贵重首饰及珠宝玉石（但用外购已税珠宝玉石为原料生产的改在零售环节征收消费税的金银镶嵌首饰除外）；

4.外购已税鞭炮、焰火为原料生产的鞭炮、焰火；

5.外购已税杆头、杆身和握把为原料生产的高尔夫球杆；

6.外购已税木制一次性筷子为原料生产的木制一次性筷子；

7.外购已税实木地板为原料生产的实木地板；

8.外购已税石脑油、润滑油、汽油、柴油、燃料油为原料生产的应税成品油。

二、准予扣除外购已税消费品税额计算

纳税人外购已税消费品生产应税消费品，仍应以纳税人的销售额为依据计税。但为了避免重复征税，规定可从其应纳消费税税额中扣除当期生产领用的外购已税消费品的已纳税款。具体计算公式为：

（一）实行从价定率计征应纳税额的计算

$$\text{当期准予扣除的外购应税消费品已纳税款}=\text{当期准予扣除的外购应税消费品买价}\times\text{外购应税消费品消费税适用税率}$$

$$\text{当期准予扣除的外购应税消费品买价}=\text{期初库存的外购应税消费品买价}+\text{当期购进的外购应税消费品买价}-\text{期末库存的外购应税消费品买价}$$

（二）实行从量定额计征应纳税额的计算

$$\text{当期准予扣除的外购应税消费品已纳税款}=\text{当期准予扣除的外购应税消费品数量}\times\text{外购应税消费品消费税单位税额}$$

$$\text{当期准予扣除的外购应税消费品数量}=\text{期初库存的外购应税消费品数量}+\text{当期购进的外购应税消费品数量}-\text{期末库存的外购应税消费品数量}$$

任务六　委托加工应税消费品应纳消费税的计算

在实际经济活动中，企业、单位或个人常由于某方面的局限或其他方面原因，要委托其他单位代为加工应税消费品，然后将加工好的应税消费品收回，直接销售或自己使用。这种生产应税消费品的行为即为委托加工应税消费品的行为，也需要纳入消费税的征收范围，按规定计缴消费税。

一、委托加工应税消费品的确定

委托加工应税消费品是指由委托方提供原料和主要材料，受托方只收加工费和代垫部分辅助材料加工的行为。对于由受托方提供原材料生产应税消费品或者受托方先将原材料卖给委托方，然后再接受加工应税消费品，以及由受托方以委托方名义购进原材料生产应税消费品，不论纳税人在财务上是否作销售处理，都不能作为委托加工应税消费品的行为，而应当按照自制应税消费品缴纳消费税。

税法规定，委托加工应税消费品由受托方在向委托方交货时代收代缴消费税。这里，委托方是纳税人，受托方只是法定的代收代缴义务人。

二、委托加工应税消费品的计税

委托加工的应税消费品，按照受托方的同类消费品的销售价格计算纳税。同类消费

品的销售价格是指受托方（或代收代缴义务人）当月销售的同类消费品的销售价格，如果当月同类消费品销售价格高低不同，应按销售数量加权平均计算。

如果受托方没有销售同类消费品的，按照组成计税价格计算纳税。组成计税价格的计算公式如下：

实行从价定率计征办法计算纳税的组成计税价格计算公式：

组成计税价格=（材料成本+加工费）÷（1-消费税比例税率）

实行复合计税办法计算纳税的组成计税价格计算公式：

组成计税价格=［材料成本+加工费+委托加工数量×消费税定额税率］÷（1-消费税比例税率）

其中：材料成本是指委托方所提供加工材料的实际成本。委托加工应税消费品的纳税人，必须在委托加工合同上如实注明（或以其他方式提供）材料成本；凡未提供材料成本的，委托方所在地主管税务机关有权核定其材料成本。加工费是指受托方加工应税消费品向委托方所收取的全部费用（包括代垫辅助材料的实际成本，不包括增值税税金）。

三、委托加工收回的应税消费品已纳税款的扣除

委托加工收回的应税消费品直接对外出售的，不再缴纳消费税；如果将委托加工收回的应税消费品连续用于加工生产应税消费品的，准予从应纳消费税税额中按照当期生产领用数量计算扣除委托加工环节曾被代收代缴的消费税税款。可以扣除的范围与外购已税消费品生产应税消费品扣除已税消费品税款的范围相同。当期准予扣除委托加工收回的应税消费品已纳消费税税款的计算公式为：

当期准予扣除的委托加工应税消费品已纳税款=期初库存的委托加工应税消费品已纳税款+当期收回的委托加工应税消费品已纳税款-期末库存的委托加工应税消费品已纳税款

纳税人以外购、进口、委托加工收回的应税消费品为原料连续生产应税消费品，准予按现行政策规定抵扣外购、进口、委托加工收回应税消费品已纳消费税税款。

需要说明的是，纳税人用委托加工收回的已税珠宝玉石生产的改在零售环节征收消费税的金银首饰，在计税时一律不得扣除委托加工收回的珠宝玉石的已纳消费税税款。

任务七　进出口货物应纳消费税的计算

一、进口货物应纳消费税的计算

进口应税消费品的消费税由海关代征，于报关进口时缴纳消费税，由进口人或者代理人向报关地海关申报纳税。依据国家税务总局、海关总署联合颁发的《关于进口货物征收增值税、消费税有关问题的通知》规定，进口应税消费品的验货人或者办理报关手续的单位和个人为进口应税消费品消费税的纳税义务人。纳税人进口应税消费品，应当自海关填发海关进口消费税专用缴款书之日起15日内缴纳税款。

进口应税消费品消费税的税目、税率（税额），依照《消费税暂行条例》有关规定执行。

纳税人进口应税消费品，按照组成计税价格和规定税率计算应纳消费税税额，具体的计算分为从价定率、从量定额和复合计税三种。

（一）实行从价定率计征应纳税额的计算

实行从价定率计征消费税的应税消费品的组成计税价格和应纳税额的计算公式如下：

组成计税价格=（关税完税价格+关税）÷（1-消费税比例税率）

应纳税额=组成计税价格×消费税比例税率

式中：关税完税价格是指海关核定的关税计税价格。

（二）实行从量定额计征应纳税额的计算

实行从量定额计征消费税的应税消费品按进口数量计算应纳消费税税额，计算公式如下：

应纳税额=应税消费品进口数量×消费税单位税额

（三）实行从价定率和从量定额复合计征应纳税额的计算

实行从价定率和从量定额复合计征消费税的应税消费品按组成计税价格和进口数量计算消费税应纳税额，计算公式如下：

应纳税额=组成计税价格×消费税比例税率+应税消费品进口数量×消费税定额税率

组成计税价格=（关税完税价格+关税+应税消费品进口数量×消费税定额税率）÷（1-消费税比例税率）

进口环节消费税除国务院另有规定者外，一律不得给予减税、免税。

二、出口应退消费税的计算

世界各国为了鼓励货物出口，一般都采取优惠的税收政策，消费税的出口退（免）税政策与增值税的出口退（免）税政策有很多地方是一致的。出口应税消费品退（免）消费税在政策上分为三种情况，纳税人应根据自身情况判断适用的政策类型。

（一）确定适用的退（免）税政策

1.出口免税并退税。

有出口经营权的外贸企业购进应税消费品直接出口，以及外贸企业受其他外贸企业委托代理出口应税消费品，报关出口时可退还其已在生产环节或委托加工环节征收的消费税税款。

2.出口免税但不退税。

有出口经营权的生产性企业自营出口或生产企业委托外贸企业代理出口自产的应税消费品，依据其实际出口数量免征消费税，不予办理退还消费税。免征消费税是指对生产性企业按其实际出口数量免征生产环节的消费税。不予办理退还消费税，是因已免征了生产环节的消费税，该应税消费品出口时已不含消费税，所以也无须再办理退还消费税。

3.出口不免税也不退税。

除生产企业、外贸企业外的其他企业，具体是指一般商贸企业，这类企业委托外贸企业代理出口应税消费品一律不予退（免）税。

（二）确定出口退税率

计算出口应税消费品应退消费税税款时所用的税率或单位税额，可依据《消费税暂行条例》所附的“消费税税目税率（税额）表”执行，按该应税消费品所适用的消费税税率（税额）计算应退的消费税税额。如果企业有出口适用不同税率的应税消费品的，应将不同消费税税率的出口应税消费品分开核算和申报，凡划分不清适用税率的，一律从低适用税率计算应退消费税税额。

（三）计算出口应税消费品退税额

按规定应予退税的出口应税消费品，其退税额的计算如下：

1.从量定额征收部分，按货物报关出口的数量计算。其公式为：

应退消费税税额=应税消费品出口数量×消费税单位税额

式中：消费税单位税额即征收消费税时所适用的单位税额。

2.从价定率征收部分，按外贸企业从工厂购进货物时征收消费税的价格计算。其公式为：

应退消费税税额=出口货物的工厂销售额×消费税比例税率

式中：工厂销售额为不含增值税的销售额。

知识窗

超豪华小汽车零售环节应纳消费税计算

为了引导合理消费，促进节能减排，自2016年12月1日起，在生产（进口）环节按现行税率征收消费税的基础上，对超豪华小汽车在零售环节加征一道消费税。超豪华小汽车是指每辆零售价格在130万元（不含增值税）及以上的乘用车和中轻型商用客车，即乘用车和中轻型商用客车子税目中的超豪华小汽车。纳税人为将超豪华小汽车销售给消费者的单位和个人，零售环节税率为10%，计税依据为不含增值税的销售额。国内汽车生产企业直接销售给消费者的超豪华小汽车，消费税税率按照生产环节税率和零售环节税率加总计算。其消费税应纳税额的计算公式为：

应纳税额=销售额（不含增值税）×（生产环节税率+零售环节税率）

任务八 消费税的纳税申报

按照《消费税暂行条例》，消费税纳税人在申报当月应纳消费税时，需要根据产品种类填写不同的纳税申报表，向主管税务机关申报纳税。

一、确定纳税期限和地点

（一）纳税期限

消费税的纳税期限分别为1日、3日、5日、10日、15日、1个月或者1个季度。纳税人的具体纳税期限，由主管税务机关根据纳税人应纳税额的大小分别核定；不能按照固定期限纳税的，可以按次纳税。

纳税人以1个月或者1个季度为纳税期的，自期满之日起15日内申报纳税；以1日、3日、5日、10日或者15日为纳税期的，自期满之日起5日内预缴税款，于次月1日起至15日内申报纳税并结清上月应纳税款。

纳税人进口应税消费品，应当自海关填发海关进口消费税专用缴款书之日起15日内缴纳税款。

（二）纳税地点

纳税人销售的应税消费品，及自产自用的应税消费品，除国务院财政税务主管部门另有规定外，应当向纳税人机构所在地或者居住地的主管税务机关申报纳税。

二、填列纳税申报表

【例3-1】大连白云卷烟有限公司为增值税一般纳税人（位于市区），纳税人识别号为91410150258325261N，主要生产销售白云牌卷烟。白云牌卷烟平均售价为80元/条（不含增值税）。2024年6月，大连白云卷烟有限公司发生下列经济业务：

（1）移送烟叶一批委托某县城加工厂加工烟丝1.2吨，烟叶成本20万元。该加工厂提供辅料，加工后直接发给大连白云卷烟有限公司，共收取辅料及加工费8万元（大连白云卷烟有限公司将该款项以银行存款支付给作为受托方的加工厂），开具增值税专用发票给大连白云卷烟有限公司（受托方没有同类产品售价）。大连白云卷烟有限公司收到加工厂的消费税代收代缴税款凭证，凭证上注明的消费税为12万元［（20+8）÷（1-30%）×30%］。大连白云卷烟有限公司生产车间本月领用该批委托加工收回烟丝的60%用于继续生产白云牌卷烟。大连白云卷烟有限公司期初库存无委托加工收回的烟丝。

（2）外购已税烟丝，取得增值税专用发票，注明价款40万元，增值税5.2万元，款项以银行存款支付。本月领用其中的80%用于生产白云牌卷烟。大连白云卷烟有限公司期初库存无外购已税的烟丝。

（3）向当地某烟草商贸公司销售白云牌卷烟120标准箱（1标准箱=250标准条，1标准条=200支），取得不含税销售额240万元，并收取包装物租金共计33.9万元，款项均已存入银行。

（4）本月没收白云牌卷烟逾期包装物押金6.78万元。

大连白云卷烟有限公司不适用小微企业“六税两费”减免政策。另外，大连白云卷烟有限公司上月应缴未缴消费税为98万元，2024年6月12日缴纳2024年5月应缴未缴消费税98万元。卷烟定额税率为每支0.003元；比例税率为每标准条对外调拨价格在70元以上（含70元）的，税率56%，70元以下的，税率36%；烟丝消费税税率为30%。大连白云卷烟有限公司取得的增值税专用发票2024年6月均符合抵扣规定。大连白云卷烟有限公司2024年7月9日对2024年6月的消费税进行纳税申报。

大连白云卷烟有限公司2024年7月9日对2024年6月的消费税进行纳税申报，填写"消费税及附加税费申报表"（见表3-4）、"本期准予扣除税额计算表"（见表3-5）、"消费税附加税费计算表"（见表3-6）等申报表。

表 3-4　消费税及附加税费申报表

税款所属期：自2024年6月1日至2024年6月30日

纳税人识别号（统一社会信用代码）：91410150258325261N

纳税人名称：大连白云卷烟有限公司（公章）　　金额单位：人民币元（列至角分）

项目 / 应税消费品名称	适用税率		计量单位	本期销售数量	本期销售额	本期应纳税额
	定额税率	比例税率				
	1	2	3	4	5	6=1×4+2×5
卷烟	30元	56%	万支	600.00	2 760 000.00	1 563 600.00
合计						

	栏次	本期税费额
本期减（免）税额	7	0.00
期初留抵税额	8	0.00
本期准予扣除税额	9	168 000.00
本期应扣除税额	10=8+9	168 000.00
本期实际扣除税额	11［10<（6-7），则为10，否则为6-7］	168 000.00
期末留抵税额	12=10-11	0.00
本期预缴税额	13	0.00
本期应补（退）税额	14=6-7-11-13	1 395 600.00
城市维护建设税本期应补（退）税额	15	97 692.00
教育费附加本期应补（退）费额	16	41 868.00
地方教育附加本期应补（退）费额	17	27 912.00

声明：此表是根据国家税收法律法规及相关规定填写的，本人（单位）对填报内容（及附带资料）的真实性、可靠性、完整性负责。

纳税人（签章）：大连白云卷烟有限公司　　2024年7月9日

经办人： 经办人身份证号： 代理机构签章： 代理机构统一社会信用代码：	受理人： 受理税务机关（章）： 受理日期：　年　月　日

表 3-5 本期准予扣除税额计算表 金额单位：元（列至角分）

准予扣除项目 \ 应税消费品名称				卷烟			合计
一、本期准予扣除的委托加工应税消费品已纳税款计算		期初库存委托加工应税消费品已纳税款	1	0.00			0.00
		本期收回委托加工应税消费品已纳税款	2	120 000.00			120 000.00
		期末库存委托加工应税消费品已纳税款	3	48 000.00			48 000.00
		本期领用不准予扣除委托加工应税消费品已纳税款	4	0.00			0.00
		本期准予扣除委托加工应税消费品已纳税款	5=1+2-3-4	72 000.00			72 000.00
二、本期准予扣除的外购应税消费品已纳税款计算	（一）从价计税	期初库存外购应税消费品买价	6	0.00			0.00
		本期购进应税消费品买价	7	400 000.00			400 000.00
		期末库存外购应税消费品买价	8	80 000.00			80 000.00
		本期领用不准予扣除外购应税消费品买价	9	0.00			0.00
		适用税率	10	30%			30%
		本期准予扣除外购应税消费品已纳税款	11=（6+7-8-9）×10	96 000.00			96 000.00
	（二）从量计税	期初库存外购应税消费品数量	12				
		本期外购应税消费品数量	13				
		期末库存外购应税消费品数量	14				
		本期领用不准予扣除外购应税消费品数量	15				
		适用税率	16				
		计量单位	17				
		本期准予扣除的外购应税消费品已纳税款	18=（12+13-14-15）×16				
三、本期准予扣除税款合计			19=5+11+18	168 000.00			168 000.00

表 3-6 消费税附加税费计算表

金额单位：元（列至角分）

<table>
<tr><td colspan="3" rowspan="2">本期是否适用小微企业“六税两费”减免政策</td><td rowspan="2">□是 ☑否</td><td colspan="2" rowspan="2">减免政策适用主体</td><td colspan="4">增值税小规模纳税人：□是 □否</td></tr>
<tr><td colspan="4">增值税一般纳税人：□个体工商户 □小型微利企业</td></tr>
<tr><td colspan="4"></td><td colspan="2">适用减免政策起止时间</td><td colspan="4">年 月至 年 月</td></tr>
<tr><td rowspan="3">税（费）种</td><td>计税（费）依据</td><td rowspan="2">税（费）率（%）</td><td rowspan="2">本期应纳税（费）额</td><td colspan="2">本期减免税（费）额</td><td colspan="2">小微企业“六税两费”减免政策</td><td rowspan="2">本期已缴税（费）额</td><td rowspan="2">本期应补（退）税（费）额</td></tr>
<tr><td>消费税税额</td><td>减免性质代码</td><td>减免税（费）额</td><td>减征比例（%）</td><td>减征额</td></tr>
<tr><td>1</td><td>2</td><td>3=1×2</td><td>4</td><td>5</td><td>6</td><td>7=（3-5）×6</td><td>8</td><td>9=3-5-7-8</td></tr>
<tr><td>城市维护建设税</td><td>1 395 600.00</td><td>7%</td><td>97 692.00</td><td></td><td></td><td></td><td></td><td></td><td>97 692.00</td></tr>
<tr><td>教育费附加</td><td>1 395 600.00</td><td>3%</td><td>41 868.00</td><td></td><td></td><td></td><td></td><td></td><td>41 868.00</td></tr>
<tr><td>地方教育附加</td><td>1 395 600.00</td><td>2%</td><td>27 912.00</td><td></td><td></td><td></td><td></td><td></td><td>27 912.00</td></tr>
<tr><td>合计</td><td>—</td><td>—</td><td>167 472.00</td><td>—</td><td></td><td>—</td><td></td><td></td><td>167 472.00</td></tr>
</table>

三、网上申报（以烟类消费税为例）

消费税类系统网上申报系统一共包括8个子系统，分别为：烟类消费税网上申报实训系统、酒类消费税网上申报实训系统、小汽车消费税网上申报实训系统、成品油消费税网上申报实训系统、卷烟消费税（批发）网上申报实训系统、电池消费税网上申报实训系统、涂料消费税网上申报实训系统、其他消费税网上申报实训系统。

点击“消费税”→“烟类消费税网上申报实训系统”进入烟类消费税申报页面，如图3-1、图3-2所示。

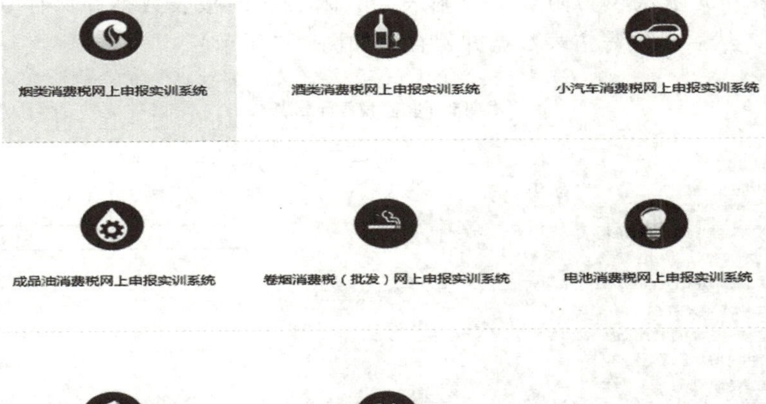

图3-1 消费税网上申报实训系统页面

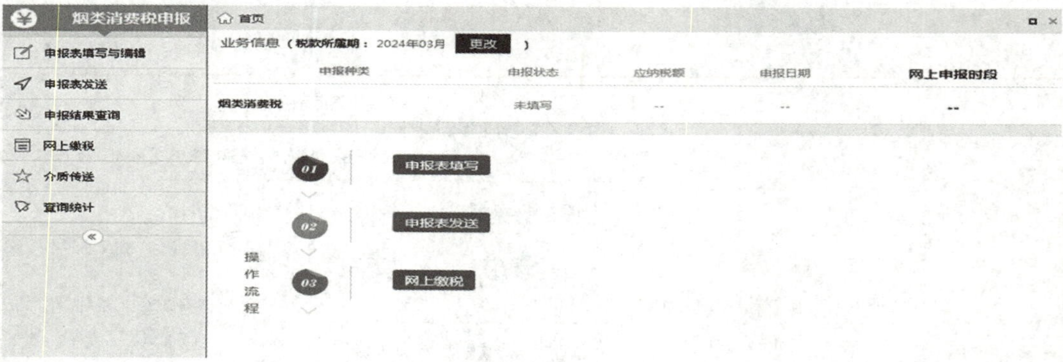

图3-2 烟类消费税网上申报实训系统页面

（一）申报表填写

点击“申报表填写及编辑”菜单项，打开申报表填写首页。根据当前纳税人核定信息，以及当前税款所属期，显示该纳税人需要办理的申报种类以及当前时间点的申报表填写状态。

申报状态：根据该申报种类是否申报过显示状态，包括未填写、未申报、申报处理中、申报失败、申报成功；其中，申报处理中，是已经发送申报表，但是还未查询结果的状态；未填写，是指该申报种类的所属报表一张也没有填写过，如果填写过一张，则状态为未申报。

申报日期：显示该申报种类的申报发送日期；未填写、未申报时，申报日期不显示。

操作：申报状态为申报处理中、申报成功时，操作列显示“查看”；申报状态为未填写、未申报、申报失败时，操作列显示“立即填写”。

点击“立即填写”，打开该申报种类对应需要填写的报表列表，然后选择对应要填写的报表进行填写。

申报表发送：在当前申报表填写界面中，如果没有一个申报种类是被填写过的，则该按钮为灰色，否则为可点击状态，点击则跳转至申报表发送页面。

填写报表：先依次填写附表一、附表二、附表三的报表数据并保存（如图3-4至图3-6所示），然后再填写主表数据并保存（如图3-7所示）。

报表列表 | 附表一：本期准予扣除税额计算表

本期准予扣除税额计算表

税款所属期：　年　月　日至　　年　月　日

纳税人名称（公章）：	纳税人识别号
填表日期：　年　月　日	金额单位：元（列至角分）
一、当期准予扣除的委托加工烟丝已纳税款计算	
1. 期初库存委托加工烟丝已纳税款：	0.00
2. 当期收回委托加工烟丝已纳税款：	0.00
3. 期末库存委托加工烟丝已纳税款：	0.00
4. 当期准予扣除的委托加工烟丝已纳税款：	0.00
二、当期准予扣除的外购烟丝已纳税款计算	
1. 期初库存外购烟丝买价：	0.00
2. 当期购进烟丝买价：	0.00
3. 期末库存外购烟丝买价：	0.00
4. 当期准予扣除的外购烟丝已纳税款：	0.00
三、本期准予扣除税款合计：	0.00

图3-4 附表一：本期准予扣除税额计算表

报表列表　附表二：本期代收代缴税额计算表

本期代收代缴税额计算表

		税款所属期：	年　月　日至　　年　月　日			
纳税人名称（公章）：					纳税人识别号：	
填表日期：		年　月　日				金额单位：元（列至角分）
项　目 \ 应税消费品名称		卷烟	卷烟	雪茄烟	烟丝	合计
适用税率	定额税率	30元/万支	30元/万支	---	---	------
	比例税率	56%	36%	36%	30%	------
受托加工数量		0.00	0.00	0.00	0.00	------
同类产品销售价格		0.00	0.00	0.00	0.00	------
材料成本		0.00	0.00	0.00	0.00	------
加工费		0.00	0.00	0.00	0.00	------
组成计税价格		0.00	0.00	0.00	0.00	------
本期代收代缴税款		0.00	0.00	0.00	0.00	0.00

图3-5　附表二：本期代收代缴税额计算表

报表列表　附表三：卷烟生产企业年度销售明细表

卷烟生产企业年度销售明细表

所属期：年 月 日至　年 月 日

企业名称：

单位：万支、元、元/条（200支）

卷烟条包装商品条码	卷烟牌号规格	产量	销量	销售价格	调拨价格	消费税计税价格	销售额	备注
1	2	3	4	5	6	7	8	9
合计	-	0.0000	0.0000	-	-	-	0.00	-

图3-6　附表三：卷烟生产企业年度销售明细表

（二）申报表发送

报表填写完毕之后，接下来的工作就是“申报表发送”。可以一次性发送所有税种的申报资料，当然也可以分税种发送。但是要注意，对于属于税务机关核定的同一税种必须上报的申报资料，需要一起发送。

“申报表发送”成功并不一定表明当期的纳税申报工作已经完成，只有到“申报结果查询”页面查询到申报处理成功，如有税款且扣款成功后，才表明已经完成当期申报纳税工作。通过“申报结果查询”功能可以及时查询到申报的处理结果。

选择“申报表发送”，打勾选中要发送的税种，点击“申报表发送”，如图3-8所示。

报表列表 主表：烟类应税消费品消费税纳税申报表

烟类应税消费品消费税纳税申报表

税款所属期： 年 月 日至 年 月 日

纳税人名称（公章）： 纳税人识别号：

填表日期： 年 月 日 单位：卷烟万支、雪茄烟支、烟丝千克；金额单位：元（列至角分）

项目 应税消费品名称	适用税率		销售数量	销售额	应纳税额
	定额税率	比例税率			
					0.00
					0.00
					0.00
					0.00
					0.00
					0.00
					0.00
					0.00
合计	---	---	---	----	0.00

		声明
本期准予扣除税额：	0.00	此纳税申报表是根据国家税收法律的规定填报的，我确定它是真实的、可靠的、完整的。
本期减（免）税额：	0.00	经办人（签章）：
期初未缴税额：	0.00	财务负责人（签章）： 联系电话：
本期缴纳前期应纳税额：	0.00	（如果你已委托代理人申报，请填写） 授权声明
本期预缴税额：	0.00	为代理一切税务事宜，现授权 （地址）
本期应补（退）税额：	0.00	为本纳税人的代理申报人，任何与本申报表有关的往来文件，都可寄予此人。
期末未缴税额：	0.00	授权人签章：
		以下由税务机关填写
受理人（签章）：	受理日期： 年 月 日	受理税务机关（章）：

图3-7 主表：烟类应税消费品消费税纳税申报表

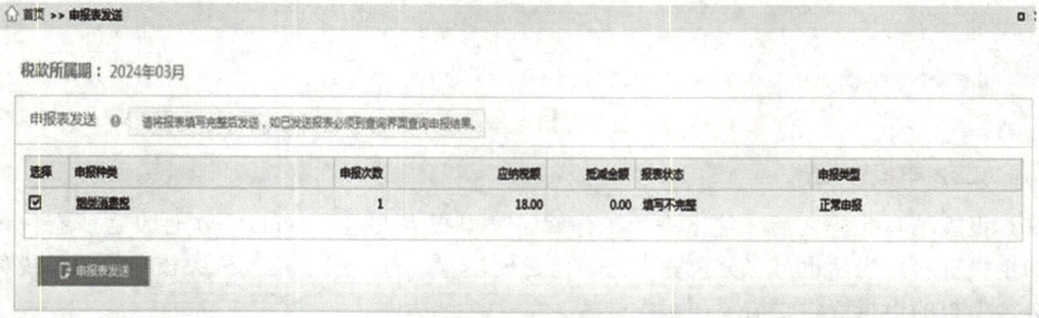

图3-8 申报表发送

报表发送后系统会提示是否发送成功，如已发送成功，会出现如图3-9所示的提示，需等待系统处理10秒后，点击“申报结果查询”获取反馈信息。如果申报结果查询页面显示该税种申报状态为“申报成功”，则可证明申报已成功。

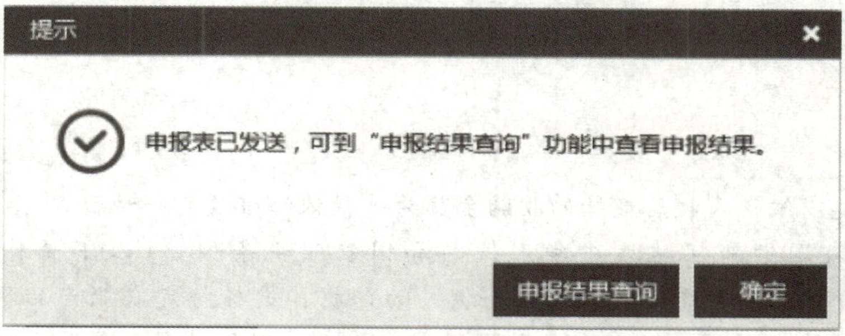

图3-9　提示

（三）申报结果查询

纳税人可通过“申报结果查询”功能查询当前税款所属期的申报反馈信息，查看申报处理结果信息。

申报结果查询：打开“申报结果查询”页面，如存在申报状态为“申报处理中”的申报种类，需手动点击“申报结果查询”按钮获取最新申报反馈信息。

历史申报结果：点击“历史申报结果”按钮可跳转至历史申报表查询页面，该页面可查看和打印所有申报表。

（四）网上缴税

报表发送成功后，有税款的，需要进行税款的缴纳，点击“网上缴税”进行缴税。

出现填写账户金额的界面，填写好系统金额，点击“保存”。

网上扣款：点击“网上缴税”，出现缴税信息的对话框，如图3-10所示，核实缴税信息，信息无误，点击“缴税”，实现税款的缴纳。

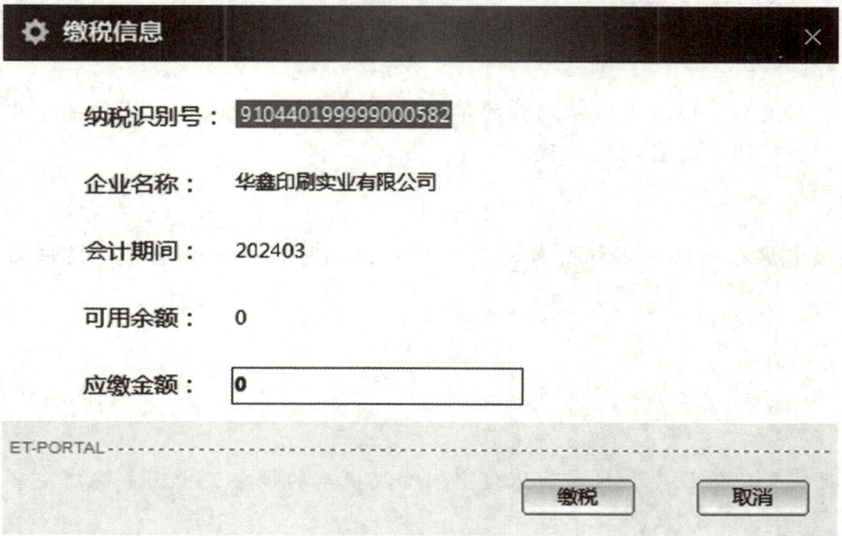

图3-10　缴税信息

附：烟叶税

烟叶税是以纳税人收购烟叶的收购金额为计税依据征收的一种税。

1958年我国颁布实施《中华人民共和国农业税条例》（以下简称《农业税条例》）。1983年，国务院以《农业税条例》为依据，选择特定农业产品征收农林特产农业税。当时农业特产农业税征收范围不包括烟叶，对烟叶另外征收产品税和工商统一税。1994年，我国进行了财政体制和税制改革，国务院取消原产品税和工商统一税，将原农林特产农业税与原产品税和工商统一税中的农林牧水产品税目合并，改为统一征收农业特产农业税，并于同年1月30日发布《国务院关于对农业特产收入征收农业税的规定》（国务院令143号）。其中规定对烟叶在收购环节征收，税率为31%。1999年，将烟叶特产农业税的税率下调为20%。2004年6月，根据《中共中央 国务院关于促进农民增加收入若干政策的意见》（中发〔2004〕1号），财政部、国家税务总局下发《关于取消除烟叶外的农业特产农业税有关问题的通知》（财税〔2004〕120号），规定从2004年起，除对烟叶暂保留征收农业特产农业税外，取消对其他农业特产品征收的农业特产农业税。2005年12月29日，全国人民代表大会常务委员会第十九次会议决定，《农业税条例》自2006年1月1日起废止。至此，对烟叶征收农业特产农业税失去了法律依据。2006年4月28日，国务院公布了《中华人民共和国烟叶税暂行条例》，并自公布之日起施行。2017年12月27日，第十二届全国人民代表大会常务委员会第三十一次会议通过《中华人民共和国烟叶税法》，自2018年7月1日起施行。

一、纳税义务人和征税范围

（一）纳税义务人

在中华人民共和国境内收购烟叶的单位为烟叶税的纳税人，应当依照《中华人民共和国烟叶税法》的规定缴纳烟叶税。

（二）征税范围

按照《中华人民共和国烟叶税法》的规定，烟叶税的征税范围是指晾晒烟叶、烤烟叶。

二、税率和应纳税额的计算

（一）税率

烟叶税实行比例税率，税率为20%。烟叶税税率的调整，由国务院决定。

（二）应纳税额的计算

烟叶税应纳税额按照《中华人民共和国烟叶税法》的规定，以纳税人收购烟叶的收购金额和规定的税率计算。应纳税额的计算公式为：

应纳税额=烟叶收购金额×税率

收购金额包括纳税人支付给烟叶销售者的烟叶收购价款和价外补贴。按照简化手续、方便征收的原则，对价外补贴统一暂按烟叶收购价款的10%计入收购金额征税。收购金额的计算公式为：

收购金额=收购价款×（1+10%）

三、征收管理

（一）纳税义务发生时间

烟叶税的纳税义务发生时间为纳税人收购烟叶的当天。收购烟叶的当天是指纳税人向烟叶销售者付讫收购烟叶款项或者开具收购烟叶凭据的当天。

（二）纳税地点

纳税人收购烟叶，应当向烟叶收购地的主管税务机关申报纳税。按照税法的有关规定，烟叶收购地的主管税务机关是指烟叶收购地的县级税务局或者其他所指定的税务分局、所。

（三）纳税期限

烟叶税按月计征，纳税人应当于纳税义务发生月终了之日起15日内申报并缴纳税款。

项目四
关税核算与申报

学习目标

【知识目标】

- 理解关税的征税对象、纳税人和税率
- 熟悉关税的纳税申报
- 掌握关税的计算方法

【能力目标】

- 能够进行关税的纳税申报
- 能够计算关税完税价格和关税应纳税额
- 能够计算行李和邮递物品进口税

任务一　关税的征税对象、纳税人和税率

关税是海关依法对进出关境的货物和物品征收的一种流转税。

关境，又称税境，是指《中华人民共和国海关法》全面实施的领域。国土指一个主权国家管辖下的领土、领海和领空。

在通常情况下，一国关境与其国境的范围是一致的。但是，由于自由港、自由贸易区和关税同盟的存在，关境和国境有时不完全一致。

随堂测 4-1

（多选题）下列关于关境与国境的关系的说法中，正确的有（　　）。

A.关境与国境有可能是一致的　　B.关境有可能大于国境

C.关境有可能小于国境　　D.关境与国境必然是一致的

我国目前对进出境货物征收的关税分为进口关税和出口关税。

对进口商品征收关税，会增加进口货物的成本，提高进口货物的市场价格，削弱进口商品与本国同类商品的竞争力，适当地使用进口关税可以保护本国工农业生产。因此，征收关税可以抵御外来竞争和保护国内产业，是一国（或地区）贯彻对外贸易政策的重要手段，也是经济政策的重要体现。

相反，对出口商品征收关税，会增加出口货物的出口成本，不利于其在国外市场上的竞争。因此，19世纪后期，各国相继取消了出口关税。

为了对国内有大量需求而供应不足的商品进行出口限制，同时防止国内某些有限自然资源耗竭，目前我国只对少数商品征收出口关税。

我们通常所称的关税主要指进口关税。

一、关税的征税对象

关税的征税对象是准许进出口的货物、进境物品。

其中，货物是指贸易性商品，包括进口商品和出口商品；物品是指入境旅客随身携带的行李物品、个人邮递物品、各种运输工具上的服务人员携带进口的自用物品、馈赠物品以及其他方式进境的个人物品。

二、关税的纳税人

进口货物的收货人、出口货物的发货人、进境物品的携带或收件人，是关税的纳税义务人。

进口货物的收货人、出口货物的发货人是依法取得对外贸易经营权并进口或出口货物的法人或其他社会团体。

进境物品的纳税义务人是携带物品进境的入境人员、进境邮递物品的收件人以及以其他方式进口物品的收件人。

三、进出口商品关税税率

关税税则是一国政府根据国家关税政策和经济政策，通过一定的立法程序制定并公布实施的进出口货物和物品应税的关税税率表。

我国关税税率是由《中华人民共和国进出口税则》（以下简称《进出口税则》）确定的。

《进出口税则》的主要内容是关税税目、税则号列和税率，此外，还包括海关计征关税的规章条例及说明。

我国2001年底加入世界贸易组织，为履行世界贸易组织的关税减让义务，2002年我国将进出口税则中的税目调整到 7 316个，其中5 332个税目的税率有所降低，此后基本每年都有新的调整。

2019年“进口税则”税目调整至8 549个，“出口税则”税目调整至102个。

2021年调整后的税则税目共计8 580个，其中，新增58个，删除27个，修改税目名称44个。

我国进口关税税率总水平在不断降低，2001年为15.3%，2010年为9.8%，2019年降至7.5%。

2024年1月1日起，我国对1 010项商品实施低于最惠国税率的进口暂定税率。2024年我国对20个协定项下、原产于30个国家或者地区的部分进口货物实施协定税率。

中国—尼加拉瓜自由贸易协定自2024年1月1日起生效并实施。

（一）进口关税税率

进口关税设置最惠国税率、协定税率、特惠税率、普通税率、关税配额税率等税率。对进口货物在一定期限内可以实行暂定概率。

1.最惠国税率

最惠国税率适用于如下货物：原产于与我国共同适用最惠国待遇条款的世界贸易组织成员的进口货物，或原产于与我国签订有相互给予最惠国待遇条款的双边贸易协定的国家或者地区的进口货物，以及原产于我国境内的进口货物。

2.协定税率

协定税率适用于原产于与我国签订含有关税优惠条款的区域性贸易协定的国家或者地区的进口货物。当最惠国税率低于或等于协定税率时，协定有规定的，按相关协定的规定执行；协定无规定的，二者从低适用。

3.特惠税率

特惠税率适用于原产于与我国签订有特殊关税优惠条款的贸易协定的国家或者地区的进口货物。

4.普通税率

普通税率适用于原产于除了以上所列国家或者地区以外的进口货物，以及原产地不明的进口货物。

5.关税配额税率

关税配额税率适用于国家规定的实行关税配额管理的进口货物。关税配额内的，适用关税配额税率；关税配额外的，其税率的适用按照上述规定执行。

6.暂定税率

暂定税率适用于706项（2019年规定）进口商品。另外根据《国务院关税税则委员会关于2019年进出口暂定税率等调整方案的通知》（税委会〔2018〕65号），自2019年7月1日起，取消14项信息技术产品进口普定税率，同时缩小1项进口暂定税率适用范围。

自2022年1月1日起，我国对954种进口商品实行进口暂定税率。

为了把种类繁多的商品加以综合，方便贸易双方了解对方进出口商品的关税水平，便于贸易谈判，我国于1992年1月1日起正式采用世界上广泛使用的由海关合作理事会编制的《商品名称及编码协调制度》（简称 HS），按照不同商品的特点分门别类简化成21类、97章（详见《中华人民共和国进出口税则（2024）》），分别编号按序排列，称为“税则号列”（即表4-1中的第1列）。税则号列由八位数码组成，如 8703.2341，表示该货品属于第87章第3个税目第2个一级子目中的第3个二级子目中的第4个三级子目中的第1个四级子目。同时，我国对于来自不同国家和地区的商品给予不同的关税待遇，见表4-1中的第2列至第6列，其中，暂定税率以前置“△”标示（如2208.3000的最惠国税率10△5，表示最惠国税率为10%，暂定税为5%），关税配额税率在最惠国税率栏的脚注（本章为表注）中列明。

表 4-1　　2024 年部分商品的进口关税税率表

税则号列	货品名称	最惠国税率（%）	协定税率（%）	特惠税率（%）	普通税率（%）
2208.3000	威士忌酒	10△5	0　东盟 AS，智 CL，新西兰 NZ，新加坡 SG，秘 PE，哥 CR，瑞 CH，冰 IS，韩 KR，澳 AU，格 GE，毛 MU，东盟 AS，澳 AU，新西兰 NZ，柬 KH，港 HK，澳门 MO 5　巴 PK 7.3　日 JP 9　尼 NI	0 受惠国 LD	180
3102.1000	尿素，不论是否水溶液	50①	0 香港 HK，澳门 MO 40 亚太 AP，巴 PK		150
8703.2341	小轿车	15	0 智利 CL，新西兰 NZ，哥 CR，冰岛 IS，香港 HK，澳门 MO 12.5　澳 AU 13.5　亚太 AP 22.5　巴 PK，韩国 KR	0 受惠国 LD	230

①最惠国税率：1.6 元/平方米。

（二）出口关税税率

出口关税设置出口税率，出口税率包括出口税则税率和出口暂定税率。

1. 出口税则税率

我国对货物征收出口关税的目的主要是：控制国内重要经济资源（如稀缺矿资源、原材料等）的出口；稳定出口商品的国际市场售价；控制高能耗、高污染和资源性产品的出口，促进贸易平衡。

2. 出口暂定税率

出口暂定税率是国家为了在短期内鼓励某些商品的出口而设立的税率。

国家为了限制某些商品的出口也会对一些原本不征收出口关税的商品设立暂定税率。

一般而言，出口暂定税率低于出口税率，实施出口暂定税率的货物、税率、期限，由国务院关税税则委员会决定。

【例4-1】2024年5月，东方贸易有限公司从墨西哥进口一批鳄梨，从美国进口一批猕猴桃，出口一批锡矿砂到美国，从巴西进口一批冰冻鸡翼（不含鸡翼尖），从日本进口一批磁带放像机，从英国进口一批赤磷，出口一批未锻轧铝合金（其他）到德国。请帮税务会计小明找到这些进出口货物的关税税率是多少。

【解析】东方贸易有限公司进出口的货物均属于关税的征税范围，因而该公司是进出口关税的纳税义务人。利用《中华人民共和国进出口税则（2024）》查找确定该公司的进出口货物关税税率，具体如下：

（1）从墨西哥进口鳄梨，由于墨西哥属于世界贸易组织成员方，适用最惠国税率，利用商品编码0804.4000查找《中华人民共和国进出口税则（2024）》，鳄梨的最惠国税率为25%，暂定税率为7%，因此该公司应以7%的暂定税率缴纳进口关税。

（2）从美国进口猕猴桃，由于美国属于世界贸易组织成员方，适用最惠国税率，利用商品编码0810.5000查找《中华人民共和国进出口税则（2024）》，猕猴桃的最惠国税率为20%，2024年无暂定税率，因此该公司应以20%的最惠国税率缴纳进口关税。

（3）出口到美国的锡矿砂，利用商品编码26090000查找《中华人民共和国进出口税则（2024）》，出口税则税率为50%，出口暂定税率为20%，因此该公司应以20%的税率缴纳出口关税。

（4）从巴西进口冰冻鸡翼（不含鸡翼尖），巴西属于世界贸易组织成员方，适用最惠国税率，利用商品编码0207.1421查找《中华人民共和国进出口税则（2024）》，冰冻鸡翼（不含鸡翼尖）最惠国税率为0.8元/千克，2024年无暂定税率。因此该公司应以最惠国税率0.8元/千克缴纳进口关税。

（5）从日本进口磁带放像机，日本属于世界贸易组织成员方，适用最惠国税率，利用商品编码8521.1020查找《中华人民共和国进出口税则（2024）》，磁带放像机最惠国税率为0，因此该公司不需要缴纳磁带放像机进口关税。

（6）从英国进口赤磷，英国属于世界贸易组织成员方，适用最惠国税率，利用商品编码2804.7090查找《中华人民共和国进出口税则（2024）》，赤磷最惠国税率为5%，2024年无暂定税率。因此该公司应以5%最惠国税率缴纳进口关税。

（7）出口到德国的未锻轧铝合金（其他），利用商品编码76012000查找《中华人民共和国进出口税则（2024）》，出口税则税率为30%，出口暂定税率为15%，因此该公司应以15%的税率缴纳出口关税。

任务二　关税应纳税额的计算

在确定了进出口货物的关税税率以后，应根据《中华人民共和国海关审定进出口货物完税价格办法》来核查进出口货物的完税价格。

一、计算关税完税价格

（一）计算一般进口货物完税价格

1. 成交价格为基础的完税价格

进口货物的完税价格，是指进口货物的计税价格，由符合条件的成交价格以及该货物运抵我国境内输入地点起卸前的运输及其相关费用、保险费为基础审查确定。

进口货物的成交价格，以卖方向我国境内销售该货物时买方为进口该货物向卖方实付、应付的价款为基础，并根据以下规定进行调整：

（1）应当计入进口货物成交价格的费用：

①由买方负担的购货佣金以外的佣金和经纪费。

②由买方负担的在审查确定完税价格时与该货物视为一体的容器的费用。

③由买方负担的包装材料费用和包装劳务费用。

④与该货物的生产和向中国境内销售有关的，由买方以免费或低于成本的方式提供并可以按适当比例分摊的料件、工具、模具、消耗材料及类似货物的价款，以及在境外开发、设计的相关费用。

⑤作为该货物向中国境内销售的条件，买方必须支付的、与该货物有关的特许权使用费。

⑥卖方直接或者间接从买方获得的该货物进口后转售、处置或者使用的收益。

（2）不应计入进口货物成交价格的费用：

①厂房、机械、设备等货物进口后进行建设、安装、装配、维修和技术服务的费用。

②进口货物运抵境内输入地点起卸后的运输及其相关费用、保险费。

③进口关税及国内税收。

【例4-2】某进出口公司进口一批应税消费品，成交价折合人民币1 085万元，货物运抵我国关境内输入地点起卸前、起卸后的运费分别为35万元和2万元，保险费分别为5万元和0.4万元。包装材料费用和包装劳务费用为10万元，与货物视为一体的容器的费用为15万元，与该货物有关的特许权使用费用为50万元，该应税消费品关税税率为20%。计算该批货物的进口关税税额。

【解析】计算货物的完税价格：

进口关税完税价格＝1 085+35+5+10+15+50=1 200（万元）

应纳进口关税税额＝1 200×20%=240（万元）

说明：进口货物运抵境内输入地点起卸后的运输费、保险费不计入该批货物的完税价格。

为了便于理解，可以把进口货物的完税价格简单归纳为正常的到岸价（CIF），其中C是完整的货价，包含支付的佣金（支付给自己采购代理人的购货佣金除外）；I是保险费，包含在出口国和进口途中的保险费；F是运费和其他费用、包含在出口国和进口国途中的运费和其他费用。计算进口货物关税的完税价格，CIF三项缺一不可。如果价格不正常或不完整，则需要进行调整。

实际业务中较为常见的其他成交价格包括：

①FOB价格。以境外口岸离岸价（FOB）成交的，应另加货物从发货口岸到达我国口岸所发生的运杂费和保险费作为关税的完税价格。

计算公式如下：

关税完税价格=FOB +运杂费+保险费

或 =（FOB +运杂费）÷（1-保险费费率）

②CFR价格。以成本加运费（CFR）成交的，应另加保险费作为完税价格。

计算公式如下：

关税完税价格= CFR ÷（1-保险费费率）

2.完税价格的估定

进口货物的价格不符合成交价格条件或者成交价格不能确定的，海关应当依次用以下列方法估定该货物的完税价格：

①相同货物成交价格估价方法；

②类似货物成交价格估价方法；

③倒扣价格估价方法；

④计算价格估价方法；

⑤合理方法。

其中，经纳税人申请，可以颠倒第③和第④项的适用次序。

完税价格的总值计算到元为止，元以下四舍五入。税款总额在50元以下的（不含50元）免征。

【例4-3】东方贸易有限公司从日本以FOB形式购进一批圆钢，计500吨，其中申报的发票价格及有关费用如下：申报运费为60元（人民币）/吨；保险费费率为0.1%；总额为190 000美元；当时的外汇牌价为100美元=640元人民币。应如何计算进口完税价格？

【解析】进口关税的完税价格计算如下：

（1）以美元计价的FOB价格折合成人民币价格=190 000×6.4=1 216 000（元）

（2）经查核实际支出运费=500×60=30 000（元）

（3）保险费费率已知为0.1%时：

完税价格=（FOB+运费）÷（1-保险费费率）

=（1 216 000+30 000）÷（1-0.1%）

=1 247 247.25（元）

完税价格计算到元为止，故本批圆钢完税价格为1 247 247元。

（二）进出口货物完税价格中的运费及其相关费用、保险费的计算

（1）一般海、陆、空运方式进口的货物。

一般海、陆、空运方式进口的货物的运费和保险费：按实际支付的费用计算。

如果进口货物的运费无法确定或未实际发生，按该货物进口同期运输行业公布的运费率（额）计算运费；按照“货价加运费”两者总额的3%计算保险费。

（2）以其他方式进口的货物。

①邮运进口货物：邮费作为运输及其相关费用、保险费；

②以境外边境口岸价格条件成交的铁路或公路运输进口货物：按货价的1%计算运输及其相关费用、保险费；

③作为进口货物的自驾进口的运输工具，海关在审定完税价格时，可以不另行计入运费。

（三）出口货物

销售价格如果包括离境口岸至境外口岸之间的运输、保险费的，该运输、保险费应当扣除。综上所述，对进出口货物完税价格中的运费及相关费用、保险费的确定，概况见表4-2。

表4-2　运费及相关费用、保险费的确定

<table>
<tr><th colspan="2">进出口运载或成交方式</th><th>运费的确定</th><th>保险费的确定</th></tr>
<tr><td rowspan="4">一般方式进口</td><td>海运进口</td><td colspan="2">按运抵境内的卸货口岸实际支付的费用计算</td></tr>
<tr><td>陆运进口</td><td colspan="2">按运抵境内的第一口岸或目的地口岸实际支付的费用计算</td></tr>
<tr><td>空运进口</td><td colspan="2">按运抵境内的第一口岸或目的地口岸实际支付的费用计算</td></tr>
<tr><td>无法确定或未实际发生运保费</td><td>按同期同行业运费率（额）计算</td><td>按货价加运费两者总额的3‰计算</td></tr>
<tr><td rowspan="3">其他方式进口</td><td>邮运进口</td><td colspan="2">按邮费计算</td></tr>
<tr><td>境外边境口岸价格条件成交的铁路或公路运输进口货物</td><td colspan="2">按货价的1%计算</td></tr>
<tr><td>自驾进口的运输工具</td><td colspan="2">可不另行计入运输费</td></tr>
<tr><td colspan="2">出口货物</td><td colspan="2">最多算至离境口岸</td></tr>
</table>

二、计算关税应纳税额

按照计税依据的不同，我国大部分进出口货物的关税征收都采用从价计税。

我国的进出口关税有从价税、从量税、复合税、滑准税四种类型。

（一）从价税应纳税额的计算

从价税，是一种最常用的关税计税标准。它以货物的价格或者价值为征税标准，以应征税额占货物价格或者价值的百分比为税率，价格越高则税额越高。

其计算公式为：

应纳关税税额=应税进口货物数量×单位完税价格×税率

=完税价格×税率

【例 4-4】东方贸易有限公司从德国购进柴油船用发动机2台，成交价格为CIF境内目的地口岸700 000美元。经批准该发动机进口关税税率减按1%计征。已知外币折算率为1美元=6.4元人民币。计算进口关税。

【解析】发动机归入税目税号8408.1000，原产国德国适用最惠国税率5%，审定完税价格为700 000美元，外币价格折算成人民币为4 480 000元。

减税征收的进口关税税额=进口货物完税价格×减按进口关税税率

=4 480 000×1%

=44 800.00（元）

（二）从量税应纳税额的计算

从量税以进口货物的长度、重量、面积、体积、容积等计量单位为计税依据。从量税不受商品价格的影响，计税方法简便。目前我国对石油原油、部分鸡产品、啤酒、胶卷等37项商品的进口采取从量计算税款。

其计算公式为：

应纳关税税额=应税进（出）口货物数量×单位货物税额

【例 4-5】东方贸易有限公司从日本购进激光胶片81 820平方米，成交价格CIF境内某口岸602日元/方米。已知当时外币折算率为1日元=0.0650元人民币，计算应征进口关税税额。

【解析】激光胶片归入税目税号3702.4292，原产地为日本，适用最惠国税率为2.4元/平方米。

实际进口数量=81 820（平方米）

进口关税税额=应税进（出）口货物数量×单位货物税额

=81 820×2.4

=196 368.00（元）

（三）复合税应纳税额的计算

复合税同时以进口货物的价格和数量作为计税依据，先计征从量税，再计征从价税。如2019年税则中对录像机、放像机、摄像机等10项商品的进口采取复合计税方法。

进口货物应纳关税税额=应税进（出）口货物数量×单位货物税额+完税价格×税率

（四）滑准税应纳税额的计算

滑准税是关税的税率随着进口货物价格的变动而反方向变动的一种税率形式，即价格越高，税率越低，税率为比例税率。实行滑准税率的进口货物应纳关税税额的计算方法与从价税的计算方法相同。

当期我国对配额外进口部分的棉花适用滑准税税率。

应纳关税税额=完税价格×滑准关税税率

三、运用关税优惠政策

（一）关税的法定减免

关税的法定减免是指《中华人民共和国进出口关税条例》（《中华人民共和国关税法》由2024年4月26日第十四届全国人民代表大会常务委员会第九次会议通过，自2024年12月1日起施行。《中华人民共和国进出口关税条例》同时废止）和《中华人民共和国海关法》中明确规定的减免税，包括：

（1）关税税额在人民币50元以下的一票货物；

（2）无商业价值的广告品和货样；

（3）外国政府、国际组织无偿赠送的物资；

（4）在海关放行前损失的货物；

（5）进出境运输工具装载的途中必需的燃料、物料和饮食用品。

在海关放行前遭受损坏的货物，可以根据海关认定的受损程度减征关税。法律规定的其他免征或者减征关税的货物，海关根据规定予以免征或者减征。

（二）跨境电子商务零售进口税收政策

跨境电子商务零售进口商品按照货物征收关税和进口环节增值税、消费税，购买跨境电子商务零售进口商品的个人作为纳税义务人，实际交易价格（包括货物零售价格、运费和保险费）作为完税价格，电子商务企业、电子商务交易平台企业或物流企业可作为代收代缴义务人。

跨境电子商务零售进口商品的单次交易限值为人民币5 000元，个人年度交易限值为人民币26 000元。在限值以内进口的跨境电子商务零售进口商品，关税税率暂设为0，进口环节增值税、消费税暂按法定应纳税额的70%征收。超过单次限值、累加后超过个人年度限值的单次交易，以及完税价格超过5 000元限值的单个不可分割商品，均按照一般贸易方式全额征税。

任务三 关税的纳税申报

计算完关税应纳税额后，应在规定的时间内进行关税的纳税申报，并按照规定流程完成税费的缴纳。

一、申报关税

进口货物的纳税义务人应当自运输工具申报进境之日起14日内，出口货物的纳税义务人除海关特准的外，应当在货物运抵海关监管区后、装货的24小时以前，向货物的进出境地海关申报。

纳税义务人应当依法如实向海关申报，并按照海关的规定提供有关确定完税价格、进行商品归类、确定原产地以及采取反倾销、反补贴或者保障措施等所需的资料；必要时，海关可以要求纳税义务人补充申报。

二、缴纳关税

纳税义务人应当自海关填发税款缴款书之日起15日内（如果遇到税款缴款的最后期限是星期六、星期日或者法定节假日的，则缴款期限自动顺延到下一个工作日），缴纳税款。

纳税人因不可抗力或者在国家税收政策调整的情形下，不能按期缴纳税款的，经海关总署批准，可以延期缴纳税款，但是最长不得超过6个月。纳税人未按期缴纳税款并没有申请延期缴税的，从滞纳税款之日起，按日加收5‰的滞纳金。

三、申报缴纳方式

自2018年6月1日起，海关全面实行无纸化出入境货物通关申报，企业可以通过“单一窗口”（包括通过“互联网+海关”接入“单一窗口”）报关报检合一界面向海关一次申报，系统将自动辅助计算应缴税费，企业确认后，就可以在线缴税并办理货物通关手续。

任务四　行李和邮递物品进口税的计算

行李和邮递物品进口税（以下简称“行邮税”）是海关对入境旅客物品和个人邮递物品征收的进口税。

行邮税包括了进口环节关税、增值税和消费税，因而也是对个人非贸易性入境物品征收的关税、增值税和消费税的总称。

行邮税的课税对象包括入境旅客、运输工具、服务人员携带的应税行李物品、个人邮递物品、馈赠物品以及以其他方式入境的个人物品等项物品，简称“进口物品”。

行邮税实行从价计征。因此，办理行邮税业务首先要确定进境物品的税率和完税价格，其次，计算行邮税税款，最后完成行邮税的纳税申报。

一、确定进境物品税率

依照《中华人民共和国进出口税则（2024）》，进境物品进口税应当按照中华人民共和国进境物品进口税税率表（见表4-3）确定适用税率。

表 4-3 中华人民共和国进境物品进口税税率表

税目序号	税率	物品类别
1	13%	书报、刊物、教育用影视资料；计算机、视频摄录一体机、数字照相机等信息技术产品；食品、饮料；金银；家具；玩具，游戏品、节日或其他娱乐用品；药品
2	20%	运动用品（不含高尔夫球及球具）、钓鱼用品；纺织品及其制成品；电视摄像机及其他电器用具；自行车；税目 1、3 中未包含的其他商品
3	50%	烟、酒；贵重首饰及珠宝玉石；高尔夫球及球具；高档手表；高档化妆品

注：1.对国家规定减按 3% 征收进口环节增值税的进口药品，按照货物税率征税。

2.税目 3 所列商品的具体范围与消费税征收范围一致。

二、计算进境物品完税价格

进境物品完税价格的确定，主要依据“中华人民共和国进境物品完税价格表”（以下简称“完税价格表”）并参照以下三项原则：

1.在“完税价格表”中已列明完税价格的物品，按照“完税价格表”确定。

2.在“完税价格表”中未列明完税价格的物品，按照相同物品相同来源地最近时间的主要市场零售价格确定其完税价格。

3.实际购买价格是“完税价格表”列明完税价格 2 倍以上，或是“完税价格表”列明完税价格的 1/2 及以下的物品，进境物品所有人应向海关提供销售方依法开具的真实交易的购物发票或收据，并承担相关责任。

三、计算进境物品行邮税税款

行邮税的计算公式为：

行邮税=完税价格 × 税率

【例 4-6】小明 2024 年 5 月 22 日从香港回广州，在莲花山港海关通关，小明在香港购买的物品有：尼康 D7200 单反相机 1 台，含机身和 1 个 18 ～200mm 配套镜头，价值 8 000 元。请问小明过关前是否需要缴行邮税？如果缴，缴多少？

【解析】

第一步：确定税率。尼康 D7200 单反相机，属于照相机设备，可拆卸式数字照相机机身适用行邮税税率为 13%，可拆卸式数码照相机镜头适用行邮税税率为 20%。

第二步：计算完税价格，可拆卸式数字照相机机身在“完税价格表”列明完税价格为 5 000 元，可拆卸式数码照相机镜头完税价格为 2 000 元。

第三步：计算应纳行邮税税款。

应纳行邮税税款=5 000×13%+2 000 ×20%=1 050（元）

附：船舶吨税

船舶吨税是对从我国境外港口进入境内港口的船舶由海关负责征收的一种税。

这一税种为世界多数国家开征，其征税根据是因为外籍船舶使用了本国港口及助航设备，是一种属于使用性质的税。

凡征收了船舶吨税的船舶不再征收车船税，反之亦然。在有些国家该税被称为“灯塔税”。

一、船舶吨税的计税依据和税率

船舶吨税的计税依据是注册净吨位。

净吨位是指由船籍国（地区）政府授权签发的船舶吨位证明书上标明的净吨位。

船舶吨税按船舶的净吨位，以吨为单位确定定额税率，吨位越大，定额税率越高。船舶吨税定额税率分为优惠税率和普通税率两种。

中华人民共和国国籍的应税船舶、与中华人民共和国签订互惠协议的国家或地区的应税船舶适用船舶吨税优惠税率，其他应税船舶适用船舶吨税普通税率，具体见表4-4。

表4-4 中华人民共和国船舶吨税税目税率表

税目（按船舶净吨位划分）	税率（元/净吨）					
	普通税率（按执照期限划分）			优惠税率（按执照期限划分）		
	1年	90日	30日	1年	90日	30日
不超2 000净吨	12.6	4.2	2.1	9.0	3.0	1.5
超过2 000净吨，但不超过10 000净吨	24.0	8.0	4.0	17.4	5.8	2.9
超过10 000净吨，但不超过50 000净吨	27.6	9.2	4.6	19.8	6.6	3.3
超过50 000净吨	31.8	10.6	5.3	22.8	7.6	3.8

注：1.拖船按照发动机功率每千瓦折合净吨位0.67吨。

2.无法提供净吨位证明文件的游艇，按照发动机功率每千瓦折合净吨位0.05吨。

3.拖船和非机动驳船分别按相同净吨位船舶税率的50%计征税款。

二、船舶吨税应纳税额的计算

船舶吨税计税公式为：

应纳税额=净吨位×船舶吨税税率（元/净吨）

【例4-7】有一艘俄罗斯籍船舶停靠在黄埔港，纳税人选择30天期限缴纳船舶吨税。该轮船总吨位为10 000吨，注册净吨位为6 000吨。计算该俄罗斯籍船舶应缴纳的船舶吨税。

【解析】

第一步：确定吨位。

我国船舶吨税按注册净吨位计算，因此应按6 000吨计算。

第二步：确定税率。

俄罗斯与我国签订了互惠协议，故适用优惠税率，净吨位6 000吨的船船30天期限的优惠税率为2.9元/吨。

第三步：计算应纳船舶吨税。

应纳船舶吨税=6 000×2.9=17 400（元）

项目五
资源税核算与申报

学习目标

【知识目标】

- 了解资源税的税收优惠
- 了解资源税的纳税义务人
- 熟悉资源税应纳税额的计算方法
- 掌握资源税的征税范围

【能力目标】

- 能够根据实际案例计算应纳税款
- 能够对资源税做出正确的会计处理
- 能够准确地填制资源税纳税申报表

任务一　资源税的征税范围、纳税人和税率

资源税是以应税资源为课税对象，对在中华人民共和国领域和中华人民共和国管辖的其他海域开发应税资源的单位和个人，以其应税资源销售额或销售数量为计税依据而征收的一种税。

新时代中国特色社会主义生态文明建设的内涵是“绿水青山就是金山银山”，提倡合理开发自然资源、保护生态环境、人与自然和谐发展。

所谓资源，一般是指自然界存在的所有天然物质财富，包括地下资源、地上资源、空间资源。对应税资源征收资源税，是落实税收法定原则、完善地方税体系的重要举

措，是绿色税制建设的重要组成部分。

一、资源税的征税范围

资源税的征税范围是资源税课税对象的具体表现形式。

《中华人民共和国资源税法》（以下简称《资源税法》）采取正列举的方式，共设置5个一级税目，17个二级子税目，具体税目有164个。

各税目的征税对象包括原矿和选矿，涵盖了所有已经发现的矿种和盐。

根据《资源税法》的规定，我国对取用地表水或者地下水的单位和个人试点征收水资源税。

（一）能源矿产

能源矿产包括原油，天然气、页岩气、天然气水合物，煤，煤成（层）气，铀、钍，油页岩、油砂、天然沥青、石煤，地热7个子税目。

（二）金属矿产

金属矿产包括黑色金属和有色金属2个子税目。

（三）非金属矿产

非金属矿产包括矿物类、岩石类和宝玉石类3类子税目。

（四）水气矿产

水气矿产包括二氧化碳气、硫化氢气、氦气、氡气，矿泉水2个子税目。

（五）盐

盐包括钠盐、钾盐、镁盐和锂盐，天然卤水，海盐3个子税目。

《资源税法》所附“资源税税目税率表”规定了应税资源的具体范围。

二、资源税的纳税人

在中华人民共和国领域和中华人民共和国管辖的其他海域开发应税资源的单位和个人，为资源税的纳税人，应当依照《资源税法》规定缴纳资源税。

国务院根据国民经济和社会发展需要，依照《资源税法》的原则，对取用地表水或者地下水的单位和个人试点征收水资源税。征收水资源税的，停止征收水资源费。

中外合作开采陆上、海上石油资源的企业依法缴纳资源税。

2011年11月1日前已依法订立中外合作开采陆上、海上石油资源合同的，在该合同有效期内，继续依照国家有关规定缴纳矿区使用费，不缴纳资源税；合同期满后，依法缴纳资源税。

三、资源税的税率

《资源税法》规定，对大部分资源税应税产品（以下简称“应税产品”），实行从价计征，部分应税产品实行从量计征，因此，资源税税率形式有比例税率和定额税率两种。

资源税的税率标准，依照“资源税税目税率表”（见表5-1）执行。

表 5-1 资源税税目税率表

税目			征税对象	税率
能源矿产	原油		原矿	6%
	天然气、页岩气、天然气水合物		原矿	6%
	煤		原矿或者选矿	2%~10%
	煤成（层）气		原矿	1%~2%
	铀、钍		原矿	4%
	油页岩、油砂、天然沥青、石煤		原矿或者选矿	1%~4%
	地热		原矿	1%~20% 或者每立方米 1~30 元
金属矿产	黑色金属	铁、锰、铬、钒、钛	原矿或者选矿	1%~9%
	有色金属	铜、铅、锌、锡、镍、锑、镁、钴、铋、汞	原矿或者选矿	2%~10%
		铝土矿	原矿或者选矿	2%~9%
		钨	选矿	6.5%
		钼	选矿	8%
		金、银	原矿或者选矿	2%~6%
		铂、钯、钌、锇、铱、铑	原矿或者选矿	5%~10%
		轻稀土	选矿	7%~12%
		中重稀土	选矿	20%
		铍、锂、锆、锶、铷、铯、铌、钽、锗、镓、铟、铊、铪、铼、镉、硒、碲	原矿或者选矿	2%~10%
非金属矿产	矿物类	高岭土	原矿或者选矿	1%~6%
		石灰岩	原矿或者选矿	1%~6% 或者每吨（或每立方米）1~10 元
		磷	原矿或者选矿	3%~8%
		石墨	原矿或者选矿	3%~12%
		萤石、硫铁矿、自然硫	原矿或者选矿	1%~8%
		天然石英砂、脉石英、粉石英、水晶、工业用金刚石、冰洲石、蓝晶石、硅线石（矽线石）、长石、滑石、刚玉、菱镁矿、颜料矿物、天然碱、芒硝、钠硝石、明矾石、砷、硼、碘、溴、膨润土、硅藻土、陶瓷土、耐火粘土、铁矾土、凹凸棒石粘土、海泡石粘土、伊利石粘土、累托石粘土	原矿或者选矿	1%~12%
		叶蜡石、硅灰石、透辉石、珍珠岩、云母、沸石、重晶石、毒重石、方解石、蛭石、透闪石、工业用电气石、白垩、石棉、蓝石棉、红柱石、石榴子石、石膏	原矿或者选矿	2%~12%
		其他粘土（铸型用粘土、砖瓦用粘土、陶粒用粘土、水泥配料用粘土、水泥配料用红土、水泥配料用黄土、水泥配料用泥岩、保温材料用粘土）	原矿或者选矿	1%~5% 或者每吨（或者每立方米）0.1~5元

续表

税目			征税对象	税率
非金属矿产	岩石类	大理岩、花岗岩、白云岩、石英岩、砂岩、辉绿岩、安山岩、闪长岩、板岩、玄武岩、片麻岩、角闪岩、页岩、浮石、凝灰岩、黑曜岩、霞石正长岩、蛇纹岩、麦饭石、泥灰岩、含钾砂页岩、天然油石、橄榄岩、松脂岩、粗面岩、辉长岩、辉石岩、正长岩、火山灰、火山渣、泥炭	原矿或者选矿	1%~10%
		砂石	原矿或者选矿	1%~5%或者每吨（或每立方米）0.1~5元
	宝玉石类	宝石、玉石、宝石级金刚石、玛瑙、黄玉、碧玺	原矿或者选矿	4%~20%
水气矿产	二氧化碳气、硫化氢气、氦气、氡气		原矿	2%~5%
	矿泉水		原矿	1%~20%或者每立方米1~30元
盐	钠盐、钾盐、镁盐、锂盐		选矿	3%~15%
	天然卤水		原矿	3%~15%或者每吨（或者每立方米）1~10元
	海盐			2%~5%

任务二　资源税的计税依据和应纳税额的计算

一、从价定率征收的计税依据

实行从价定率征收资源税的，计税依据为应税资源产品的销售额。

应税产品为矿产品的，包括原矿和选矿产品。

资源税应税产品的销售额按照纳税人销售应税产品向购买方收取的全部价款确定，不包括增值税税款。

计入销售额中的相关运杂费用，凡取得增值税发票或者其他合法有效凭据的，准予从销售额中扣除。

相关运杂费用，是指应税产品从坑口或者洗选（加工）地到车站、码头或者购买方指定地点的运输费用、建设基金以及随运销产生的装卸、仓储、港杂费用。

二、从价定率征收的应纳税额的计算

实行从价定率征收资源税的，应纳税额按照应税产品的销售额乘以具体适用税率计算，计算公式如下：

应纳税额=销售额×适用税率

【例 5-1】某铜矿开采企业2024年6月开采并销售铜矿原矿，开具的增值税专用发票上注明金额400万元、税额52万元；销售铜矿选矿，取得不含增值税销售额2 500万元。当地省人民政府规定铜矿原矿资源税税率为4%，铜矿选矿资源税税率为3%。请计算该企业2024年6月应缴纳的资源税。

【解析】

该铜矿企业应纳资源税=销售额×适用税率

=400×4%+2 500×3%=91（万元）

【例5-2】2024年6月某锡矿开采企业开采锡矿原矿300吨。本月销售锡矿原矿200吨，取得不含税销售额500万元，剩余锡矿原矿100吨移送加工选矿80吨，本月全部销售，取得不含税销售额240万元。锡矿原矿和锡矿选矿资源税税率分别为5%和4.5%。请计算该企业2024年6月应缴纳的资源税。

（1）锡矿原矿为资源税的应税产品，开采销售锡矿原矿应计算缴纳资源税。

（2）将锡矿原矿移送加工选矿不征收资源税。生产销售的锡矿选矿属于资源税应税产品，应计算缴纳资源税。

【解析】

销售锡矿原矿应纳资源税=500×5%=25（万元）

销售锡矿选矿应纳资源税=240×4.5%=10.8（万元）

该企业2024年6月应纳资源税=25+10.8=35.8（万元）

三、从量定额征收的计税依据

实行从量定额征收资源税的，计税依据是应税产品的销售数量。

应税产品的销售数量包括纳税人开采或者生产应税产品的实际销售数量和自用于应当缴纳资源税情形的应税产品数量。

四、从量定额征收的应纳税额的计算

实行从量定额征收资源税的，应纳税额按照以应税产品的课税数量乘以纳税人具体适用的定额税率计算。计算公式如下：

应纳税额=课税数量×单位税额

【例5-3】某矿泉水生产企业2024年9月开发生产矿泉水6 900立方米，本月销售6 000立方米。该企业所在省政府规定矿泉水实行定额征收资源税。资源税税率为5元/立方米。请计算该企业2024年9月应缴纳的资源税税额。

【解析】

该企业2024年9月应纳资源税=5×6 000=30 000（元）

任务三　资源税的纳税申报

一、资源税的纳税义务发生时间

纳税人销售应税产品的，纳税义务发生时间为收讫销售款项或者取得索取销售款项凭据的当日；自用应税产品的，纳税义务发生时间为移送应税产品的当日。

二、资源税的纳税期限

资源税按月或者按季申报缴纳；不能按固定期限计算缴纳的，可以按次申报缴纳。

纳税人按月或者按季申报缴纳的，应当自月度或者季度终了之日起15日内，向税务机关办理纳税申报并缴纳税款。

按次申报缴纳的，应当自纳税义务发生之日起15日内，向税务机关办理纳税申报并缴纳税款。

三、资源税的纳税地点

纳税人应当向应税矿产品开采地或者海盐生产地的税务机关申报缴纳资源税。

随堂测 5-1

1.（判断题）从价计征资源税的计税依据为应税资源产品的销售额。（　）

2.（判断题）《资源税法》规定，对大部分资源税应税产品实行从价计征，部分应税产品实行从量计征，因此，资源税税率形式有比例税率和定额税率两种。（　）

3.（计算题）某油田2024年10月初库存原油30 000吨，10月生产原油40 000吨，10月发出原油50 000吨，其中对外销售40 000吨，企业开采原油过程中用于加热、修井自用原油500吨，非生产自用原油9 500吨。另外，该油田10月伴采天然气100 000立方米，当月销售80 000立方米，其余20 000立方米全部由油田自用。已知原油适用的单位税额为每吨8元，天然气适用的单位税额为每千立方米10元。计算该油田当月应纳资源税额。

四、填制发送申报表

按照规定的格式填列的“财产和行为税纳税申报表”及其附表应在规定的时间内报送主管税务机关。

资源税申报表的报送可以采取直接报送和网上申报，直接报送是将纳税申报表直接送达主管税务局的办税服务大厅，由税务工作人员签收；网上申报是通过电子税务局进行申报。

财产和行为税纳税申报表包括资源税、城镇土地使用税、房产税、车船税、印花税、耕地占用税、资源税、土地增值税、契税、环境保护税、烟叶税等，进行“一表申报”。

（一）填制申报表直接报送

“财产和行为税纳税申报表”见表5-2。

“财产和行为税减免税明细申报附表”见表5-3。

表 5-2　　财产和行为税纳税申报表

纳税人识别号（统一社会信用代码）：□□□□□□□□□□□□□□□□□□

纳税人名称：　　　　　　　　　　　　　　　　　金额单位：人民币元（列至角分）

序号	税种	税目	税款所属期起	税款所属期止	计税依据	税率	应纳税额	减免税额	已缴税额	应补（退）税额
1										
2										
3										
4										
5										
6										
7										
8										
9										
10										
11	合计	–	–	–	–	–				
声明：此表是根据国家税收法律法规及相关规定填写的，本人（单位）对填报内容（及附带资料）的真实性、可靠性、完整性负责。 纳税人（签章）：　　年　月　日										
经办人： 经办人身份证号： 代理机构签章： 代理机构统一社会信用代码：					受理人： 受理税务机关（章）： 受理日期：　　年　月　日					

填表说明：

1.本表适用于申报城镇土地使用税、房产税、契税、耕地占用税、土地增值税、印花税、车船税、烟叶税、环境保护税、资源税。

2.本表根据各税种税源明细表自动生成，申报前须填写税源明细表。

3.本表包含一张附表“财产和行为税减免税明细申报附表”。

4.纳税人识别号（统一社会信用代码）：填写税务机关核发的纳税人识别号或有关部门核发的统一社会信用代码。纳税人名称：填写营业执照、税务登记证等证件载明的纳税人名称。

5.税种：税种名称，多个税种的，可增加行次。

6.税目：税目名称，多个税目的，可增加行次。

7.税款所属期起：纳税人申报相应税种所属期的起始时间，填写具体的年、月、日。

8.税款所属期止：纳税人申报相应税种所属期的终止时间，填写具体的年、月、日。

9.计税依据：计算税款的依据。

10.税率：适用的税率。

11.应纳税额：纳税人本期应当缴纳的税额。

12.减免税额：纳税人本期享受的减免税金额，等于减免税附表中该税种的减免税额小计。

13.已缴税额：纳税人本期应纳税额中已经缴纳的部分。

14.应补（退）税额：纳税人本期实际需要缴纳的税额。应补（退）税额=应纳税额−减免税额−已缴税额。

表 5-3 财产和行为税减免税明细申报附表

纳税人识别号（统一社会信用代码）：□□□□□□□□□□□□□□□□□□

纳税人名称： 金额单位：人民币元（列至角分）

<table>
<tr><td rowspan="3">本期是否适用小微企业“六税两费”减免政策</td><td rowspan="3">□是 □否</td><td rowspan="2">减免政策适用主体</td><td>增值税小规模纳税人：□是 □否</td></tr>
<tr><td>增值税一般纳税人：
□个体工商户 □小型微利企业</td></tr>
<tr><td>适用减免政策起止时间</td><td>年 月 至 年 月</td></tr>
<tr><td colspan="2">合计减免税额</td><td colspan="2"></td></tr>
</table>

城镇土地使用税

序号	土地编号	税款所属期起	税款所属期止	减免性质代码和项目名称	减免税额
1					
2					
小计	—			—	

房产税

序号	房产编号	税款所属期起	税款所属期止	减免性质代码和项目名称	减免税额
1					
2					
小计	—			—	

车船税

序号	车辆识别代码/船舶识别码	税款所属期起	税款所属期止	减免性质代码和项目名称	减免税额
1					
2					
小计				—	

印花税

序号	税目	税款所属期起	税款所属期止	减免性质代码和项目名称	减免税额
1					
2					
小计	—			—	

资源税

序号	税目	子目	税款所属期起	税款所属期止	减免性质代码和项目名称	减免税额
1						
2						
小计	—	—			—	

耕地占用税

序号	税源编号	税款所属期起	税款所属期止	减免性质代码和项目名称	减免税额
1					
2					
小计	—			—	

续表

契税					
序号	税源编号	税款所属期起	税款所属期止	减免性质代码和项目名称	减免税额
1					
2					
小计	—			—	

土地增值税					
序号	项目编号	税款所属期起	税款所属期止	减免性质代码和项目名称	减免税额
1					
2					
小计	—			—	

环境保护税							
序号	税源编号	污染物类别	污染物名称	税款所属期起	税款所属期止	减免性质代码和项目名称	减免税额
1							
2							
小计	—	—	—			—	

声明：此表是根据国家税收法律法规及相关规定填写的，本人（单位）对填报内容（及附带资料）的真实性、可靠性、完整性负责。

纳税人（签章）：　　　　年　月　日

经办人： 经办人身份证号： 代理机构签章： 代理机构统一社会信用代码：	受理人： 受理税务机关（章）： 受理日期：　　年　月　日

填表说明：

1.本表为“财产和行为税纳税申报表”的附表，适用于申报城镇土地使用税、房产税、契税、耕地占用税、土地增值税、印花税、车船税、环境保护税、资源税的减免税。

2.纳税人识别号（统一社会信用代码）：填写税务机关核发的纳税人识别号或有关部门核发的统一社会信用代码。纳税人名称：填写营业执照、税务登记证等证件载明的纳税人名称。

3.本期是否适用小微企业“六税两费”减免政策：纳税人在税款所属期内适用增值税小规模纳税人、个体工商户、小型微利企业减免政策的，勾选“是”；否则，勾选“否”。

4.减免政策适用主体：适用小微企业“六税两费”减免政策的，填写本项。纳税人是增值税小规模纳税人的，在“增值税小规模纳税人”处勾选“是”，无须勾选“增值税一般纳税人：□个体工商户 □小型微利企业”；纳税人是增值税一般纳税人的，根据类型勾选“个体工商户”或“小型微利企业”。登记为增值税一般纳税人的新设立企业，从事国家非限制和禁止行业，且同时符合设立时从业人数不超过300人、资产总额不超过5 000万元两项条件的，勾选“小型微利企业”。

5.适用减免政策起止时间：填写适用减免政策的起止月份，不得超出当期申报的税款所属期限。

6.税款所属期起：指纳税人申报相应税种所属期的起始时间，具体到年、月、日。

7.税款所属期止：指纳税人申报相应税种所属期的终止时间，具体到年、月、日。

8.减免性质代码和项目名称：按照税务机关最新制发的减免税政策代码表中最细项减免项目名称填写。

9.减免税额：减免税项目对应的减免税金额。

（二）网上报送

1.登录电子税务局网站

2.操作路径

【我要办税】–【税费申报及缴纳】–【合并纳税申报】–【财产和行为税纳税申报表】–【在线办理】，如图5–1所示。

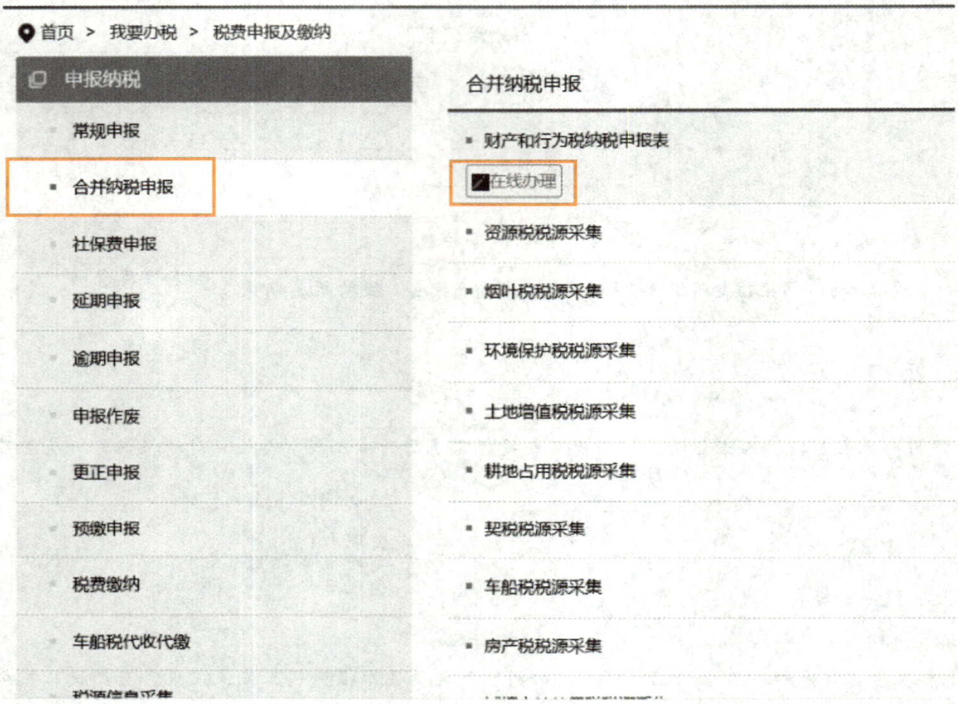

图5–1　选择财产和行为税申报表

3.操作步骤

（1）步骤1：进入主界面，如图5–2所示。

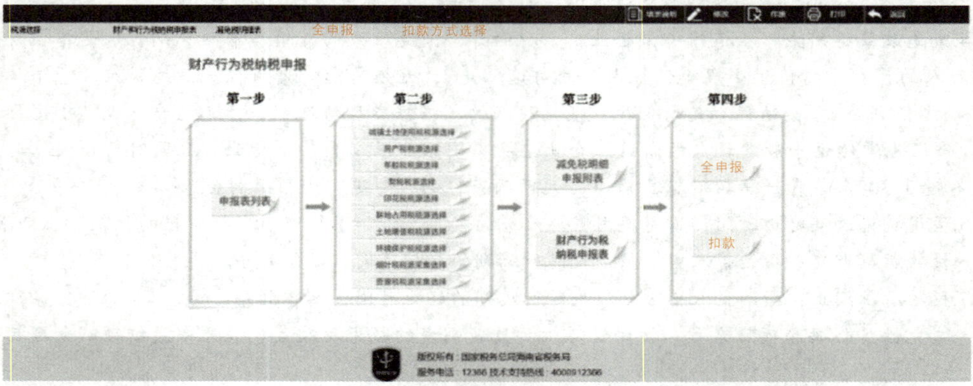

图5–2　主界面

（2）步骤2：选择对应的税源信息（若暂无对应的税源信息，请先进行税源采集）。核对信息无误后点击【提交】，如图5-3所示。

图5-3　选择税源信息

（3）步骤3：财产与行为税纳税申报表中系统将自动带出基本信息，核对信息无误后点击【提交】，如图5-4所示。

图5-4　财产与行为税纳税申报表

（4）步骤4：财产与行为税减免税明细申报表附表中系统将自动带出基本信息，核对信息无误后点击【提交】，如图5-5所示。

图5-5　财产与行为税减免税明细申报表附表

（5）步骤5：点击全申报，系统提示【全申报成功】，如图5-6所示。

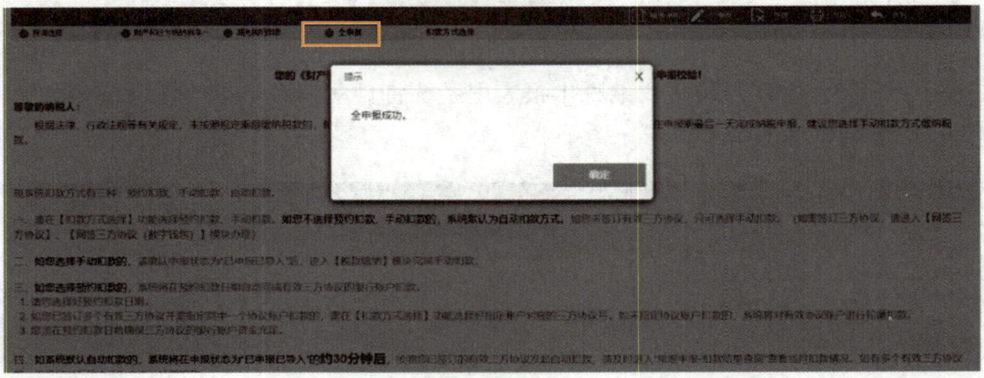

图5-6　全申报成功

项目六
城镇土地使用税核算与申报

学习目标

【知识目标】

- 了解征收城镇土地使用税的意义
- 了解城镇土地使用税的征收管理
- 熟悉城镇土地使用税的纳税义务人
- 熟悉城镇土地使用税的税收优惠
- 掌握城镇土地使用税的征税范围
- 掌握城镇土地使用税的计税依据
- 掌握城镇土地使用税的税率制度
- 掌握城镇土地使用税应纳税额的计算方法

【能力目标】

- 能够进行城镇土地使用税的计算
- 能够进行城镇土地使用税的会计处理
- 能够准确填制城镇土地使用税的纳税申报表

任务一　城镇土地使用税的征税对象、纳税人和税率

城镇土地使用税是以开征范围内的土地为征税对象，以实际占用的土地面积为计税依据，按规定税额对拥有土地使用权的单位和个人征收的一种税。

一、城镇土地使用税的征税对象

城镇土地使用税的征税范围为城市、县城、建制镇、工矿区范围内的土地。其中，城市是指经国务院批准设立的市，其征税范围包括市区和郊区；县城是指县人民政府所在地，其征税范围为县人民政府所在地的城镇；建制镇是指经省、自治区、直辖市人民政府批准设立的，符合国务院规定的镇建制标准的镇，其征税范围一般为镇人民政府所在地；工矿区是指工商业比较发达，人口比较集中，符合国务院规定的建制镇标准，但尚未设立建制镇的大中型工矿企业所在地，工矿区的设立必须经省、自治区、直辖市人民政府批准。

总结

城镇土地使用税征税范围及判断标准见表6-1。

表6-1　城镇土地使用税征税范围及判断标准

征税范围	判断标准
城市	经国务院批准设立的城市，城市的征税范围为市区和郊区
县城	县人民政府所在地，其征税范围为县人民政府所在地的城镇
建制镇	经省、自治区、直辖市人民政府批准设立的，符合国务院规定的镇建制标准的镇，其征税范围一般为镇人民政府所在地
工矿区	工商业比较发达，人口比较集中，符合国务院规定的建制镇标准，但尚未设立建制镇的大中型工矿企业所在地

由于城市、县城、建制镇和工矿区内的不同地方，其自然条件和经济繁荣程度各不相同，税法很难对全国城镇的具体征税范围作出统一规定，因此，国家税务总局在《关于土地使用税若干具体问题的解释和暂行规定》中确定“城市、县城、建制镇、工矿区的具体征税范围，由各省、自治区、直辖市人民政府划定。”

二、城镇土地使用税的纳税人

凡在城市、县城、建制镇、工矿区范围内使用土地的单位和个人，为城镇土地使用税的纳税义务人。单位包括国有企业、集体企业、私营企业、股份制企业、外商投资企业、外国企业以及其他企业和事业单位、社会团体、国家机关、军队以及其他单位。个人包括个体工商户及其他个人。由于在现实经济生活中，使用土地的情况十分复杂，为确保将城镇土地使用税及时、足额地征收入库，税法根据用地者的不同情况，对纳税人作了如下具体规定：

1. 城镇土地使用税由拥有土地使用权的单位或个人缴纳；
2. 土地使用权未确定或权属纠纷未解决的，由实际使用人纳税；
3. 土地使用权共有的，由共有各方分别纳税。

三、城镇土地使用税的适用税额

城镇土地使用税实行分级幅度定额税率。

按大、中、小城市和县城、建制镇、工矿区分别规定每平方米城镇土地使用税年应纳税额。

具体规定如下：

（1）大城市 1.5~30 元；

（2）中等城市 1.2~24 元；

（3）小城市 0.9~18 元；

（4）县城、建制镇、工矿区 0.6~12 元。

上述大、中、小城市以登记在册的非农业正式户口人数为依据，其中，市区及郊区非农业人口在50万人以上的，称为大城市；市区及郊区非农业人口在20万~50万人的，称为中等城市；市区及郊区非农业人口在20万人以下的，称为小城市。

城镇土地使用税税率详见表6-2。

表 6-2　城镇土地使用税税率

级别	人口（人）	每年每平方米税额（元）
大城市	50万以上	1.5~30
中等城市	20万~50万	1.2~24
小城市	20万以下	0.9~18
县城、建制镇、工矿区		0.6~12

根据《中华人民共和国城镇土地使用税暂行条例》的规定，各省、自治区、直辖市人民政府应当在法定税额幅度内，根据市政建设状况、经济繁荣程度等条件，确定所辖地区的适用税额幅度。

市、县人民政府应当根据实际情况，将本地区土地划分为若干等级，在省、自治区、直辖市人民政府确定的税额幅度内，制定适用税额标准，报省、自治区、直辖市人民政府批准执行。

经省、自治区、直辖市人民政府批准，经济落后地区的城镇土地使用税适用税额标准可以适当降低，但降低额不得超过规定的最低税额的30%。

经济发达地区城镇土地使用税的适用税额标准可以适当提高，但须报经财政部批准。

【思考】

某公司在市区、郊区均拥有土地，请判断该公司位于滨海大道16号的商铺、位于沙河街道的统一核算的分店、位于市郊沙金街道18号的仓库、位于布吉街道78号的该公司自办的幼儿园，是否征收城镇土地使用税。

任务二 城镇土地使用税应纳税额的计算

一、城镇土地使用税的计税依据

城镇土地使用税以纳税人实际占用的土地面积为计税依据。

纳税人实际占用的土地面积，以房地产管理部门核发的土地使用证书与确认的土地面积为准；尚未核发土地使用证书的，应由纳税人据实申报土地面积，据以纳税，待核发土地使用证以后再作调整。

二、城镇土地使用税应纳税额的计算

城镇土地使用税的应纳税额依据纳税人实际占用的土地面积和适用单位税额计算。计算公式如下：

全年应纳税额=实际占用的应税土地面积（平方米）×适用税额

土地使用权由几方共有的，由共有各方按照各自实际使用的土地面积占总面积的比例，分别计算缴纳城镇土地使用税。

【例 6-1】某企业拥有繁华地段、市区及市郊的土地使用权，因此每年均应按规定计缴城镇土地使用税。其不同办公地点适用不同的税率，具体信息如下：

（1）商铺占地适用税率为每年 15 元/米^2，面积为 460 平方米，该商铺所在写字楼的容积率为 2；

（2）分店占地适用税率为每年 9 元/米^2，面积为 2 800 平方米；

（3）仓库占地适用税率为每年 3 元/米^2，面积为 1 200 平方米；

（4）该公司自办幼儿园占地面积为 2 300 平方米。

请计算该公司全年应纳城镇土地使用税税额。

【解析】

（1）商铺占地应纳城镇土地使用税=460÷2×15=3 450（元）

（2）分店占地应纳城镇土地使用税=2 800×9=25 200（元）

（3）仓库占地应纳城镇土地使用税=1 200×3=3 600（元）

（4）该公司自办幼儿园因其用地能与其他用地明确区别，免征城镇土地使用税；

（5）该公司全年应纳城镇土地使用税=3 450+25 200+3 600=32 250（元）

【例 6-2】某市一商场坐落在该市繁华地段，企业土地使用证书记载占用土地的面积为 6 000 平方米，经确定属一等地段；该商场另设两个统一核算的分店，均坐落在市区三等地段，共占地 4 000 平方米；一座仓库位于市郊，属五等地段，占地面积为 1 000 平方米；另外，该商场自办托儿所占地面积 2 500 平方米，属三等地段。

请计算该商场全年应纳城镇土地使用税税额。（一等地段年税额为 4 元/平方米；三等地段年税额为 2 元/平方米；五等地段年税额为 1 元/平方米；当地规定托儿所占地免税）

【解析】

（1）商场占地应纳城镇土地使用税= 6 000 ×4 = 24 000（元）

（2）分店占地应纳城镇土地使用税=4 000 ×2 =8 000（元）

（3）仓库占地应纳城镇土地使用税= 1 000 ×1 = 1 000（元）

（4）商场自办托儿所按税法规定免税。

（5）全年应纳城镇土地使用税=24 000+ 8 000 +1 000 = 33 000（元）

任务三 城镇土地使用税的纳税申报

一、城镇土地使用税的纳税义务发生时间

（1）购置新建商品房，自房屋交付使用之次月起，缴纳城镇土地使用税。

（2）购置存量房，自办理房屋权属转移、变更登记手续，房地产权属登记机关签发房屋权属证书之次月起，缴纳城镇土地使用税。

（3）出租、出借房产，自交付出租、出借房产之次月起，缴纳城镇土地使用税。

（4）以出让或转让方式有偿取得土地使用权的，应由受让方从合同约定交付土地时间的次月起缴纳城镇土地使用税；合同未约定交付土地时间的，由受让方从合同签订的次月起缴纳城镇土地使用税。

（5）纳税人新征用的耕地，自批准征用之日起满1年时开始缴纳城镇土地使用税。纳税人新征用的非耕地，自批准征用次月起缴纳城镇土地使用税。通过招标、拍卖、挂牌方式取得的建设用地，不属于新征用的耕地；合同未约定交付土地时间的，从合同签订的次月起缴纳城镇土地使用税。

二、城镇土地使用税的纳税期限

城镇土地使用税按年计算，分期缴纳。

缴纳期限由省、自治区、直辖市人民政府确定。

各省、自治区、直辖市税务机关结合当地情况，一般分别确定按月、季、半年或1年等不同的期限缴纳。

三、城镇土地使用税的纳税申报

纳税人应依照当地税务机关规定的期限，填写“城镇土地使用税房产税纳税申报表”，将其占用土地的权属、位置、用途、面积和税务机关规定的其他内容，据实向当地税务机关办理纳税申报登记，并提供有关的证明文件资料。

纳税人新征用的土地，必须于批准新征用之日起30日内申报登记。

纳税人如有住址变更、土地使用权属转换等情况，从转移之日起，按规定期限办理申报变更登记。

四、城镇土地使用税的纳税地点

城镇土地使用税的纳税地点为土地所在地，由土地所在地的税务机关负责征收。

纳税人使用的土地不属于同一省、自治区、直辖市管辖范围内的，由纳税人分别向土地所在地的税务机关申报缴纳。

在同一省、自治区、直辖市管辖范围内，纳税人跨地区使用的土地，由各省、自治区、直辖市税务局确定纳税地点。

随堂测 6-1

1.（判断题）纳税人实际占用的土地面积，以房地产管理部门核发的土地使用证书与确认的土地面积为准。（　　）

2.（判断题）城镇土地使用税按月计算，分期缴纳。（　　）

3.（判断题）出租、出借房产，自交付出租、出借房产之次月起计征城镇土地使用税。（　　）

五、申报纳税

城镇土地使用税的主要报送方式有直接报送和网上申报，基本操作程序同资源税，进行“一表申报”。

项目七
土地增值税核算与申报

学习目标

【知识目标】

- 了解土地增值税的征税范围及其纳税人
- 掌握土地增值税的计算方式
- 熟悉土地增值税的税收征管原则

【能力目标】

- 能运用土地增值税的计算步骤计算土地增值税应纳税额
- 能填报土地增值税纳税申报表格，并进行纳税申报

任务一　土地增值税的征税范围、纳税人和税率

一、土地增值税的征税范围

（一）征税范围的一般规定

微课

土地增值税

土地增值税是以在我国境内有偿转让国有土地使用权、地上建筑物及其附着物所取得的增值额为课税对象而征收的一种税。

国家征收土地增值税的目的在于运用税收杠杆引导房地产经营方向，规范房地产市场交易秩序，调节土地增值收益，促进房地产市场健康发展。

土地增值税只对转让土地使用权的行为征税，对出让土地使用权的行为不征税。

土地增值税只对有偿转让的土地使用权和房产征税，对以继承、赠与等方式无偿转让的房地产不予征税。

【思考】

所有的房地产“赠与”行为都不征税吗？

【知识链接】

土地增值税法律制度上承认的赠与行为仅包括：

（1）房地产所有人将房屋产权、土地使用权赠与直系亲属或承担直接赡养义务人的行为；

（2）房地产所有人通过中国境内非营利的社会团体、国家机关将房屋产权、土地使用权赠与教育、民政和其他社会福利、公益事业的行为。

此外，其他个人或企业主体之间的无偿赠与行为仍需计算缴纳土地增值税。

（二）征税范围的其他规定

（1）房地产所有人将房地产用于出租、抵押，由于房地产权属并未发生转移，因此不属于土地增值税的征税范围；而对于抵押期满后以房地产抵债的行为，则视同房地产转让需要征收土地增值税。

（2）房地产交换属于土地增值税征税范围，需要就差额计算征收土地增值税。但个人之间互换自有居住用房地产，经当地税务机关核实，可免征土地增值税。

（3）对个人转让住房暂免征收土地增值税。

（4）对于一方出地，另一方出资金，双方合作建房，建成后按比例分房自用的，暂免征收土地增值税；建成后转让的，应征收土地增值税。

（5）房地产因重新评估而产生的评估增值：不属于土地增值税的征税范围。

（6）纳税人建造普通标准住宅（不包括高级公寓、别墅、度假村等）出售，增值额未超过扣除项目金额20%的，予以免税；超过20%的，应按全部增值额缴纳土地增值税。

（7）因国家建设需要依法征用、收回的房地产，免征土地增值税；因城市实施规划、国家建设的需要而搬迁，由纳税人自行转让原房地产的，免征土地增值税。

随堂测 7-1

（单选题）下列房地产交易行为中，应当计算缴纳土地增值税的是（　　）。

A.房地产公司出租高档住宅

B.县城居民之间互换自有居住用房屋

C.非营利的慈善组织将合作建造的房屋转让

D.房地产开发企业代客户进行房地产开发，开发完成后向客户收取代建收入

二、土地增值税的纳税人

土地增值税的纳税人为转让土地使用权、地上建筑物及其附着物并取得收入的单位和个人，即卖方或者转让方。

【知识链接】

土地使用权出让是指国家作为土地所有者通过有偿的方式向单位和个人提供土地使用权的行为。土地使用权转让，是指已取得土地使用权的使用者将土地使用权进行再转让的行为。

随堂测 7-2

（单选题）根据土地增值税法律制度的规定，下列各项中，属于土地增值税纳税人的是（　　）。

A.抵押商铺的甲公司

B.出让国有土地使用权的乙市人民政府

C.接受房屋捐赠的丙学校

D.转让办公楼的丁公司

三、土地增值税的税率

我国的土地增值税实行4级超率累进税率。

超率累进税率是将课税对象数额的相对率指标按高低划分为若干个等级，并为每个等级规定差别税率，相对率指标每超过一个级距的，对超过的应纳税额部分就按高一级的税率计算征税。

超率累进税率的原理和超额累进税率的原理相同，不同的是前者以征税对象的增长率为累进依据，后者则以征税对象的数额为累进依据。

土地增值税是我国唯一一个采用超率累进税率的税种。

土地增值税税率表见表7-1。

表 7-1　　土地增值税税率表

级数	增值额与扣除项目金额的比率	税率（%）	速算扣除系数（%）
1	不超过50%的部分	30	0
2	超过50%至100%的部分	40	5
3	超过100%至200%的部分	50	15
4	超过200%的部分	60	35

任务二　土地增值税的计税依据

土地增值税的课税对象是有偿转让国有土地使用权、地上建筑物及其附着物产权所取得的增值额，该增值额是转让房地产的收入减除税法规定的扣除项目金额后的余额。在计算土地增值税之前，首先需要确定转让房地产取得的收入额和相应的扣除项目。

一、应税收入的确定

纳税人转让房地产所得取得的收入是包括货币收入、实物收入和其他收入在内的全部价款及有关经济利益，不能从中扣除任何成本费。

需要注意的是，在2016年5月1日房地产项目“营改增”后，土地增值税的应税收入为不含增值税的收入额。

对于取得的实物收入，要按取得收入时的市场价格折算成货币收入。

对于取得的无形资产收入，要进行专门的评估，在确定其价值后折算成货币收入。

对于取得收入为外国货币的，要按照取得收入当天或者当月1日国家公布的市场汇率折算成人民币收入。

随堂测7-3

（单选题）2023年11月，某房地产开发公司销售自行开发的房地产20 000平方米，取得不含增值税的销售额60 000万元；又将5 000平方米的房地产用于抵债；将1 000平方米的房地产用于对外出租，并取得不含增值税的租金收入60万元。该房地产开发公司在计算土地增值税时的应税收入为（　　）万元。

A.60 000　　B.60 060　　C.75 000　　D.75 060

二、扣除项目及金额

在确定房地产转让的增值额时，允许从房地产转让收入额中减除国家规定的各项扣除金额，具体包括以下几项：

（一）取得土地使用权所支付的金额

取得土地使用权所支付的金额，是指纳税人为取得土地使用权所支付的地价款和取得土地使用权时按国家统一规定缴纳的有关费用和税金。

取得土地使用权所支付的地价款是纳税人以出让、转让等方式取得土地使用权时所支付的金额。

相关费用和税金主要指纳税人在取得土地使用权过程中为办理有关手续缴纳的登记、过户手续费；房地产开发企业为取得土地使用权所支付的契税也应计入该项目。

（二）房地产开发成本

房地产开发成本是指开发土地和新建房及配套设施实际发生的成本，包括土地征用及拆迁补偿费、前期工程费、建筑安装工程费、基础设施费、公共配套设施费和开发间接费用等。其中：

（1）土地征用及拆迁补偿费包括土地征用费、劳动力安置费及有关地上地下附着物拆迁补偿的净支出、安置动迁用房支出等，对原本为耕地的土地所支付的耕地占用税也包含在该项目中。

（2）前期工程费指规划、设计、地质、勘探、测绘等支出；建筑安装工程费指以出包或自营方式支付的建筑安装工程费。

（3）基础设施费，包括开发小区内的道路、供水、供电、供气、排污、照明、环卫等工程发生的支出；公共配套设施费，包括不能有偿转让的开发小区内公共配套设施发生的支出；开发间接费用，是指直接组织、管理开发项目所发生的费用。

随堂测 7-4

（单选题）根据土地增值税法律制度的规定，下列各项中，在计算土地增值税时，应计入房地产开发成本的有（　　）。

A. 契税　　B. 耕地占用税

C. 取得土地使用权所支付的地价款　　D. 土地征用及拆迁补偿费

（三）房地产开发费用

房地产开发费用，是指开发土地和新建房及配套设施所发生的费用，包括与房地产开发项目有关的销售费用、管理费用、财务费用。

在计算土地增值税时为了便于计算操作，上述费用不采用据实扣除的方法，而是按照《中华人民共和国土地增值税暂行条例实施细则》规定的下述标准进行扣除：

（1）财务费用中的利息支出，凡能够按转让房地产项目计算分摊并提供金融机构证明的，允许据实扣除，但最高不能超过按商业银行同类同期贷款利率计算的金额。其他房地产开发费用，在取得土地使用权所支付的金额和房地产开发成本之和的5%以内计算扣除。

房地产开发费用=允许扣除的利息+（取得土地使用权所支付的金额+房地产开发成本）×5%以内

（2）财务费用中的利息支出，凡不能按转让房地产项目计算分摊利息支出或不能提供金融机构证明的，房地产开发费用在取得土地使用权所支付的金额和房地产开发成本之和的10%以内计算扣除。

房地产开发费用=（取得土地使用权所支付的金额+房地产开发成本）×10%以内

【例 7-1】A公司开发一项房地产项目，取得土地使用权支付的金额为1 000万元，发生开发成本6 000万元，发生开发费用2 000万元，其中利息支出800万元无法提供金融机构贷款利息证明。已知，当地房地产开发费用的计算扣除比例为10%。请计算甲公司在缴纳土地增值税时可以扣除的房地产开发费用。

【解析】

由于该房地产公司的利息支出无法提供金融机构贷款利息证明，因此房地产开发费用=（取得土地使用权所支付的金额+房地产开发成本）×10%=（1 000+6 000）×10%=700（万元）。

注意：

房地产开发费用并不按照实际发生额扣除，而采用按照《中华人民共和国土地增值税暂行条例实施细则》规定的标准进行扣除，因此题目中的开发费用2 000万元及其利息支出800万元为干扰信息。

（四）与房地产转让有关的税金

与转让房地产有关的税金，是指在转让房地产时缴纳的印花税、城市维护建设税。

因转让房地产缴纳的教育费附加，也可以视同税金扣除。

《中华人民共和国土地增值税暂行条例》等规定的土地增值税扣除项目涉及的增值税进项税额，允许在销项税额中抵扣的，不计入扣除项目，不允许在销项税额中抵扣的，可以计入该扣除项目。

需要明确的是，房地产开发企业按照《施工、房地产开发企业财务制度》的有关规定，其缴纳的印花税已经列入管理费用，已在房地产开发费用中予以扣除，因此不在本项目中单独扣除；非房地产开发企业在转让房地产时缴纳的印花税则在该项目扣除。

随堂测 7-5

（单选题）房地产开发企业在转让新建房计算土地增值税时，可以作为与转让房地产有关的税金扣除的是（　　）。

A. 契税　　B. 可以抵扣的增值税

C. 印花税　　D. 城市维护建设税

（五）财政部确定的其他扣除项目

由于房地产开发项目周期较长，投资回收较慢，因此为了提振房地产开发商的投资信心，允许房地产开发商按其取得土地使用权时所支付的金额和房地产开发成本之和的20%加计扣除。

此项优惠只适用于从事房地产开发的纳税人的房地产开发项目，其他纳税人不适用该项优惠。

加计扣除=（取得土地使用权所支付的金额+房地产开发成本）×20%

三、旧房及建筑物转让的扣除项目

（一）能取得评估价的

纳税人转让旧房时能取得评估价的，应按房屋及建筑物的评估价格、取得土地使用权所支付的地价款和按国家统一规定交纳的有关费用以及在转让环节缴纳的税金作为扣除项目金额。

旧房及建筑物的评估价格是指由政府批准设立的房地产评估机构评定的重置成本价乘以成新度折扣率后的价格，评估价格须经当地税务机关确认。

可扣除项目具体包括：

1. 旧房及建筑物的评估价格（重置成本价×成新度折扣率）；

2. 取得土地使用权所支付的地价款和按国家统一规定交纳的有关费用；

3. 转让环节缴纳的税金，包括城市维护建设税及教育费附加、印花税、购房时缴纳的契税（须提供契税的完税凭证）。

随堂测 7-6

（单选题）甲公司于2012年购入一幢办公楼，当年支付价款共计8 000万元，2024年2月该公司将该办公楼转让，取得含税收入10 000万元。该办公楼经税务机关确认的重置成本价格为12 000万元，成新度折扣率为70%，则该办公楼的评估价格为（　　）万元。

A.10 000×70%=7 000

B.12 000×70%=8 400

C.8 000×70%=5 600

D.（12 000−8 000）×70%=2 800

（二）不能取得评估价的

纳税人在转让旧房及建筑物时不能取得评估价格，但能提供购房发票的，经当地税务部门确认，取得土地使用权所支付的金额、旧房及建筑物的评估价格，可按发票所载金额并从购买年度起至转让年度止每年加计5%计算扣除。

可扣除项目具体包括：

1.按发票所载金额并从购买年度起至转让年度止，每年加计5%计算的金额；

2.转让环节缴纳的税金，包括城市维护建设税、教育费附加、印花税、购房时缴纳的契税（须提供契税的完税凭证）。

任务三　土地增值税应纳税额的计算

土地增值税按照纳税人转让房地产所取得的增值额和规定的税率计算征收。计算的基本方法和步骤具体如下：

第一步：确定扣除项目金额。

第二步：计算增值额。

增值额=房地产转让收入−扣除项目金额

第三步：计算增值率。

增值率=增值额÷扣除项目金额×100%

第四步：根据增值率确定适用税率及速算扣除系数。

第五步：计算应纳税额。

应纳税额＝增值额×适用税率−扣除项目金额×速算扣除系数

随堂测 7-7

（单选题） A房地产公司为增值税一般纳税人，2024年4月销售自行开发的住宅项目，取得不含增值税转让收入10 000万元，准予从转让收入额中减除的扣除项目金额为6 000万元。已知，土地增值税适用税率为40%，速算扣除系数为5%。计算甲房地产公司销售该住宅项目应缴纳土地增值税税额的下列算式中，正确的是（　　）。

A.10 000×40%−6 000×5%=3700（万元）

B.（10 000−6 000）×40%×（1−5%）=1 520（万元）

C.（10 000−6 000）×40%−6 000×5%=1 300（万元）

D.（10 000−6 000）×（40%−5%）=1 400（万元）

【例 7-2】甲房地产公司为增值税一般纳税人，2024 年 3 月销售自行开发的住宅项目，取得不含增值税转让收入 10 000 万元。转让环节发生的可扣除的税金及附加合计 60 万元，为取得该住宅的土地使用权支付地价款和相关费用 3 000 万元，房地产开发成本为 1 000 万元，利息支出为 500 万元（能够按房地产项目计算分摊并提供金融机构证明）。

已知，该公司所在地省政府规定的其他房地产开发费用的计算扣除比例为 5%。

请问该公司应当缴纳的土地增值税为多少？

【解析】

计算步骤和扣除项目的确定如下：

（1）确定不含增值税的转让收入为 10 000 万元。

（2）确定扣除项目金额：

取得土地使用权所支付的金额为 3 000 万元。

房地产开发成本为 1 000 万元。

房地产开发费用=500+（3 000+1 000）×5%=700（万元）

与转让房地产有关的税金为 60 万元。

从事房地产开发的加计扣除=（3 000+1 000）×20%=800（万元）

转让房地产的扣除金额=3 000+1 000+700+60+800=5 560（万元）

（3）计算转让房地产的增值额=10 000−5 560=4 440（万元）

（4）计算增值率=4 440÷5 560×100%=79.86%

（5）根据土地增值税税率表，确定税率为 40%，速算扣除系数为 5%。

（6）应纳土地增值税=增值额×适用税率−扣除项目金额×速算扣除系数

=4 440×40%−5 560×5%=1 498（万元）

任务四　土地增值税的纳税申报

一、纳税义务发生时间及纳税期限

《中华人民共和国土地增值税暂行条例》规定，纳税人应自转让房地产合同签订之日起 7 日内，向房地产所在地的主管税务机关办理纳税申报，并在税务机关核定的期限内缴纳土地增值税。

纳税人采取预售房地产的方式取得收入的，税务机关可以预征土地增值税，待办理决算后，多退少补。

二、纳税地点

土地增值税的纳税地点为房地产所在地主管税务机关，纳税人需要在税务机关核定的期限内在相应地点缴纳土地增值税。

房地产所在地通常是指房地产的坐落地，若纳税人转让的房地产坐落在两个或两个以上地区的，应分别在房地产所在地申报纳税。

三、土地增值税清算管理

土地增值税清算，是指纳税人在符合土地增值税清算条件后，依照法律、法规及土地增值税有关政策规定，计算房地产开发项目应缴纳的土地增值税税额，办理土地增值税清算手续，结清该房地产项目应缴纳土地增值税税款的行为。

符合下列情形之一的，纳税人应当进行土地增值税清算：

（1）房地产开发项目全部竣工、完成销售的；

（2）整体转让未竣工决算房地产开发项目的；

（3）直接转让土地使用权的。

符合下列情形之一的，主管税务机关可要求纳税人进行土地增值税清算：

（1）已竣工验收的房地产开发项目，已转让的房地产建筑面积占整个项目可售建筑面积的比例在85%以上，或该比例虽未超过85%，但剩余的可售建筑面积已经出租或自用的；

（2）取得销售（预售）许可证满3年仍未销售完毕的；

（3）纳税人申请注销税务登记但未办理土地增值税清算手续的。

随堂测 7-8

（多选题）根据土地增值税法律制度的规定，下列各项中，属于纳税人应当进行土地增值税清算的情形的是（　　）。

A. 直接转让土地使用权的

B. 房地产开发项目全部竣工、完成销售的

C. 整体转让未竣工决算房地产开发项目的

D. 取得销售（预售）许可证满3年仍未销售完毕的

四、土地增值税纳税申报

土地增值税的主要报送方式有直接报送和网上申报，基本操作程序同资源税，进行“一表申报”。

项目八 房产税核算与申报

学习目标

【知识目标】

- 理解房产税的征税情形及其纳税人
- 掌握房产税从价计征和从租计征的计算方式
- 了解房产税的税收征管政策

【能力目标】

- 能运用房产税的计算公式对不同情形下的应纳税额进行计算
- 能填报房产税纳税申报表，并根据房产税税收征管流程对房产税进行申报纳税

任务一　房产税的征税范围、纳税人和税率

一、房产税的征税范围

房产税是以房屋为征税对象，向房屋产权所有人征收的一种财产税。

根据《中华人民共和国房产税暂行条例》（以下简称《房产税暂行条例》）规定，房产税仅在城市、县城、建制镇和工矿区征收，不涉及农村。城市是指经国务院批准设立的市，其征税范围为市区、郊区和市辖县县城；县城是指县人民政府所在地；建制镇是指经省、自治区、直辖市人民政府批准设立的建制镇；工矿区是指工商业比较发达、人口比较集中，但尚未设立镇建制的大中型工矿企业所在地。

微课 房产税

征收房产税的房产，是指有屋面和围护结构（有墙或两边有柱），能够遮风避雨，可供人们在其中生产、工作、学习、娱乐、居住或储藏物资的场所。独立于房屋之外的建筑物，如围墙、烟囱、水塔、变电塔、酒窖、菜窖、室外游泳池、玻璃暖房、砖瓦石灰窑等不属于房产。

房地产开发企业建造的商品房，在出售前不征收房产税，但对出售前房地产开发企业已使用或出租、出借的商品房应按规定征收房产税。

【思考】

为什么要征收房产税?

【知识链接】

现行房产税继承了过去城市房地产税的传统做法，其立法原则具体如下：

(1) 创造财政收入。房产税是个别财产税的一种，属于各级地方财政税收，税源较稳定，征收房产税可以为地方财政筹集一部分市政建设资金，缓解地方财力不足等问题。

(2) 调节贫富差距。房屋是法人和个人财产的代表形式之一，对于企业和个人经济型房屋征收房产税可以起到一定程度上缩小社会整体贫富差距的作用。

(3) 调控房屋市场。房产税的征收可以加强对房屋的管理，提高房屋的使用效益，同时房产税的征收也可以配合地方政策，调控房屋买卖市场，推动住房制度改革。

随堂测 8-1

1.（**单选题**）根据房产税法律制度的规定，下列各项中，属于房产税征税范围的是（　　）。

A. 独立于房屋之外的水塔　　B. 农村居民住宅

C. 市区的商业大楼　　D. 独立于房屋之外的游泳池

2.（**判断题**）房地产开发企业建造的商品房，在出售前已用于对外出租的不征收房产税。（　　）

二、房产税的纳税人

房产税的纳税人，是指在我国城市、县城、建制镇和工矿区内拥有房屋产权的单位和个人，具体包括：

(1) 产权属于国家所有的，其经营管理的单位为纳税人；产权属于集体和个人所有的，集体单位和个人为纳税人。

(2) 产权出典的，承典人为纳税人。

(3) 产权所有人、承典人均不在房产所在地的，房产代管人或者使用人为纳税人。

(4) 产权未确定以及租典纠纷未解决的，房产代管人或者使用人为纳税人。

(5) 纳税单位和个人无租使用房产管理部门、免税单位及纳税单位的房产，由使用人代为缴纳房产税。

【思考】

什么是房屋出典？它和房屋出租有什么不同？

【知识链接】

房屋出典是指房屋所有人将房屋在一定期限内出典给其他人使用，而取得资金的一种融资业务（典当也是出典的一种形式）。承典人为占有使用出典房屋的一方；出典人为出典房屋产权并取得资金的一方，由于在房屋出典期间，产权所有人（出典人）已无权支配房屋，因此，在此期间承典人一方为房产税纳税人。

而房屋出租，是指出租人（一般为房屋所有权人）将房屋出租给承租人居住或从事经营等活动，并由承租人向出租人支付租金的一种行为。在这种情形下，房屋产权和主要支配权仍属于出租人，因此，在此期间出租人一方为房产税纳税人。

随堂测 8-2

（多选题）下列关于房产税纳税人的表述中，符合法律制度规定的是（　　）。

A. 房屋出租的，承租人为纳税人

B. 房屋产权所有人不在房产所在地的，房产代管人或使用人为纳税人

C. 产权出典的，出典人为纳税人

D. 房屋产权未确定的，房产代管人或使用人为纳税人

三、房产税的税率

我国房产税采用比例税率，其计税依据分为两种：

（1）依据房产计税余值计税的，税率为1.2%。

（2）依据房产租金收入计税的，税率为12%。自2008年3月1日起，对个人出租住房，不区分实际用途，均按4%的税率征收房产税；自2021年10月1日起，对企事业单位、社会团体以及其他组织向个人、专业化规模化住房租赁企业出租住房的，减按4%的税率征收房产税。

任务二　房产税应纳税额的计算

按照纳税人对房产的使用情形不同，我国房产税计税办法分为按照房产余值计税和按照租金收入计税两种，以便对不同房屋的征税的分类管理。

一、从价计征

（一）计税依据

对纳税人经营自用的房屋，《房产税暂行条例》规定以房产的计税余值作为计税依据。计税余值，是指依照税法规定按房产原值一次减除10%～30%的损耗价值以后的余

额，具体扣除比例由当地省、自治区、直辖市人民政府确定。

房产的计税余值=应税房产原值×（1-扣除比例）

房产原值，是指纳税人按照会计制度规定，在账簿“固定资产”科目中记载的房屋原价，不需要扣除房屋的折旧额。

【知识链接】

（1）房产原值应包括与房屋不可分割的各种附属设备或一般不单独计算价值的配套设施（如暖气、卫生、通风、照明、煤气等设备；各种管线；电梯、升降机、过道、晒台等）。

（2）凡以房屋为载体，不可随意移动的附属设备和配套设施，如给排水、采暖、消防、中央空调、电气及智能化楼宇设备等，无论在会计核算中是否单独记账与核算，都应计入房产原值计征房产税。

纳税人对原有房屋进行改建、扩建的，要相应增加房屋的原值。对更换房屋附属设备和配套设施的，在将其价值计入房产原值时，可扣减原来相应设备和设施的价值；对附属设备和配套设施中易损坏、需要经常更换的零配件，更新后不再计入房产原值。

随堂测 8-3

（多选题） 下列关于房产税房产原值的说法中，正确的是（　　）。

A.计征房产税的房产原值包括电梯、升降梯的价值

B.计征房产税的房屋原值需要按年减除折旧额

C.对原有房屋进行改扩建的支出，需要计入相应的房屋原值

D.计征房产税的房屋原值不包括会计上单独核算的中央空调

（二）应纳税额的计算

从价计征的房屋房产税应纳税额为计税依据乘以1.2%的征收率，具体计算公式如下：

应纳税额=应税房产余值×适用税率

=房产原值×（1-扣除比例）×1.2%

随堂测 8-4

（单选题） 甲公司拥有一处原值为800 000元的房产，用于经营自用。已知，房产税税率为1.2%，当地规定的房产原值减除比例为30%。甲公司该房产年应缴纳的房产税税额为（　　）元。

A.9 600　　B.13 714.29　　C.6 720　　D.2 880

二、从租计征

（一）计税依据

纳税人将房屋用于出租的，房产税以不含增值税的租金收入为计税依据。房屋的租金收入是房屋产权所有人出租房屋使用权所取得的报酬，包括货币收入和实物收入。对以劳务或者其他形式作为报酬抵付租金的，应根据当地同类房屋的租金水平，确定租金标准。

在房产租赁时，租赁双方签订的租赁合同约定有免收租金期限的，免收租金期间由

产权所有人按照房产原值缴纳房产税。

（二）应纳税额的计算

从租计征的房屋房产税应纳税额为计税依据乘以12%或4%的税率，具体计算公式如下：

应纳税额=不含增值税的租金收入×适用税率

1.一般情况

应纳税额=不含增值税的租金收入×12%

2.个人出租住房，或企事业单位、社会团体以及其他组织向个人、专业化规模化住房租赁企业出租住房

应纳税额=不含增值税的租金收入×4%

随堂测 8-5

（单选题）2024年1月小周将自有住房出租，当月收取不含增值税租金7 000元，同时由于该住房还在按揭期限，当月小周需偿还个人住房贷款2 000元。已知，个人出租住房房产税税率为4%。计算小周当月应缴纳房产税税额的下列算式中，正确的是（　　）。

A.（7 000−2 000）×4%　　B. 7 000×4%

C.（7 000−2 000）×（1−20%）×4%　　D. 7 000×（1−20%）×4%

【例 8-1】A企业2023年年初拥有一栋房产，房产原值5 000万元，自2023年4月1日起对外出租，租期1年，每月不含增值税租金10万元。

已知，从价计征房产税税率为1.2%，从租计征房产税税率为12%，当地省政府规定计算房产余值的减除比例为30%。

请计算2023年A企业应缴纳的房产税。

【解析】

由于该房产自2023年4月起才开始对外出租，因此该房产2023年1—3月为A企业自用，适用从价计征的原则；4—12月这9个月为出租，适用从租计征原则。

因此，2023年A企业应当缴纳的房产税为：

应缴纳房产税=5 000×（1−30%）×1.2%×3÷12+10×9×12%=21.3（万元）。

三、其他规定

（一）联营投资

对投资联营的房产，在计征房产税时需要区分投资的具体情形：

（1）对以房产投资联营、投资者参与投资利润分红、共担风险的，被投资方视为投资房产的实际使用人，该房产由被投资方以房产余值作为计税依据计缴房产税。

（2）对以房产投资收取固定收入、不承担经营风险的，实际上是投资人以联营名义取得房屋租金。因此，该房产应当由投资方以出租方取得的不含增值税的租金收入为计税依据计缴房产税。

（二）融资租赁

融资租赁的房产，由承租人自融资租赁合同约定开始日的次月起依照房产余值缴纳房产税。合同未约定开始日的，由承租人自合同签订的次月起依照房产余值缴纳房产税。

四、房产税的税收优惠

（一）基本规定

（1）国家机关、人民团体、军队自用的房产免征房产税。

（2）由国家财政部门拨付事业经费（实行全额或差额预算管理）的单位（学校、医疗卫生单位、托儿所、幼儿园、敬老院以及文化、体育、艺术类单位）所有的、本身业务范围内使用的房产免征房产税。

（3）宗教寺庙、公园、名胜古迹自用的房产免征房产税。

（4）个人所有非营业用的房产免征房产税；对个人拥有的营业用房或者出租的房产，不属于免税房产，应照章征税。

（5）自2021年10月1日起，对企事业单位、社会团体以及其他组织向个人、专业化规模化住房租赁企业出租住房的，减按4%的税率征收房产税。

（二）特殊规定

（1）企业办的各类学校、医院、托儿所、幼儿园自用的房产，免征房产税。

（2）对非营利性医疗机构、疾病控制机构和妇幼保健机构等卫生机构自用的房产，免征房产税。

（3）老年服务机构自用的房产免征房产税。

（4）铁道部（现为中国国家铁路集团有限公司）所属铁路运输企业自用的房产，继续免征房产税。

（5）自2004年8月1日起，对军队空余房产租赁收入暂免征收房产税；此前已征税款不予退还，未征税款不再补征。

（6）自2001年1月1日起，对按政府规定价格出租的公有住房和廉租住房，包括企业和自收自支事业单位向职工出租的单位自有住房；房管部门向居民出租的公有住房；落实私房政策中带户发还产权并以政府规定租金标准向居民出租的私有住房等，暂免征收房产税。

（7）为继续支持公共租赁住房（公租房）建设和运营，对公租房免征房产税。

（8）对为高校学生提供住宿服务，按照国家规定的收费标准收取住宿费的高校学生公寓免征房产税。

（9）自2019年6月1日至2025年12月31日，为社区提供养老、托育、家政等服务的机构自有或其通过承租、无偿使用等方式取得并用于提供社区养老、托育、家政服务的房产，免征房产税。

（10）对房地产开发企业建造的商品房，在出售前不征收房产税。

（11）毁损不堪居住的房屋和危险房屋，在停止使用后，可免征房产税。

(12) 在基建工地为基建工地服务的各种工棚、材料棚、休息棚和办公室、食堂、茶炉房、汽车房等临时性房屋在施工期间，一律免征房产税；在工程结束后施工企业将这种临时性房屋交还或估价转让给基建单位的，应从基建单位接收次月起，照章纳税。

(13) 纳税人因房屋大修导致连续停用半年以上的，在房屋大修期间免征房产税。

(14) 对经营性文化事业单位由财政部门拨付事业经费的文化单位转制为企业，自转制注册之日起5年内对其自用房产免征房产税。2018年12月31日之前已完成转制的企业，自2019年1月1日起，对其自用房产可继续免征5年房产税。

(15) 自2023年1月1日至2027年12月31日，由省、自治区、直辖市人民政府根据本地区实际情况，以及宏观调控需要确定，对增值税小规模纳税人、小型微利企业和个体工商户可以在50%的税额幅度内减征房产税。

(16) 自2019年1月1日至2027年12月31日，对商品储备管理公司及其直属库自用的承担商品储备业务的房产免征房产税。

(17) 自2019年1月1日至2027年12月31日，对农产品批发市场、农贸市场（包括自有和承租）专门用于经营农产品的房产，暂免征收房产税。

(18) 为支持农村饮水安全工程（以下简称“饮水工程”）巩固提升，自2019年1月1日至2027年12月31日对饮水工程运营管理单位自用的生产、办公用房产，免征房产税。

(19) 自2019年1月1日至2027年供暖期结束，对向居民供热收取采暖费的供热企业，为居民供热所使用的厂房免征房产税；对供热企业其他厂房，应当按照规定征收房产税。对专业供热企业，按其向居民供热取得的采暖费收入占全部采暖费收入的比例，计算免征的房产税。自2019年1月1日至2021年12月31日，由省、自治区、直辖市人民政府根据本地区实际情况，以及宏观调控需要确定，对增值税小规模纳税人可以在50%的税额幅度内减征房产税。

随堂测 8-6

（多选题）根据房产税法律制度的规定，下列各项中不需要征收房产税的是（　　）。

A.房地产开发企业建造的未出售的商品房

B.农产品批发市场的行政办公楼

C.公园中自用的办公楼

D.公立高校的教学楼

任务三　房产税的纳税申报

一、纳税义务发生时间

(1) 纳税人将原有房产用于生产经营，从生产经营之月起，缴纳房产税。

（2）纳税人自行新建房屋用于生产经营，从建成之次月起，缴纳房产税。

（3）纳税人委托施工企业建设的房屋，从办理验收手续之次月起，缴纳房产税。

（4）纳税人购置新建商品房，自房屋交付使用之次月起，缴纳房产税。

（5）纳税人购置存量房，自办理房屋权属转移、变更登记手续，房地产权属登记机关签发房屋权属证书之次月起，缴纳房产税。

（6）纳税人出租、出借房产，自交付出租、出借房产之次月起，缴纳房产税。

（7）房地产开发企业自用、出租、出借本企业建造的商品房，自房屋使用或交付之次月起，缴纳房产税。

（8）纳税人因房产的实物或权利状态发生变化而依法终止房产税纳税义务的，其应纳税款的计算截止到房产的实物或权利状态发生变化的当月末。

二、纳税期限

房产税实行按年计算、分期缴纳的征收方法，具体纳税期限由省、自治区、直辖市人民政府确定。

三、纳税地点

房产税在房产所在地缴纳；房产不在同一地方的纳税人，应按房产的坐落地点分别向房产所在地的税务机关申报纳税。

随堂测 8-7

1.（**判断题**）甲公司自行新建房屋用于生产经营，应当自房屋建成之月起，缴纳房产税。（　　）

2.（**判断题**）居住在A市的小李将位于B市的一处自有住房对外出租，小李应向A市税务机关申报缴纳该处住房的房产税。（　　）

四、房产税纳税申报

房产税的主要报送方式有直接报送和网上申报，基本操作程序同资源税，进行“一表申报”。

项目九 契税核算与申报

学习目标

【知识目标】

- 了解契税的征税范围及其纳税人
- 掌握契税和土地增值税的异同
- 熟悉契税的税收征管政策及税收优惠情况

【能力目标】

- 能结合契税的计算方式进行契税应纳税额的计算
- 能厘清契税的申报流程并进行纳税申报

任务一　契税的征税范围、纳税人和税率

一、契税的征税范围

契税是以在中华人民共和国境内转移土地、房屋权属为征税对象，向承受权属的单位和个人征收的一种财产税。

【思考】

为什么要征收契税？

【知识链接】

契税是一个古老的税种，最早起源于东晋时期的“估税”，中华人民共和国成立以

后颁布的第一个税收法规也是《契税暂行条例》。

征收契税的作用具体如下：

（1）增加地方财政收入。

契税对土地和房屋转移价值征税，随着我国房地产的交易日益频繁，契税的税源较为充足，它可以弥补其他财产税的不足，为地方政府增加财政收入。

（2）保护房屋土地产权。

不动产所有权和使用权的转移涉及双方的利益，容易出现产权纠纷。

契税通过向产权承受人征收税款的方式确定产权关系，维护公民的合法权益。

（3）缩小社会贫富差距。

房屋和土地是法人和个人财产的代表形式之一，在房地产交易环节向财产取得者征税可以适当缩小社会贫富差距。

（一）一般范围

《中华人民共和国契税法》（以下简称《契税法》）所称转移土地、房屋权属，具体是指下列行为：

1.土地使用权出让。

土地使用权出让，是指国家将土地使用权在一定年限内让渡给土地使用者，并由土地使用者向国家支付出让金的行为。

2.土地使用权转让。

土地使用权转让包括通过出售、赠与、互换等方式将土地转移给其他单位和个人的行为，但不包括土地承包经营权和土地经营权的转移。

3.房屋所有权转让。

房屋所有权转让，是指通过买卖、赠与、互换等方式将房屋产权转移给其他单位和个人的行为。

（二）其他情况

1.因共有不动产份额发生变化，或不动产共有人增加或者减少的属于土地、房屋产权转移，承受方应当缴纳契税。

2.因人民法院、仲裁委员会的生效法律文书或者监察机关出具的监察文书等因素发生土地、房屋权属转移的，承受方应当依法缴纳契税。

3.以作价投资（入股）、偿还债务、划转、奖励等方式转移土地、房屋权属的，应当依照《契税法》规定征收契税。

4.法定继承人（包括配偶、子女、父母、兄弟、姐妹、祖父母、外祖父母）继承土地、房屋产权的，免征契税；非法定继承人根据遗嘱继承土地、房屋权属，属于赠与行为，应征收契税。

5.土地、房屋典当、分拆（分割）、抵押以及出租等行为，不属于契税的征税范围。

随堂测 9-1

（多选题） 下列行为中，属于契税征税范围的有（　　）。

A.将自用房屋出租给他人　　　　B.为拆房取料而购买房屋

C.以抵债方式取得房屋产权　　　　D.以获奖方式取得房屋产权

（三）税收优惠

有下列情形之一的，免征契税：

（1）国家机关、事业单位、社会团体、军事单位承受土地、房屋权属用于办公、教学、医疗、科研、军事设施；

（2）非营利性的学校、医疗机构、社会福利机构承受土地、房屋权属用于办公、教学、医疗、科研、养老、救助；

（3）承受荒山、荒地、荒滩土地使用权用于农、林、牧、渔业生产；

（4）婚姻关系存续期间夫妻之间变更土地、房屋权属；

（5）法定继承人通过继承承受土地、房屋权属；

（6）依照法律规定应当予以免税的外国驻华使馆、领事馆和国际组织驻华代表机构承受土地、房屋权属。

根据国民经济和社会发展的需要，国务院对居民住房需求保障、企业改制重组、灾后重建等情形可以规定免征或者减征契税，报全国人民代表大会常务委员会备案。

有下列情形之一的，省、自治区、直辖市可以决定免征或者减征契税：

（1）因土地、房屋被县级以上人民政府征收、征用，重新承受土地、房屋权属；

（2）因不可抗力灭失住房，重新承受住房权属。

经批准减征、免征契税的纳税人，改变有关土地、房屋的用途，或者有其他不再属于减征、免征契税情形的，应当补缴已经减征、免征的税款。

随堂测 9-2

（判断题）婚姻关系存续期间夫妻之间变更房屋权属的，免征契税。（　）

二、契税的纳税人

在我国境内转移土地、房屋权属，承受的单位和个人为契税的纳税人。

承受，是指以受让、购买、受赠、互换等方式取得土地、房屋权属的行为。

总结

与房产相关的税种纳税人对比见表9-1。

表9-1　与房产相关的税种纳税人对比

税种	纳税人
城镇土地使用税	土地使用权的所有者（权属未发生转移）
房产税	房屋产权所有人（权属未发生转移）
土地增值税	产权转让方（权属发生转移）
契税	产权承受方（权属发生转移）

随堂测 9-3

1.（多选题）根据契税法律制度的规定，下列各项中，属于契税纳税人的是（　　）。

A.转让厂房产权的企业　　B.继承父亲车辆的子女

C.接受房屋产权赠与的个人　　D.购买土地使用权的企业

2.（单选题）单位和个人发生下列行为，应缴纳契税的是（　　）。

A.转让动产所有权　　B.转让不动产所有权

C.承受不动产所有权　　D.赠与不动产所有权

三、契税的税率

我国契税实行有地区差异的幅度比例税率，税率幅度为3%~5%。

契税的具体适用税率，由省、自治区、直辖市人民政府在规定的税率幅度内提出，报同级人民代表大会常务委员会决定，并报全国人民代表大会常务委员会和国务院备案。

省、自治区、直辖市可以依照规定对不同主体、不同地区、不同类型的住房的权属转移确定差别税率。

任务二　契税应纳税额的计算

一、计税公式

契税应纳税额的计算公式为：

应纳税额=计税依据×税率

二、计税依据

（一）一般情况

契税的计税依据为不含增值税的成交价，具体金额按照土地、房屋交易的不同情况确定：

（1）土地使用权出让、出售，或房屋买卖行为所产生契税的计税依据，为土地、房屋权属转移合同确定的成交价格。土地使用权出让成交价包括土地出让金、土地补偿费、安置补助费、地上附着物和青苗补偿费、征收补偿费、城市基础设施配套费、实物配建房屋等应交付的货币以及实物、其他经济利益对应的价款。

（2）土地使用权及所附建筑物、构筑物等（包括在建的房屋、其他建筑物、构筑物和其他附着物）转让的，契税计税依据为承受方应付的总价款。

（3）房屋附属设施（包括停车位、机动车库、非机动车库、顶层阁楼、储藏室及其他房屋附属设施）与房屋为同一不动产单元的，计税依据为承受方应交付的总价款，并适用与房屋相同的税率；房屋附属设施与房屋为不同不动产单元的，计税依据为转移合同确定的成交价格，并按当地确定的适用税率计税。

（4）承受已装修房屋的，应将包括装修费用在内的费用计入承受方应交付的总价款。

（5）以作价投资（入股）、偿还债务等应交付经济利益的方式转移土地、房屋权属的，参照土地使用权出让、出售或房屋买卖确定契税适用税率、计税依据等。

随堂测 9-4

（单选题） 甲公司于2024年3月向乙公司购买一处厂房，合同注明的土地使用权价款为3 000万元（不含增值税），厂房及地上附着物价款为1 000万元（不含增值税）。已知，当地规定的契税税率为3%。甲公司应缴纳的契税税额为（　　）万元。

A.30　　B.90　　C.60　　D.120

【例 9-1】某房地产开发公司取得一宗土地使用权，支付土地出让金9 000万元、土地补偿费2 500万元、安置补助费2 000万元、市政建设配套费2 000万元，以上金额皆为不含增值税的价格。已知当地适用契税税率为4%。

计算该房地产开发公司取得该宗土地使用权应缴纳的契税。

【解析】

土地使用权转让的，其契税计税价格为成交价格。成交价格包括土地出让金、土地补偿费、安置补助费、地上附着物和青苗补偿费、拆迁补偿费和市政建设配套费等。

该公司取得该宗土地应缴纳契税=（9 000+2 500+2 000+2 000）×4% = 620（万元）

（二）其他情况

（1）土地使用权互换、房屋互换的，以其差额（不含增值税）为计税依据，由支付差额的一方缴纳契税。互换价格相等的，互换双方契税计税依据为零。这种情形中的互换，是指以房换房、以地换地、房地互换，如果是以房（地）抵债、以房（地）换货，应视同房屋、房屋买卖，应全额缴纳契税。

（2）通过土地使用权赠与、房屋赠与以及其他没有价格的方式（如划转、奖励等）转移土地、房屋权属的，其契税的计税依据为税务机关参照土地使用权出售、房屋买卖的市场价格（不含增值税）依法核定的价格；对纳税人申报的成交价格、互换价格差额明显偏低且无正当理由的，也由税务机关依法核定计税价格。

（3）以划拨方式取得的土地使用权，经批准改为出让方式重新取得该土地使用权的，应由该土地使用权人以补缴的土地出让价款为计税依据缴纳契税；先以划拨方式取得土地使用权，后经批准转让房地产，划拨土地性质改为出让的，承受方应分别以补缴的土地出让价款和房地产权属转移合同确定的成交价格为计税依据缴纳契税；先以划拨方式取得土地使用权，后经批准转让房地产，划拨土地性质未发生改变的，承受方应以房地产权属转移合同确定的成交价格为计税依据缴纳契税。

随堂测9-5

（单选题）甲公司拥有一个价值3 000万元的厂房，乙公司拥有一个价值2 600万元的厂房，双方交换厂房，由乙公司补差价400万元给甲公司。已知，本题涉及的价值、价格均不含增值税，当地契税的税率为3%，下列各项中，正确的是（　　）。

A. 甲公司应缴纳契税90万元　　B. 乙公司应缴纳契税12万元

C. 甲公司应缴纳契税12万元　　D. 乙公司应缴纳契税78万元

任务三　契税的纳税申报

一、纳税义务发生时间

契税的纳税义务发生时间，为纳税人签订土地、房屋权属转移合同的当日，或者纳税人取得其他具有土地、房屋权属转移合同性质凭证的当日。

（1）因人民法院、仲裁委员会的生效法律文书或者监察机关出具的监察文书等发生土地、房屋权属转移的，纳税义务发生时间为法律文书等生效当日。

（2）因改变土地、房屋用途等情形应当缴纳已经减征、免征契税的，纳税义务发生时间为改变有关土地、房屋用途等情形的当日。

（3）因改变土地性质、容积率等土地使用条件需补缴土地出让价款，应当缴纳契税的，纳税义务发生时间为改变土地使用条件当日。

二、纳税期限

纳税人应当在依法办理土地、房屋权属登记手续前申报缴纳契税。发生法定情形，按规定不再需要办理土地、房屋权属登记的，纳税人应自纳税义务发生之日起90日内申报纳税。

三、纳税地点

契税由土地、房屋所在地的税务机关依法征收管理。

四、退税

在依法办理土地、房屋权属登记前，权属转移合同、权属转移合同性质凭证不生效、无效、被撤销或者被解除的，纳税人可以向税务机关申请退还已缴纳的税款，税务机关应当依法办理。具体情形如下：

（1）因人民法院判决或者仲裁委员会裁决导致土地、房屋权属转移行为无效、被撤销或者被解除，且土地、房屋权属变更至原权利人的；

（2）在出让土地使用权交付时，因容积率调整或实际交付面积小于合同约定面积需退还土地出让价款的；

（3）在新建商品房交付时，因实际交付面积小于合同约定面积需返还房价款的。

随堂测 9-6

（单选题）下列说法中，符合契税纳税义务发生时间规定的是（　　）。

A.纳税人接收土地、房屋的当天

B.纳税人支付土地、房屋款项的当天

C.纳税人签订土地、房屋权属转移合同的当天

D.纳税人办理土地、房屋权属证书的当天

五、契税纳税申报

契税的主要报送方式有直接报送和网上申报，基本操作程序同资源税，进行“一表申报”。

项目十
车船税核算与申报

学习目标

【知识目标】

- 熟悉车船税的征税范围、纳税人和适用税额
- 掌握车船税应纳税额的计算
- 熟悉车船税的纳税申报

【能力目标】

- 能够进行车船税税额的计算
- 能够进行车船税的纳税申报

任务一　车船税的征税范围、纳税人和适用税额

一、车船税的征税范围

车船税的征税范围是指在中华人民共和国境内属于《中华人民共和国车船税法》（以下简称《车船税法》）所附“车船税税目税额表”规定的车辆、船舶。车辆、船舶是指：

（1）依法应当在车船登记管理部门登记的机动车辆和船舶；

（2）依法不需要在车船登记管理部门登记、在单位内部场所行驶或者作业的机动车辆和船舶。

【思考】非机动车辆为什么不征收车船税？

【知识拓展】

①法定减免：捕捞、养殖渔船，车队、武警部队专用车船，警用车船，悬挂应急救援专用号牌的国家综合性消防救援车辆和国家综合性消防救援专用车船，按照法律规定应予以免税的外国驻华使领馆、国际组织驻华代表机构及其有关人员的车船等免征车船税。

②特定减免：经批准临时入境的外国车船和香港特别行政区、澳门特别行政区、台湾地区车船不征收车船税。

③节能、新能源车船减免：对节能汽车，减半征收车船税；对新能源车船，免征车船税。减征或者免征车船税的节能、新能源车船必须符合国家相关标准。

二、车船税的纳税人

车船税的纳税人，是指在中华人民共和国境内属于《车船税法》所附“车船税税目税额表”规定的车辆、船舶的所有人或管理人。

管理人是指对车船具有管理权或使用权，不具有所有权的单位和个人。

从事机动车第三者责任强制保险业务的保险机构为机动车车船税的扣缴义务人，应当在收取保险费时依法代收车船税，并出具代收税款凭证。

三、车船税的适用税额

我国车船税采用定额幅度税额，即对征税的车船规定单位上下限税额标准，车辆的具体适用税额由省、自治区、直辖市人民政府依照“车船税税目税额表”规定的税额幅度和国务院的规定确定，船舶的具体适用税额由国务院在“车船税税目税额表”规定的税额幅度内确定。车船税税目税额表见表10-1。

表10-1　车船税税目税额表

税目		计税单位	年基准税额	备注
乘用车[按发动机气缸容量（排气量）分档]	1.0升（含）以下的	每辆	60~360元	核定载客人数9人（含）以下
	1.0升以上至1.6升（含）的		300~540元	
	1.6升以上至2.0升（含）的		360~660元	
	2.0升以上至2.5升（含）的		660~1 200元	
	2.5升以上至3.0升（含）的		1 200~2 400元	
	3.0升以上至4.0升（含）的		2 400~3 600元	
	4.0升以上的		3 600~5 400元	
商用车	客车	每辆	480~1 440元	核定载客人数9人以上，包括电车
	货车	整备质量每吨	16~120元	包括半挂牵引车、三轮汽车和低速载货汽车等
挂车		整备质量每吨	按照货车税额的50%计算	
其他车辆	专用作业车	整备质量每吨	16~120元	不包括拖拉机
	轮式专用机械车		16~120元	
摩托车		每辆	36~180元	
船舶	机动船舶	净吨位每吨	3~6元	拖船、非机动驳船分别按照机动船舶税额的50%计算
	游艇	艇身长度每米	600~2000元	

注：

1.车船税计税单位包括“每辆”“整备质量每吨”“净吨位每吨”“艇身长度每米”。

2.拖船按照发动机功率每1千瓦折合净吨位0.67吨计算征收车船税。

3.《车船税法》及其实施条例涉及的整备质量、净吨位、艇身长度等计税单位，有尾数的一律按照含尾数的计税单位据实计算车船税应纳税额。计算得出的应纳税额小数点后超过两位的可四舍五入保留两位小数。

4.《车船税法》及其实施条例所涉及的排气量、整备质量、核定载客人数、净吨位、千瓦、艇身长度，以车船管理部门核发的车船登记证书或者行驶证相应项目所载数据为准。

随堂测 10-1

1.（**多选题**）下列应税车辆中，以“整备质量每吨”作为车船税计税单位的有（　　）。

A.商用客车　　　　B.商用货车

C.挂车　　　　D.摩托车

2.（**单选题**）下列关于车船税计税单位的表述中，正确的是（　　）。

A.游艇按照“净吨位每吨”作为计税单位

B.摩托车按照“排气量”作为计税单位

C.专用作业车按照“整备质量每吨”作为计税单位

D.商用货车按照“每辆”作为计税单位

任务二　车船税应纳税额的计算

一、购置新车船的税额计算

购置的新车船，购置当年的应纳税额自纳税义务发生的当月起按月计算。计算公式为：

应纳税额=（年应纳税额÷12）×应纳税月份数

【例 10-1】某运输企业2024年年初拥有小轿车5辆，2024年3月外购货车12辆（整备质量为10吨/辆）并于当月办理登记手续。假设小轿车年税额为每辆500元，货车年税额为整备质量每吨50元，请计算该运输企业2024年应纳车船税。

【解析】

小轿车应纳税额=5×500=2 500（元）

货车应纳税额=12×10×50÷12×10=5 000（元）

全年应纳车船税额=2 500+5 000=7 500（元）

二、被盗抢车船的税额计算

在一个纳税年度内，已完税的车船被盗抢、报废、灭失的，纳税人可以凭有关管理机关出具的证明和完税证明，向纳税所在地的主管税务机关申请退还自盗抢、报废、灭失月份起至该纳税年度终了期间的税款。

已办理退税的被盗抢车船，失而复得的，纳税人应当从公安机关出具相关证明的当月起计算缴纳车船税。

随堂测 10-2

（单选题）某公司2024年2月1日购入一辆商用货车，当月办理机动车辆权属证书，并办理车船税完税手续。此车整备质量为10吨，每吨年税额96元。该车于6月1日被盗，经公安机关确认后，该公司递向税务局申请退税，但在办理退税手续后，此车又于9月1日被追回并取得公安机关证明。则该公司就该车2024年实际应缴纳的车船税为（　　）元。

A.240　　B.480　　C.640　　D.880

任务三　车船税的纳税申报

一、纳税期限

车船税纳税义务发生时间为取得车船所有权或管理权的当月，即购买车船的发票或其他证明文件所载日期的当月。

对于在国内购买的机动车，购买日期以机动车销售统一发票所载日期为准；对于进口机动车，购买日期以海关关税专用缴款书所载日期为准；对于购买的船舶，以购买船舶的发票或者其他证明文件所载日期的当月为准。

二、纳税地点

车船税的纳税地点为车船的登记地或者车船税扣缴义务人所在地。

依法不需要办理登记的车船，车船税的纳税地点为车船的所有人或管理人所在地。

三、申报缴纳

车船税主要报送方式有直接报送和网上申报，基本操作程序同资源税，进行“一表申报”。按年申报，分月计算，一次性缴纳。

车船税按年申报缴纳，纳税年度为公历1月1日至12月31日。

具体申报纳税期限由省、自治区、直辖市人民政府规定。

随堂测 10-3

（多选题）下列关于车船税纳税申报的说法中，正确的有（　　）。

A.车船税按年申报，分月缴纳，纳税年度为公历1月1日至12月31日

B.依法不需要办理登记的车船，车船税的纳税地点为车船所有人或管理人所在地

C.车船税的纳税地点为车船的登记地或者车船税扣缴义务人所在地

D.购买的船舶，纳税义务发生时间为购买发票或其他证明文件所载日期的次月

项目十一 印花税核算与申报

学习目标

【知识目标】

- 熟悉印花税的征税范围、纳税人和税率
- 掌握印花税应纳税额的计算
- 熟悉印花税的纳税申报

【能力目标】

- 能够进行印花税税额的计算
- 能够进行印花税的纳税申报

任务一　印花税的征税范围、纳税人和税率

一、印花税的征税范围

印花税的征税范围包括应税凭证和证券交易。

所称应税凭证，是指《中华人民共和国印花税法》（简称《印花税法》）所附“印花税税目税率表”列明的合同、产权转移书据和营业账簿。

具体征税范围包括以下 4 大类：

（一）书面合同

印花税税目中的书面合同包括借款合同、融资租赁合同、买卖合同、承揽合同、建

设工程合同、运输合同、技术合同、租赁合同、保管合同、仓储合同、财产保险合同等。

（二）产权转移书据

产权转移书据是在产权的买卖、交换、分割等产权主体变更过程中，由产权出让人与受让人之间所订立的民事法律文书，包括土地使用权出让书据、土地使用权和房屋等建筑物及构筑物所有权转让书据、股权转让书据、商标使用权、著作权、专利权和专有技术使用权转让书据等。

（三）营业账簿

营业账簿是指单位和个人从事生产经营活动所设立的财务会计核算账簿（资金账簿）。

（四）证券交易

证券交易是指转让在依法设立的证券交易所、国务院批准的其他全国性证券交易场所交易的股票和以股票为基础的存托凭证。

随堂测 11-1

（多选题）下列书面合同中，应征收印花税的有（　　）。

A.借款合同　　　　B.技术合同

C.仓储合同　　　　D.建设工程合同

二、印花税的纳税人

在中华人民共和国境内书立应税凭证、进行证券交易的单位和个人，为印花税的纳税人，应当依照《印花税法》规定缴纳印花税。

印花税的纳税人具体包括立合同人、立据人、立账簿人、证券交易人和使用人。

立合同人指的是对应税合同负有直接权利义务关系的单位和个人，不包括担保人、证人和鉴定人。

立据人指的是对产权转移书据负有直接权利义务关系的单位和个人。

立账簿人指的是设立并使用营业账簿的单位和个人。

证券交易人指的是证券的出让方，不包括证券的受让方。

使用人指的是在我国境外书立但在境内使用应税凭证的单位和个人。

随堂测 11-2

（单选题）甲公司将货物卖给乙公司，双方订立了买卖合同。丙公司设立并使用营业账簿。丁公司在上海证券交易所集中交易挂牌卖出股票。以上为印花税纳税人的是（　　）。

A.甲公司　　　　B.甲公司、乙公司

C.甲公司、乙公司、丙公司　　　　D.甲公司、乙公司、丙公司、丁公司

三、印花税的税率

印花税税率根据“印花税税目税率表”执行，见表11-1。

表 11-1　印花税税目税率表

税目		税率	备注
书面合同	借款合同	借款金额的0.5‱	指银行业金融机构、经国务院银行业监督管理机构批准设立的其他金融机构与借款人（不包括同业拆借）的借款合同
	融资租赁合同	租金的0.5‱	
	买卖合同	价款的3‱	指动产买卖合同（不包括个人书立的动产买卖合同）
	承揽合同	报酬的3‱	
	建设工程合同	价款的3‱	
	运输合同	运输费用的3‱	指货运合同和多式联运合同（不包括管道运输合同）
	技术合同	价款、报酬或使用费的3‱	不包括专利权、专有技术使用权转让书据
	租赁合同	租金的1‰	
	保管合同	保管费的1‰	
	仓储合同	仓储费的1‰	
	财产保险合同	保险费的1‰	不包括再保险合同
产权转移书据	土地使用权出让书据	价款的5‱	转让包括买卖（出售）、继承、赠与、互换、分割
	土地使用权、房屋等建筑物和构筑物所有权转让书据（不包括土地承包经营权和土地经营权转移）	价款的5‱	
	股权转让书据（不包括应缴纳证券交易印花税的）	价款的5‱	
	商标专用权、著作权、专利权、专有技术使用权转让书据	价款的3‱	
营业账簿		实收资本（股本）、资本公积合计金额的2.5‱	
证券交易		成交金额的1‰	

任务二 印花税应纳税额的计算

一、印花税应纳税额的计算方法

应纳税额=计税金额×适用税率

二、印花税计税依据的一般规定

（1）应税合同的计税依据，为合同所列的金额，不包括列明的增值税税款。

（2）应税产权转移书据的计税依据，为产权转移书据所列的金额，不包括列明的增值税税款。

（3）应税营业账簿的计税依据，为账簿记载的实收资本（股本）、资本公积合计金额。

（4）证券交易的计税依据，为成交金额。

三、计算印花税应纳税额应当注意的问题

应税合同、产权转移书据未列明金额的，印花税的计税依据按照实际结算的金额确定。

计税依据按照前款规定仍不能确定的，按照书立合同、产权转移书据时的市场价格确定；依法应当执行政府定价或者政府指导价的，按照国家有关规定确定。

证券交易无转让价格的，按照办理过户登记手续时该证券前一个交易日收盘价计算确定计税依据；无收盘价的，按照证券面值计算确定计税依据。

同一应税凭证载有两个以上税目事项并分别列明金额的，按照各自适用的税目税率分别计算应纳税额；未分别列明金额的，从高适用税率。

同一应税凭证由两方以上当事人书立的，按照各自涉及的金额分别计算应纳税额。

已缴纳印花税的营业账簿，以后年度记载的实收资本（股本）、资本公积合计金额比已缴纳印花税的实收资本（股本）、资本公积合计金额增加的，按照增加部分计算应纳税额。

【例 11-1】A企业为增值税一般纳税人，2024年6月与B企业订立产品买卖合同1份，合同所载金额为150万元；与C企业订立融资租赁合同1份，合同所载金额为100万元。请计算A企业2024年6月应纳印花税。（注：合同所载金额均不含增值税）

【解析】

（1）A企业订立产品买卖合同应纳印花税=1 500 000×3‰=450（元）

（2）A企业订立融资租赁合同应纳印花税=1 000 000×0.5‰=50（元）

2024年6月A企业应纳印花税=450+50=500（元）

任务三　印花税的纳税申报

一、纳税期限

印花税的纳税义务发生时间为纳税人书立应税凭证或者完成证券交易的当日。

二、纳税地点

纳税人为单位的，应当向其机构所在地的主管税务机关申报缴纳印花税；纳税人为个人的，应当向应税凭证书立地或者纳税人居住地的主管税务机关申报缴纳印花税。

不动产产权发生转移的，纳税人应当向不动产所在地的主管税务机关申报缴纳印花税。

纳税人为境外单位或者个人，在境内有代理人的，以其境内代理人为扣缴义务人；在境内没有代理人的，由纳税人自行申报缴纳印花税，具体办法由国务院税务主管部门规定。

证券登记结算机构为证券交易印花税的扣缴义务人，应当向其机构所在地的主管税务机关申报解缴税款以及银行结算的利息。

三、申报缴纳

印花税主要报送方式有直接报送和网上申报，基本操作程序同资源税，进行“一表申报”。按季、按年或者按次计征。

实行按季、按年计征的，纳税人应当自季度、年度终了之日起15日内申报缴纳税款；实行按次计征的，纳税人应当自纳税义务发生之日起15日内申报缴纳税款。

证券交易印花税按周解缴。证券交易印花税扣缴义务人应当自每周终了之日起5日内申报解缴税款以及银行结算的利息。

印花税可以采用粘贴印花税票或者由税务机关依法开具其他完税凭证的方式缴纳。印花税票粘贴在应税凭证上的，由纳税人在每枚税票的骑缝处盖戳注销或者画销。

随堂测11-3

（单选题）下列关于印花税纳税申报的叙述中，错误的是（　　）。

A.不动产产权发生转移的，纳税人应当向不动产所在地的主管税务机关申报缴纳印花税

B.证券交易按周缴纳印花税

C.印花税实行按次计征的，纳税人应当自纳税义务发生之日起15日内申报缴纳税款

D.纳税人为境外单位，无境内代理人的，不用申报缴纳印花税

项目十二
城市维护建设税核算与申报

学习目标

【知识目标】

- 熟悉城市维护建设税的征税范围、纳税人和税率
- 掌握城市维护建设税应纳税额的计算
- 熟悉城市维护建设税的纳税申报
- 熟悉教育费附加与地方教育附加

【能力目标】

- 能够进行城市维护建设税税额的计算
- 能够进行城市维护建设税的纳税申报

任务一　城市维护建设税的征税范围、纳税人和税率

一、城市维护建设税的征税范围

城市维护建设税是对缴纳增值税、消费税的单位和个人征收的一种税。本质上，城市维护建设税属于附加税。

城市维护建设税税款专款专用，用来保障城市公共事业和公共设施的维护和建设。其征收的区域范围包括城市市区、县城、建制镇，以及税法规定征收增值税、消费税的其他地区。

二、城市维护建设税的纳税人

城市维护建设税的纳税人是缴纳增值税、消费税中任何一种税的单位和个人。

城市维护建设税的扣缴义务人为负有增值税、消费税扣缴义务的单位和个人，在扣缴增值税、消费税的同时扣缴城市维护建设税。

三、城市维护建设税的税率

城市维护建设税采用地区差别比例税率，即：

（1）纳税人所在地为市区的，税率为7%；

（2）纳税人所在地为县城、镇的，税率为5%；

（3）纳税人所在地不在市区、县城或镇的，税率为1%。

纳税人所在地，是指纳税人住所地或者与纳税人生产经营活动相关的其他地点，具体地点由省、自治区、直辖市确定。

随堂测 12-1

（单选题） 城市维护建设税采用的税率形式是（　　）。

A. 产品比例税率　　B. 行业比例税率

C. 地区差别比例税率　　D. 有幅度的比例税率

任务二　城市维护建设税应纳税额的计算

一、城市维护建设税的计税依据

（一）城市维护建设税计税依据包括的内容

（1）纳税人实际向税务机关缴纳的增值税、消费税税额；

（2）纳税人被税务机关查补的增值税、消费税税额；

（3）纳税人出口货物经批准当期免抵的增值税税额。

（二）城市维护建设税计税依据不包括的内容

（1）纳税人进口环节被海关代征的增值税、消费税税额；

（2）境外单位和个人向境内销售劳务、服务、无形资产向税务机关缴纳的增值税税额；

（3）除增值税、消费税以外的其他税税额；

（4）非税款项（被加收的滞纳金和被处的罚款等）。

二、城市维护建设税应纳税额的计算

由于城市维护建设税的计税依据为纳税人实际缴纳增值税和消费税的税额总和，因此城市维护建设税的应纳税额是由纳税人实际缴纳的“两税”税额决定的。

其计算公式为：

应纳税额=（实际缴纳的增值税税额+实际缴纳的消费税税额）×适用税率

随堂测12-2

（单选题）某市区甲企业为增值税一般纳税人，当期销售货物实际缴纳增值税20万元、消费税15万元；进口货物缴纳进口环节增值税2万元。该企业当期应缴纳城市维护建设税（　　）万元。

A.2.45　　B.2.59　　C.1.75　　D.2.31

任务三　城市维护建设税的纳税申报

一、纳税期限

城市维护建设税的纳税义务发生时间与增值税、消费税的纳税义务发生时间一致，分别与增值税、消费税同时缴纳。

二、纳税地点

一般而言，纳税人缴纳增值税、消费税的地点，就是该纳税人缴纳城市维护建设税的地点。

任务四　教育费附加与地方教育附加

一、征收范围

教育费附加和地方教育附加是以纳税人实际缴纳的增值税、消费税税额为计征依据征收的一种附加税。

其征收目的是增加教育事业资金投入，促进教育事业发展。

二、征收比率

教育费附加和地方教育附加实行单一比例征收。

现行教育费附加计征比率为3%，地方教育附加计征比率为2%。

三、应纳税额的计算

教育费附加应纳税额=（实际缴纳的增值税税额+实际缴纳的消费税税额）×3%

地方教育附加应纳税额=（实际缴纳的增值税税额+实际缴纳的消费税税额）×2%

四、纳税期限

作为增值税、消费税的附加税，教育费附加和地方教育附加与增值税、消费税同时缴纳。

项目十三
环境保护税核算与申报

学习目标

【知识目标】

- 了解环境保护税的征税范围
- 掌握环境保护税的税率和税收优惠
- 熟悉环境保护税的纳税人
- 环境保护税的纳税时间和纳税地点

【能力目标】

- 能够进行环境保护税应纳税额计算
- 能够进行环境保护税纳税申报

任务一　环境保护税的征税范围、纳税人和适用税率

要做好资源税的纳税申报工作，必须明确经营业务中哪些属于环境保护税的征税范围，只有在确定了征税范围以后，才能计算并申报环境保护税。

因此，应该首先需要熟悉《中华人民共和国环境保护税法》（以下简称《环境保护税法》）和《中华人民共和国环境保护税法实施条例》（以下简称《环境保护税法实施条例》）中对征税范围的规定，再根据本单位具体业务判断环境保护税的税率。

一、确定环境保护税的征税范围

环境保护税是对在我国领域以及管辖的其他海域直接向环境排放应税污染物的企事

业单位和其他生产经营者征收的一种税。

环境保护税是我国首个明确以环境保护为目标的独立型环境税税种，主要目的是保护和改善环境，减少污染物排放，推进生态文明建设。

征收环境保护税有利于解决排污费制度存在的执法刚性不足等问题，有利于提高纳税人环境保护意识和强化企业治污减排责任。

我国现行环境保护税的征税范围主要包括《环境保护税法》所附“环境保护税税目税额表”“应税污染物和当量值表”规定的大气污染物、水污染物、固体废物和噪声4大类。

有下列情形之一的，不属于直接向环境排放污染物，不缴纳相应污染物具体税率的环境保护税：

（1）企业事业单位和其他生产经营者向依法设立的污水集中处理、生活垃圾集中处理场所排放应税污染物的。

（2）企业事业单位和其他生产经营者在符合国家和地方环境保护标准的设施、场所贮存或者处置固体废物的。

知识窗

环境保护税的税收优惠

下列情形，暂予免征环境保护税：

①农业生产（不包括规模化养殖）排放应税污染物的；

②机动车、铁路机车、非道路移动机械、船舶和航空器等流动污染源排放应税污染物的；

③依法设立的城乡污水集中处理、生活垃圾集中处理场所排放相应应税污染物，不超过国家和地方规定的排放标准的；

④纳税人综合利用的固体废物，符合国家和地方环境保护标准的；

⑤国务院批准免税的其他情形，由国务院报全国人民代表大会常务委员会备案。

下列情形，减征环境保护税：

纳税人排放应税大气污染物或者水污染物的浓度值低于国家和地方规定的污染物排放标准30%的，减按75%征收环境保护税。

纳税人排放应税大气污染物或者水污染物的浓度值低于国家和地方规定的污染物排放标准50%的，减按50%征收环境保护税。

二、确定环境保护税的纳税人

在中华人民共和国领域和中华人民共和国管辖的其他海域，直接向环境排放应税污染物的企业事业单位和其他生产经营者为环境保护税的纳税人，应当依法缴纳环境保护税。

企业事业单位和其他生产经营者向依法设立的污水集中处理、生活垃圾集中处理场所排放应税污染物的，不缴纳环境保护税。

依法设立的城乡污水集中处理、生活垃圾集中处理场所超过国家和地方规定的排放标准向环境排放应税污染物的，应当缴纳环境保护税。

三、确定环境保护税的税率

环境保护税采用定额税率，计税单位为“每污染当量”“每吨”“超标分贝”。具体税率见表13-1。

表 13-1 环境保护税税目税额表

<table>
<tr><th colspan="2">税目</th><th>计税单位</th><th>税额</th><th>备注</th></tr>
<tr><td colspan="2">大气污染物</td><td>每污染当量</td><td>1.2~12 元</td><td></td></tr>
<tr><td colspan="2">水污染物</td><td>每污染当量</td><td>1.4~14 元</td><td></td></tr>
<tr><td rowspan="4">固体废物</td><td>煤矸石</td><td>每吨</td><td>5 元</td><td rowspan="4"></td></tr>
<tr><td>尾矿</td><td>每吨</td><td>15 元</td></tr>
<tr><td>危险废物</td><td>每吨</td><td>1 000 元</td></tr>
<tr><td>冶炼渣、粉煤灰、炉渣、其他固体废物（含半固态、液态废物）</td><td>每吨</td><td>25 元</td></tr>
<tr><td rowspan="6">噪声</td><td rowspan="6">工业噪声</td><td>超标 1~3 分贝</td><td>每月 350 元</td><td rowspan="6">1. 一个单位边界上有多处噪声超标，根据最高一处超标声级计算应纳税额；沿边界长度超过 100 米有两处以上噪声超标，按照两个单位计算应纳税额
2. 一个单位有不同地点作业场所的，就当分别计算应纳税额，合并计征
3. 昼、夜均超标的环境噪声，昼、夜分别计算应纳税额，累计计征
4. 声源一个月内超标不足 15 天的，减半计算应纳税额
5. 夜间频繁突发和夜间偶然突发厂界超标噪声，按等效声级和峰值噪声两种指标中超标分贝值高的一项计算应纳税额</td></tr>
<tr><td>超标 4~6 分贝</td><td>每月 700 元</td></tr>
<tr><td>超标 7~9 分贝</td><td>每月 1 400 元</td></tr>
<tr><td>超标 10~12 分贝</td><td>每月 2 800 元</td></tr>
<tr><td>超标 13~15 分贝</td><td>每月 5 600 元</td></tr>
<tr><td>超标 16 分贝及以上</td><td>每月 11 200 元</td></tr>
</table>

任务二 环境保护税应纳税额的计算

根据《环境保护税法实施条例》的规定，环境保护税应根据不同的征税对象计算应纳税额，应税大气污染物按照污染物排放量折合的污染当量数确定，应税水污染物按照污染物排放量折合的污染当量数确定，应税固体废物按照固体废物的排放量确定，应税噪声按照超过国家规定标准的分贝数确定。

一、应税大气污染物

污染当量数 = 排放量 ÷ 污染当量值

应纳税额 = 污染当量数 × 适用税额

污染当量，是指根据污染物或者污染排放活动对环境的有害程度以及处理的技术经济性，衡量不同污染物对环境污染程度的综合性指标或者计量单位。

同一介质相同污染当量的不同污染物，其污染程度基本相当。

污染当量数的确定可以按照以下两种方式处理：

（1）应税大气污染物、水污染物的污染当量数，以该污染物的排放量除以该污染物的污染当量值计算；每种应税大气污染物的具体污染当量值应参照“应税污染物和当量值表”（表13-2为大气污染物污染当量值）；每种应税水污染物具体污染当量值应参照“应税污染物和当量值表”（表13-3为第一类水污染物污染当量值，表13-4为第二类水污染物污染当量值，表13-5为pH值、色度、大肠菌群数、余氯量污染当量值，表13-6为禽畜养殖业、小型企业和第三产业污染当量值）。

（2）每一排放口或者没有排放口的应税大气污染物，按照污染当量数从大到小排序，对前三项污染物征收环境保护税；每一排放口的应税水污染物，按照“应税污染物和当量值表”，区分第一类水污染物和其他类水污染物，按照污染当量数从大到小排序，对第一类水污染物按照前五项征收环境保护税，对其他类水污染物按照前三项征收环境保护税。

表 13-2　大气污染物污染当量值

污染物	污染当量值（千克）
1. 二氧化硫	0.95
2. 氮氧化物	0.95
3. 一氧化碳	16.7
4. 氯气	0.34
5. 氯化氢	10.75
6. 氟化物	0.87
7. 氰化氢	0.005
8. 硫酸雾	0.6
9. 铬酸雾	0.0007
10. 汞及其化合物	0.0001
11. 一般性粉尘	4
12. 石棉尘	0.53
13. 玻璃棉尘	2.13
14. 碳黑尘	0.59

续表

污染物	污染当量值（千克）
15. 铅及其化合物	0.02
16. 镉及其化合物	0.03
17. 铍及其化合物	0.0004
18. 镍及其化合物	0.13
19. 锡及其化合物	0.27
20. 烟尘	2.18
21. 苯	0.05
22. 甲苯	0.18
23. 二甲苯	0.27
24. 苯并（a）芘	0.000002
25. 甲醛	0.09
26. 乙醛	0.45
27. 丙烯醛	0.06
28. 甲醇	0.67
29. 酚类	0.35
30. 沥青烟	0.19
31. 苯胺类	0.21
32. 氯苯类	0.72
33. 硝基苯	0.17
34. 丙烯腈	0.22
35. 氯乙烯	0.55
36. 光气	0.04
37. 硫化氢	0.29
38. 氨	9.09
39. 三甲胺	0.32
40. 甲硫醇	0.04
41. 甲硫醚	0.28
42. 二甲二硫	0.28
43. 苯乙烯	25
44. 二硫化碳	20

【做中学 13-1】

嘉华化工有限公司 2024 年 6 月向大气直接排放的二氧化硫、氟化物、一氧化碳、氯化氢数量分别为 100 千克、100 千克、200 千克、80 千克，计算嘉华化工有限公司排放大气污染物应纳的环境保护税。

步骤如下：

第一步：计算各污染物的污染当量数。

二氧化硫污染当量数=100÷0.95=105.26

氟化物污染当量数=100÷0.87=114.94

一氧化碳污染当量数=200÷16.7=11.98

氯化氢污染当量数=80÷10.75 =7.44

第二步：按污染当量数给四项污染物排序，对大气污染物确定排序前三项的污染物：氟化物污染当量数（114.94）>二氧化硫污染当量数（105.26）>一氧化碳污染当量数（11.98）>氯化氢污染当量数（7.44）。

排序选取计税前三项污染物为：氟化物、二氧化硫、一氧化碳。

第三步：就排序的前三项污染物的污染当量数之和与规定的定额税率计算应纳税额。

应税大气污染物的应纳税额=污染当量数×适用税额=（114.94 +105.26 +11.98）×1.2=278.62（元）

二、应税水污染物

1. 一般污水

污染当量数=污染物排放量（千克）÷污染当量值

【做中学 13-2】

嘉华化工有限公司 2024 年 6 月直接向河流排放含六价铬的污水 60 000 吨，实测浓度值 0.5，六价铬污染当量值是 0.02，计算嘉华化工有限公司排放水污染物应纳的环境保护税。

计算步骤如下：

第一步：计算污染当量数。

根据环保税纳税申报要求，采用监测机构监测方法计算污染物排放量：

污染物排放量=污水排放量×实测浓度值÷1 000（注：将污染物排放量换算成千克）

六价铬污染物的排放量 =污水排放总量×浓度值=60 000×0.5÷1 000 =30

六价铬污染当量数 =污染物排放量÷当量值 =30÷0.02 =1 500

第二步：应纳税额 =污染当量数×适用税额=1 500×1.4=2 100（元）

2. pH 值、大肠菌群数、余氯量

污染当量数=污水排放量（吨）÷该污染物的污染当量值（吨）

3. 色度

污染当量数=污水排放量（吨）× 色度超标倍数 ÷ 色度的污染当量值（吨 · 倍）

4. 禽畜养殖业的水污染物

污染当量数=禽畜养殖数量 ÷ 污染当量值

5. 小型企业和第三产业排放的水污染物

污染当量数=污水排放量（吨）÷污染当量值（吨）

6. 医院排放的水污染物

污染当量数=医院床位数÷污染当量值

或 污染当量数=污水排放量÷污染当量值

表 13-3 第一类水污染物污染当量值

污染物	污染当量值（千克）
1. 总汞	0.0005
2. 总镉	0.005
3. 总铬	0.04
4. 六价铬	0.02
5. 总砷	0.02
6. 总铅	0.025
7. 总镍	0.025
8. 苯并（a）芘	0.0000003
9. 总铍	0.01
10. 总银	0.02

表 13-4 第二类水污染物污染当量值

污染物	污染当量值（千克）
11. 悬浮物（SS）	4
12. 生化需氧量（BOD_5）	0.5
13. 化学需氧量（COD）	1
14. 总有机碳（TOC）	0.49
15. 石油类	0.1
16. 动植物油	0.16
17. 挥发酚	0.08
18. 总氰化物	0.05
19. 硫化物	0.125
20. 氨氮	0.8
21. 氟化物	0.5
22. 甲醛	0.125
23. 苯胺类	0.2
24. 硝基苯类	0.2
25. 阴离子表面活性剂（LAS）	0.2
26. 总铜	0.1
27. 总锌	0.2

续表

污染物	污染当量值（千克）
28. 总锰	0.2
29. 彩色显影剂（CD-2）	0.2
30. 总磷	0.25
31. 单质磷（以 P 计）	0.05
32. 有机磷农药（以 P 计）	0.05
33. 乐果	0.05
34. 甲基对硫磷	0.05
35. 马拉硫磷	0.05
36. 对硫磷	0.05
37. 五氯酚及五氯酚钠（以五氯酚计）	0.25
38. 三氯甲烷	0.04
39. 可吸附有机卤化物（AOX）（以 CI 计）	0.25
40. 四氯化碳	0.04
41. 三氯乙烯	0.04
42. 四氯乙烯	0.04
43. 苯	0.02
44. 甲苯	0.02
45. 乙苯	0.02
46. 邻一二甲苯	0.02
47. 对一二甲苯	0.02
48. 间一二甲苯	0.02
49. 氯苯	0.02
50. 邻二氯苯	0.02
51. 对硝基二氯苯	0.02
52. 对氯苯	0.02
53.2，4—二硝基氯苯	0.02
54. 苯酚	0.02
55. 间—甲酚	0.02
56.2，4—二氯酚	0.02
57.2，4，6—三氯酚	0.02
58. 邻苯二甲酸二丁酯	0.02
59. 邻苯二甲酸二辛酯	0.02
60. 丙烯腈	0.125
61. 总硒	0.02

说明：1. 第一、二类污染物的分类依据为《污水综合排放标准》（GB8978-1996）。

2. 同一排放口中的化学需氧量（COD）、生化需氧量（BOD5）和总有机碳（TOC），只征收一项。

表 13-5 pH 值、色度、大肠菌群数、余氯量污染当量值

污染物		污染当量值
1.pH 值	(1) 0~1，13~14	0.06 吨污水
	(2) 1~2，12~13	0.125 吨污水
	(3) 2~3，11~12	0.25 吨污水
	(4) 3~4，10~11	0.5 吨污水
	(5) 4~5，9~10	1 吨污水
	(6) 5~6	5 吨污水
2. 色度		5 吨水·倍
3. 大肠菌群数（超标）		3.3 吨污水
4. 余氯量（用氯消毒的医院废水）		3.3 吨污水

说明：1.大肠菌群数和总余氯只征收一项。

2.pH5-6指大于等于5，小于6；pH9-10指大于9，小于等于10，其余类推。

表 13-6 禽畜养殖业、小型企业和第三产业污染当量值

类型		污染当量值
禽畜养殖场	1. 牛	0.1 头
	2. 猪	1 头
	3. 鸡、鸭等家禽	30 羽
4. 小型企业		1.8 吨污水
5. 饮食娱乐服务业		0.5 吨污水
6. 医院	消毒	0.14 床
		2.8 吨污水
	不消毒	0.07 床
		1.4 吨污水

说明：1.本表仅适用于计算无法进行实际监测或物料衡算的禽畜养殖业、小型企业和第三产业等小型排污者的污染当量数。

2.仅对存栏规模大于50头牛、500头猪、5 000羽鸡、鸭等的禽畜养殖场征收。

3.医院病床数大于 20张的按本表计算污染当量。

三、应税固体废物

固体废物排放量=当期固体废物的产生量-当期固体废物的综合利用量-当期固体废物的贮存量-当期固体废物的处置量

应纳税额=固体废物排放量×具体适用税额

固体废物的贮存量、处置量，是指在符合国家和地方环境保护标准的设施、场所贮存或者处置的固体废物数量。

固体废物的综合利用量，是指按照国务院发展改革、工业和信息化主管部门关于资源综合利用要求以及国家和地方环境保护标准进行综合利用的固体废物数量。

纳税人有下列情形之一的，以其当期应税固体废物的产生量作为固体废物的排放量：

（1）非法倾倒应税固体废物。

（2）进行虚假纳税申报。

四、应税噪声

应纳税额=超过国家规定标准的分贝数×具体适用税额

工业噪声按超过国家规定标准的分贝数确定每月税额，超过国家规定标准的分贝数是指实际产生的工业噪声与国家规定的工业噪声排放标准限值之间的差值。

应税大气污染物、水污染物、固体废物的排放量和噪声分贝数的确定方法：

（1）纳税人安装使用符合国家规定和监测规范的污染物自动监测设备的，按照污染物自动监测数据计算。

（2）纳税人未安装使用污染物自动监测设备的，按照监测机构出具的符合国家有关规定和监测规范的监测数据计算。

（3）因排放污染物种类多等原因不具备监测条件的，按照国务院生态环境主管部门规定的排污系数、物料衡算方法计算。

（4）不能按照上述（1）~（3）项规定的方法计算的，按照省、自治区、直辖市人民政府生态环境主管部门规定的抽样测算的方法核定计算。

任务三 环境保护税的纳税申报

按照《环境保护税法》和《环境保护税法实施条例》，环境保护税纳税人需要掌握纳税时间和纳税地点的相关规定，同时需要填写“环境保护税税纳税申报表”并向主管税务机关申报纳税。

一、确定纳税时间和纳税地点

（一）纳税义务发生时间

环境保护税的纳税义务发生时间为纳税人排放应税污染物的当日。纳税人应当向应税污染物排放地的税务机关申报缴纳环境保护税。

（二）纳税期限

环境保护税按月计算，按季申报缴纳。不能按固定期限计算缴纳的，可以按次申报缴纳。

纳税人按季申报缴纳的，应当自季度终了之日起15日内，向税务机关办理纳税申报并缴纳税款。

纳税人按次申报缴纳的，应当自纳税义务发生之日起15日内，向税务机关办理纳税申报并缴纳税款。

税务机关发现纳税人的纳税申报数据资料异常或者纳税人未按照规定期限办理纳税申报的，可以提请生态环境主管部门进行复核，生态环境主管部门应当自收到税务机关的数据资料之日起15日内向税务机关出具复核意见。税务机关应当按照生态环境主管部门复核的数据资料调整纳税人的应纳税额。

直接向环境排放应税污染物的企业事业单位和其他生产经营者，除依照环境保护税法规定缴纳环境保护税外，还应当对所造成的损害依法承担责任，即纳税不能免除污染责任。

（三）纳税地点

纳税人应当向应税污染物排放地的税务机关提交相关资料申报缴纳环境保护税。应税污染物排放地是指应税大气污染物、水污染物排放口所在地；应税固体废物产生地；应税噪声产生地。

纳税人跨区域排放应税污染物，税务机关对税收征收管辖有争议的，由争议各方按照有利于征收管理的原则协商解决。

二、填列纳税申报表

纳税人对环境保护税进行纳税申报时，应填报“环境保护税税源明细表”、“财产和行为税减免税明细申报表”和“财产和行为纳税申报表”。

【例13-1】番顺化工公司为增值税一般纳税人，其纳税人识别号为91370709864221122Y，法定代表人为李明，注册地址为山东省济南市天桥区舜兴路736号、生产经营地址为山东省济南市开发区和祥路777号，开户银行为中国工商银行济南和祥路支行，账号为330102200901151 2365，电话号码为0531-777777××，其资源税纳税期限为1个月。番顺化工公司2024年9月生产铁矿原矿12 000吨。当月对外销售铁矿原矿10 000吨，双方买卖合同（2024年9月20日签订）上记载每吨不含增值税售价为500元，合计不含增值税售价为5 000 000元。已售出的铁矿原矿的成本为3 500 000元。该批铁矿原矿已经发出，款项已存入银行。该批铁矿原矿的资源税税率为2%。

番顺化工公司环境保护税的税源编号为A37021201800256，排放口名称为粉尘排放口，税源基础采集信息中的有效期为2024年1月1日至2026年12月31日，污染物排放量计算方法为排污系数，2024年7月向大气直接排放一般性粉尘1 400千克，计算基数为20吨；8月向大气直接排放一般性粉尘1 260千克，计算基数为18吨；9月向大气直接排放一般性粉尘1 540千克，计算基数为22吨。假设当地大气污染物每污染当量税额为1.2元（单位税额）、产污系数为0.07、污染当量值为4千克。该公司只有一个排放口。

番顺化工公司2024年10月10日对2024年第三季度的环境保护税进行纳税申报，根据资料填写表13-7“环境保护税税源明细表”和表13-8“财产和行为纳税申报表”。

【解析】

计算2024年第三季度番顺化工公司应纳环境保护税。

（1）2024年7月一般性粉尘污染当量数=20×1 000×0.07÷4=1 400÷4=350

2024年8月一般性粉尘污染当量数=18×1 000×0.07÷4=1 260÷4=315

2024年9月一般性粉尘污染当量数=22×1 000×0.07÷4=1 540÷4=385

（2）2024年第三季度应纳环境保护税=350×1.2+315×1.2+385×1.2=420+378+462=1 050×1.2=1 260（元）

根据以上资料填写的“环境保护税税源明细表”见表13-7，“财产和行为税纳税申报表”见表13-8。

表13-7　环境保护税税源明细表

纳税人识别号（统一社会信用代码）：91370709864221122Y

纳税人名称：番顺化工公司　　　　金额单位：人民币元（列至角分）

1.按次申报□			2.从事海洋工程□		
3.城乡污水集中处理场所□			4.生活垃圾集中处理场所□		
*5.污染物类别			大气污染物☑　水污染物□　固体废物　□噪声□		
6.排污许可证编号					
*7.生产经营所在区划			山东省济南市开发区和祥路777号		
*8.生态环境主管部门			济南市生态环境局开发区分局		
税源基础采集信息					
新增 □　变更□　删除 □					
*税源编号		（1）		A3702120 1800256	
排放口编号		（2）			
*排放口名称或噪声源名称		（3）		粉尘排放口	
*生产经营所在街乡		（4）		东关街道	
排放口地理坐标	*经度	（5）		略	
	*纬度	（6）		略	
*有效期起止		（7）		2024年1月1日至2026年12月31日	
*污染物类别		（8）		大气污染物	
水污染物种类		（9）			
*污染物名称		（10）		粉尘	
危险废物污染物子类		（11）			
*污染物排放量计算方法		（12）		排污系数	
大气、水污染物标准排放限值	*执行标准	（13）		略	
	*标准浓度值（毫克/升或毫克/标立方米）	（14）		略	
产（排）污系数	*计税基数单位	（15）		吨	
	*污染物单位	（16）		千克	
	*产污系数	（17）			
	*排污系数	（18）		0.07	

续表

固体废物信息	贮存情况	(19)				
	处置情况	(20)				
	综合利用情况	(21)				
噪声信息	*是否昼夜产生	(22)				
	*标准值——昼间(6时至22时)	(23)				
	*标准值——夜间(22时至次日6时)	(24)				
申报计算及减免信息						
*税源编号		(1)		A37021201800256	A37021201800256	A37021201800256
*税款所属月份		(2)		2024年07月	2024年08月	2024年09月
*排放口名称或噪声源名称		(3)		粉尘排放口	粉尘排放口	粉尘排放口
*污染物类别		(4)		大气污染物	大气污染物	大气污染物
*水污染物种类		(5)				
*污染物名称		(6)		粉尘	粉尘	粉尘
危险废物污染物子类		(7)				
*污染物排放量计算方法		(8)		排污系数	排污系数	排污系数
大气、水污染物监测计算	*废气（废水）排放量(万标立方米、吨)	(9)				
	*实测浓度值（毫克/标立方米、毫克/升）	(10)				
	*月均浓度（毫克/标立方米、毫克/升）	(11)				
	*最高浓度（毫克/标立方米、毫克/升）	(12)				
产（排）污系数计算	*计算基数	(13)		20.00	18.00	22.00
	*产污系数	(14)				
	*排污系数	(15)		0.07	0.07	0.07
固体废物计算	*本月固体废物的产生量（吨）	(16)				
	*本月固体废物的贮存量（吨）	(17)				
	*本月固体废物的处置量（吨）	(18)				
	*本月固体废物的综合利用量（吨）	(19)				

续表

噪声计算	*噪声时段	(20)			
	*监测分贝数	(21)			
	*超标不足15天	(22)			
	*两处以上噪声超标	(23)			
抽样测算计算	特征指标	(24)			
	特征单位	(25)			
	特征指标数量	(26)			
	特征系数	(27)			
污染物排放量（千克或吨）		大气、水污染物监测计算： (28) = (9) × (10) ÷100（或1 000） 大气、水污染物产（排）污系数计算： (28) = (13) × (14) ×M (28) = (13) × (15) ×M pH值、大肠菌群数、余氯量等水污染物计算： (28) = (9) 色度污染物计算： (28) = (9) ×色度超标倍数 固体废物排放量（含综合利用量）： (28) = (16) − (17) − (18)	1 400.00	1 260.00	1 540.00
*污染当量值（特征值）（千克或吨）		(29)	4.00	4.00	4.00
*污染当量数		大气、水污染物污染当量数计算： (30) = (28) ÷ (29)	350.00	315.00	385.00
减免性质代码和项目名称		(31)			
*单位税额		(32)	1.20	1.20	1.20
*本期应纳税额		大气、水污染物应纳税额计算： (33) = (30) × (32) 固体废物应纳税额计算： (33) = (28) × (32) 噪声应纳税额计算： (33) =0.5或1［(22) 为是的用0.5；为否的用1］×2或1［(23) 为是的用2，为否的用1］× (32) 按照《环境保护税法》所附表二中畜禽养殖业等水污染物当量值表计算： (33) = (26) ÷ (29) × (32) 采用特征系数计算： (33) = (26) × (27) ÷ (29) × (32) 采用特征值计算： (33) = (26) × (29) × (32)	420.00	378.00	462.00
本期减免税额		大气、水污染物减免税额计算： (34) = (30) × (32) ×N 固体废物减免税额计算： (34) = (19) × (32)			
本期已缴税额		(35)			
*本期应补（退）税额		(36) = (33) − (34) − (35)	420.00	378.00	462.00

填表说明：

1.表内带*的为必填项。本表包括两部分，分别为税源基础信息和申报计算及减免信息。

2.“按次申报”：勾选后无须填写税源基础信息，直接进行申报计算。

3.“污染物类别”：包括大气污染物、水污染物、固体废物、噪声，可多选。

4.“排污许可证编号”：已纳入国务院生态环境主管部门发布的《固定污染源排污许可分类管理名录》且取得排污许可证的纳税人必填。具有多张排污许可证的纳税人应全部填写。

5.“生产经营所在区划”：填写纳税人实际生产经营所在行政区，应具体到县（旗、区）。

表 13-8 财产和行为税纳税申报表

纳税人识别号（统一社会信用代码）：91370709864221122Y

纳税人名称：番顺化工公司 金额单位：人民币元（列至角分）

序号	税种	税目	税款所属期起	税款所属期止	计税依据	税率	应纳税额	减免税额	已缴税额	应补（退）税额
1	环境保护税	大气污染物	2024年07月01日	2024年09月30日	1 050.00	1.20	1 260.00	0.00	0.00	1 260.00
2										
3										
4										
5										
6										
7										
8										
9										
10										
11	合计	–	–	–	–	–				

声明：此表是根据国家税收法律法规及相关规定填写的，本人（单位）对填报内容（及附带资料）的真实性、可靠性、完整性负责。

纳税人（签章）：番顺化工公司
2024年10月10日

经办人：（略） 经办人身份证号：（略） 代理机构签章：（略） 代理机构统一社会信用代码：（略）	受理人：（略） 受理税务机关（章）：（略） 受理日期：2024年10月10日

三、纳税申报

环境保护税的主要报送方式有直接报送和网上申报，基本操作程序同资源税，进行“一表申报”。

项目十四
企业所得税核算与申报

学习目标

【知识目标】

- 熟悉企业所得税的征税范围、纳税人
- 了解企业所得税的扣除项目及标准
- 掌握企业所得税应纳税所得额的调整
- 掌握企业所得税税额的计算
- 熟悉企业所得税的纳税时间和纳税地点

【能力目标】

- 能够进行企业所得税税额的计算
- 能够进行核定征收企业所得税的纳税申报
- 能够进行企业所得税的预缴申报
- 能够进行查账征收汇算清缴企业所得税的纳税申报

任务一　企业所得税的纳税人、征税范围和税率

微课

企业所得税纳税人、征税范围和适用税率

一、企业所得税的纳税人

企业所得税是对我国境内的企业和其他取得收入的组织的生产经营所得和其他所得征收的所得税。其中，企业分为居民企业和非居民企业。

居民企业，是指依法在中国境内成立，或者依照外国（地区）法律成

立但实际管理机构在中国境内的企业；非居民企业，是指依照外国（地区）法律成立且实际管理机构不在中国境内，但在中国境内设立机构、场所的，或者在中国境内未设立机构、场所，但有来源于中国境内所得的企业。

归纳

企业所得税纳税人分类及判断标准见表14-1。

表14-1　企业所得税纳税人分类及判断标准

纳税人分类	判断标准
居民企业	(1) 依法在中国境内成立的企业 (2) 依照外国（地区）法律成立但实际管理机构在中国境内的企业 包括国有企业、集体企业、私营企业、联营企业、股份制企业、外商投资企业、外国企业，以及有生产、经营所得和其他所得的其他组织
非居民企业	(1) 依照外国（地区）法律成立且实际管理机构不在中国境内，但在中国境内设立机构、场所的企业 (2) 依照外国（地区）法律成立且实际管理机构不在中国境内，在中国境内未设立机构、场所，但有来源于中国境内所得的企业。 上述所称“机构”“场所”是指在中国境内从事生产经营活动的机构、场所，包括： ①管理机构、营业机构、办事机构； ②工厂、农场、开采自然资源的场所； ③提供劳务的场所； ④从事建筑、安装、装配、修理、勘探等工程作业的场所； ⑤其他从事生产经营活动的机构、场所

非居民企业委托营业代理人在中国境内从事生产经营活动的，包括委托单位或者个人经常代其签订合同，或者储存、交付货物等，该营业代理人被视为非居民企业在中国境内设立的机构、场所。

非居民企业在中国境内未设立机构、场所的，或者虽设立机构、场所但取得的所得与其所设机构、场所没有实际联系的，其来源于中国境内的所得应缴纳的企业所得税，实行源泉扣缴，以支付人为扣缴义务人。税款由扣缴义务人在每次支付或者到期应支付时，从支付或者到期应支付的款项中扣缴。

对非居民企业在中国境内取得工程作业和劳务所得应缴纳的所得税，税务机关可以指定工程价款或者劳务费的支付人为扣缴义务人。

【思考】

个人独资企业和合伙企业（非法人）是否缴纳企业所得税？

二、企业所得税的征税对象

企业所得税的征税对象是企业取得的生产经营所得、其他所得和清算所得。

（一）居民企业的征税对象

居民企业应将来源于中国境内、境外的所得作为征税对象。

所得，包括销售货物所得，提供劳务所得，转让财产所得，股息、红利等权益性投资所得，利息所得，租金所得，特许权使用费所得，接受捐赠所得和其他所得。

（二）非居民企业的征税对象

非居民企业在中国境内设立机构、场所的，应当就其所设机构、场所取得的来源于中国境内的所得，以及发生在中国境外但与其所设机构、场所有实际联系的所得，缴纳企业所得税。

非居民企业在中国境内未设立机构、场所，或者虽设立机构、场所，但取得的所得与其所设机构、场所没有实际联系的，应当就其来源于中国境内的所得缴纳企业所得税。

上述所称实际联系，是指非居民企业在中国境内设立的机构、场所拥有据以取得所得的股权、债权，以及拥有、管理、控制据以取得所得的财产等。

（三）所得来源地的确定

依据《中华人民共和国企业所得税法》（简称《企业所得税法》）及其实施条例的规定，对于来源于中国境内、境外的所得，相关来源地的确定有如下方法：

（1）销售货物所得，按照交易活动发生地确定。

（2）提供劳务所得，按照劳务发生地确定。

（3）转让财产所得。①不动产转让所得按照不动产所在地确定；②动产转让所得按照转让动产的企业或者机构、场所所在地确定；③权益性投资资产转让所得按照被投资企业所在地确定。

（4）股息、红利等权益性投资所得，按照分配所得的企业所在地确定。

（5）利息所得、租金所得、特许权使用费所得，按照负担、支付所得的企业或者机构、场所所在地确定，或者按照负担、支付所得的个人的住所地确定。

（6）其他所得，由国务院财政、税务主管部门确定。

三、企业所得税适用税率

我国企业所得税实行比例税率。

比例税率简便易行，透明度高，不会因征税而改变企业间收入分配比例，有利于促进效率的提高。

企业所得税适用税率的现行规定是：

（一）基本税率25%

基本税率25%适用于居民企业和在中国境内设有机构、场所且所得与机构、场所有关联的非居民企业。

（二）低税率20%

低税率20%适用于在中国境内未设立机构、场所，或者虽设立机构、场所但取得的所得与其所设机构、场所没有实际联系的非居民企业。对这类企业实际中减按10%的税率征收企业所得税。

（三）优惠税率

符合条件的小型微利企业，减按20%的税率征收企业所得税。

小型微利企业是指从事国家非限制和禁止性行业，并符合以下条件的企业：

（1）从业人数：300人以下；

（2）资产总额：5 000万元以下；

（3）年应纳税所得额：300万元以下（含）。

国家需要重点扶持的高新技术企业，减按15%的税率征收企业所得税。

随堂测14-1

1.（单选题）下列企业中，属于我国企业所得税居民企业的是（　　）。

A.依照美国法律成立且实际管理机构在美国的企业

B.依照英国法律成立但实际管理机构在中国的企业

C.依照美国法律成立且实际管理机构在美国，但在中国境内设立营业场所的企业

D.依照日本法律成立且实际管理机构在日本，但在中国境内从事装配工程作业的企业

2.（单选题）下列所得中，实际适用10%的企业所得税税率的是（　　）。

A.居民企业来自境外的所得

B.小型微利企业来自境内的所得

C.在中国境内未设立经营机构的非居民企业来自境内的股息所得

D.高新技术企业来自境内的所得

任务二　征税收入的确定

应纳税所得额是企业所得税的计税依据，按照《企业所得税法》的规定，应纳税所得额为企业每一个纳税年度的收入总额，减除不征税收入、免税收入、各项扣除以及允许弥补的以前年度亏损后的余额。

微课

确定企业所得税的征税收入

其基本公式为：

应纳税所得额=收入总额-不征税收入-免税收入-各项扣除-允许弥补的以前年度亏损

一、收入总额

企业的收入总额包括以货币形式和非货币形式从各种来源取得的收入，具体有：销售货物收入，提供劳务收入，转让财产收入，股息、红利等权益性投资收益，利息收入，租金收入，特许权使用费收入，接受捐赠收入，其他收入。

企业取得收入的货币形式，包括现金、存款、应收账款、应收票据，准备持有至到期的债券投资以及债务的豁免等；纳税人以非货币形式取得的收入，包括固定资产、生物资产、无形资产、股权投资、存货、不准备持有至到期的债券投资、劳务以及有关权益等，这些非货币资产应当按照公允价值确定收入额，公允价值是指按照市场价格确定的价值。

（一）一般收入的确认

1.销售货物收入。

销售货物收入，是指企业销售商品、产品、原材料、包装物、低值易耗品以及其他存货取得的收入。

（1）除《企业所得税法》及其实施条例另有规定外，企业销售商品同时满足下列条件的，应确认收入的实现：

①商品销售合同已经签订，企业已将与商品所有权相关的主要风险和报酬转移给购货方；

②企业对已售出的商品既没有保留通常与所有权相联系的继续管理权，也没有实施有效控制；

③收入的金额能够可靠地计量；

④已发生或将发生的销售方的成本能够可靠地核算。

（2）符合收入确认条件，采取下列商品销售方式的，应按以下规定确认收入实现时间：

①销售商品采用托收承付方式的，在办妥托收手续时确认收入。

②销售商品采取预收款方式的，在发出商品时确认收入。

③销售商品采用支付手续费方式委托代销的，在收到代销清单时确认收入。

④销售商品需要安装和检验的，在购买方接受商品以及安装和检验完毕时确认收入；如果安装程序比较简单，可在发出商品时确认收入。

2.提供劳务收入。

提供劳务收入，是指企业从事建筑安装、修理修配、交通运输、仓储租赁、金融保险、邮电通信、咨询经纪、文化体育、科学研究、技术服务、教育培训、餐饮住宿、中介代理、卫生保健、社区服务、旅游、娱乐、加工以及其他劳务服务活动取得的收入。

企业在各个纳税期末，提供劳务交易的结果能够可靠估计的，应采用完工进度（完工百分比）法确认提供劳务收入：

（1）提供劳务交易的结果能够可靠估计，是指同时满足下列条件：

①收入的金额能够可靠地计量；

②交易的完工进度能够可靠地确定；

③交易中已发生和将发生的成本能够可靠地核算。

（2）企业提供劳务完工进度的确定，可选用下列方法：

①已完成工作的测量；

②已提供劳务占劳务总量的比例；

③发生成本占总成本的比例。

（3）企业应按照从接受劳务方已收或应收的合同或协议价款确定劳务收入总额，根据纳税期末提供劳务收入总额乘以完工进度扣除以前纳税年度累计已确认提供劳务收入后的金额，确认为当期劳务收入；同时，按照提供劳务估计总成本乘以完工进度扣除以前纳税期间累计已确认劳务成本后的金额，结转为当期劳务成本。

（4）下列提供劳务满足收入确认条件的，应按规定确认收入：

①安装费。

应根据安装完工进度确认收入。安装工作是商品销售附带条件的，安装费在确认商品销售实现时确认收入。

②宣传媒介的收费。

应在相关的广告或商业行为出现于公众面前时确认收入。广告的制作费，应根据制作广告的完工进度确认收入。

③软件费。

为特定客户开发软件的收费，应根据开发的完工进度确认收入。

④服务费。

包含在商品售价内可区分的服务费，在提供服务的期间分期确认收入。

⑤艺术表演、招待宴会和其他特殊活动的收费。

在相关活动发生时确认收入。收费涉及几项活动的，预收的款项应合理分配给每项活动，分别确认收入。

⑥会员费。

申请入会或加入会员，只允许取得会籍，所有其他服务或商品都要另行收费的，在取得该会员费时确认收入。

申请入会或加入会员后，会员在会员期内不再付费就可得到各种服务或商品，或者以低于非会员的价格销售商品或提供服务的，该会员费应在整个受益期内分期确认收入。

⑦特许权费。

属于提供设备和其他有形资产的特许权费，在交付资产或转移资产所有权时确认收入；属于提供初始及后续服务的特许权费，在提供服务时确认收入。

⑧劳务费。

长期为客户提供重复的劳务收取的劳务费，在相关劳务活动发生时确认收入。

3.转让财产收入。

转让财产收入，是指企业转让固定资产、生物资产、无形资产、股权、债权等财产取得的收入。

企业转让股权收入，应于转让协议生效且完成股权变更手续时，确认收入的实现。转让股权收入扣除为取得该股权所发生的成本后，为股权转让所得。

企业在计算股权转让所得时，不得扣除被投资企业未分配利润等股东留存收益中按该项股权所可能分配的金额。

4.股息、红利等权益性投资收益。

股息、红利等权益性投资收益，是指企业因权益性投资从被投资方取得的收入。

股息、红利等权益性投资收益，除国务院财政、税务主管部门另有规定外，应以被投资企业股东会或股东大会作出利润分配或转股决定的日期，确认收入的实现。

被清算企业的股东分得的剩余资产的金额，其中相当于被清算企业累计未分配利润和累计盈余公积中按该股东所占股份比例计算的部分，应确认为股息所得；剩余资产减除股息所得后的余额，超过或低于股东投资成本的部分，应确认为股东的投资转让所得或损失。

被投资企业将股权（票）溢价所形成的资本公积转为股本的，不作为投资方企业的股息、红利收入，投资方企业也不得增加该项长期投资的计税基础。

5.利息收入。

利息收入，是指企业将资金提供他人使用但不构成权益性投资，或者因他人占用本企业资金取得的收入。

利息收入包括存款利息、贷款利息、债券利息、欠款利息等收入。利息收入按照合同约定的债务人应付利息的日期确认收入的实现。

6.租金收入。

租金收入，是指企业提供固定资产、包装物或者其他有形资产的使用权取得的收入。租金收入，按照合同约定的承租人应付租金的日期确认收入的实现。

如果交易合同或协议中规定租赁期限跨年度，且租金提前一次性支付的，根据《企业所得税法实施条例》第九条规定的收入与费用配比原则，出租人可对上述已确认的收入，在租赁期内，分期均匀计入相关年度收入。

7.特许权使用费收入。

特许权使用费收入，是指企业提供专利权、非专利技术、商标权、著作权，以及其他特许权的使用权取得的收入。特许权使用费收入，按照合同约定的特许权使用人应付特许权使用费的日期确认收入的实现。

8.接受捐赠收入。

接受捐赠收入，是指企业接受的来自其他企业、组织或者个人无偿给予的货币性资产、非货币性资产。接受捐赠收入，按照实际收到捐赠资产的日期确认收入的实现。

9.其他收入。

其他收入，是指企业取得的除上述收入外的其他收入，包括企业资产溢余收入、逾期未退包装物押金收入、确实无法偿付的应付款项、已作坏账损失处理后又收回的应收款项、债务重组收入、补贴收入、违约金收入、汇兑收益等。

企业取得财产（包括各类资产、股权、债券等）转让收入、债务重组收入、接受捐赠收入、无法偿付的应付账款等，无论是以货币形式还是非货币形式体现，除另有规定外，均一次性计入确认收入的年度计算缴纳企业所得税。

（二）特殊收入的确认

（1）以分期收款方式销售货物的，按照合同约定的收款日期确认收入的实现。

（2）采用售后回购方式销售商品的，销售的商品按售价确认收入，回购的商品作为购进商品处理。有证据表明不符合销售收入确认条件的，如以销售商品方式进行融资，收到的款项应确认为负债，回购价格大于原售价的，差额应在回购期间确认为利息费用。

（3）销售商品以旧换新的，销售商品应当按照销售商品收入确认条件确认收入，回收的商品作为购进商品处理。

（4）企业为促进商品销售而在商品价格上给予的价格扣除属于商业折扣，商品销售涉及商业折扣的，应当按照扣除商业折扣后的金额确定销售商品收入金额。

债权人为鼓励债务人在规定的期限内付款而向债务人提供的债务扣除属于现金折扣，销售商品涉及现金折扣的，应当按扣除现金折扣前的金额确定销售商品收入金额，现金折扣在实际发生时作为财务费用扣除。

（5）企业因售出商品的质量不合格等原因而在售价上给予的减让属于销售折让；企业因售出商品质量、品种不符合要求等原因而发生的退货属于销售退回。企业已经确认销售收入的售出商品发生销售折让和销售退回，应当在发生当期冲减当期销售商品收入。

（6）企业以买一赠一等方式组合销售本企业商品的，不属于捐赠，应将总的销售额按各项商品的公允价值的比例确认各项的销售收入。

（7）企业受托加工制造大型机械设备、船舶、飞机，以及从事建筑、安装、装配工程业务或者提供其他劳务等，持续时间超过12个月的，按照纳税年度内完工进度或者完成的工作量确认收入的实现。

（8）采取产品分成方式取得收入的，按照企业分得产品的日期确认收入的实现，其收入额按照产品的公允价值确定。

（9）企业发生非货币性资产交换，以及将货物、财产、劳务用于捐赠、偿债、赞助、集资、广告、样品、职工福利或者利润分配等用途的，应当视同销售货物，转让财产或者提供劳务，但国务院财政、税务主管部门另有规定的除外。

二、不征税收入及免税收入的确认

国家为了扶持和鼓励某些特殊的纳税人和特定的项目，对企业取得的某些收入予以不征税或免税的特殊政策，以促进经济的协调发展。

（一）不征税收入

（1）财政拨款，是指各级人民政府对纳入预算管理的事业单位、社会团体等组织拨付的财政资金，但国务院和国务院财政、税务主管部门另有规定的除外。

（2）依法收取并纳入财政管理的行政事业性收费、政府性基金。行政事业性收费，是指依照法律、法规等有关规定，按照规定程序批准，在实施社会公共管理，以及在向公民、法人或者其他组织提供特定公共服务过程中，向特定对象收取并纳入财政管理的费用。政府性基金，是指企业依照法律、行政法规等有关规定，代政府收取的具有专项用途的财政资金。

（3）国务院规定的其他不征税收入，是指企业取得的，由国务院财政、税务主管部门规定专项用途并经国务院批准的财政性资金。

财政性资金，是指企业取得的来源于政府及其有关部门的财政补助、补贴、贷款贴息，以及其他各类财政专项资金，包括直接减免的增值税和即征即退、先征后退、先征后返的各种税收，但不包括企业按规定取得的出口退税款。

（4）企业取得的不征税收入，应按照《财政部 国家税务总局关于专项用途财政性资金企业所得税处理问题的通知》（财税〔2011〕70号）的规定进行处理。凡未按照文件规定进行管理的，应作为企业应税收入计入应纳税所得额，依法缴纳企业所得税。

（5）对社保基金取得的直接股权投资收益，股权投资基金收益，作为企业所得税不征税收入。

对境外经纪机构在境外为境外投资者提供中国境内原油期货经纪业务取得的佣金所得，不属于来源于中国境内的劳务所得，不征收企业所得税。

（二）免税收入

（1）国债利息收入，免征企业所得税。

国债利息收入，指企业购买国务院财政部门发行的国家公债所取得的收入。为鼓励企业积极购买国债，支援国家建设，税法规定，企业因购买国债所得的利息收入，免征企业所得税。

（2）符合条件的居民企业之间的股息、红利等权益性收益，免征企业所得税。

符合条件的居民企业之间的股息、红利等权益性收益是指居民企业直接投资于其他居民企业取得的投资收益。

（3）在中国境内设立机构、场所的非居民企业从居民企业取得与该机构、场所有实际联系的股息、红利等权益性投资收益，免征企业所得税。

居民企业和非居民企业取得的（2）、（3）所述免税的投资收益，不包括连续持有居民企业公开发行并上市流通的股票不足12个月取得的投资收益。

（4）符合条件的非营利组织的收入，免征企业所得税。

符合条件的非营利组织的收入，主要是指非营利组织从事公益性或非营利性活动所取得的收入，不包括从事营利性活动所取得的收入，但国务院财政、税务主管部门另有规定的除外。

随堂测 14-2

1.（单选题）下列关于企业所得税确认收入时间的说法中，正确的是（　　）。

A. 采用支付手续费方式委托代销商品，在发出商品时确认收入

B. 采取预收款方式销售商品，在收到预收款时确认收入

C. 广告制作，在广告出现于公众面前时确认收入

D. 为客户开发软件，根据开发软件的完工进度确认收入

2.（单选题）某公司将设备租赁给他人使用，合同约定租期从2023年9月1日到2026年8月31日，每年不含税租金为480万元，2023年8月15日一次性收取3年租金1 440万元。下列关于该租赁业务的说法中，正确的是（　　）。

A. 2023年增值税应确认的计税收入为480万元

B. 2023年增值税应确认的计税收入为160万元

C. 2023年应确认企业所得税收入1 440万元

D. 2023年应确认企业所得税收入160万元

3.（单选题）某船舶制造企业2023年年初承接大型船舶制造业务，2023年全年按照完成工作量确认的收入为5 800万元，船东确认的工作量为5 000万元，合同约定船

东按照确认工作量的80%支付进度款，实际收到价款4 000万元。企业该制造业务应确认所得税收入（　　）万元。

A. 4 500　　B. 5 000　　C. 4 000　　D. 5 800

4.（单选题）2022年1月甲居民企业以800万元直接投资乙居民企业，取得40%的股权。2023年12月，甲企业将所持乙企业股权全部转让，取得转让收入1 000万元。投资期间乙企业累计盈余公积和未分配利润共计400万元。下列关于甲企业股权转让业务的税务处理中，正确的是（　　）。

A. 应确认应纳税所得额160万元　　B. 应确认股权转让所得200万元

C. 应确认应纳税所得额1 000万元　　D. 应确认股息红利所得840万元

5.（多选题）依据企业所得税的相关规定，企业取得的下列资金中，不计入企业收入总额的有（　　）。

A. 增加企业实收资本的国家投资　　B. 企业资产的溢余收入

C. 企业使用后需归还财政的资金　　D. 按规定取得的增值税出口退税款

任务三　准予扣除项目的确定

企业申报的扣除项目和金额要真实、合法。

所谓真实，是指能提供有关支出确属已经实际发生的证明。

所谓合法，是指符合国家税法的规定，若其他法规规定与税收法规规定不一致，应以税收法规的规定为标准。

微课

确定企业所得税的扣除项目（1）

除税收法规另有规定外，税前扣除一般应遵循以下原则：

（1）权责发生制原则，是指企业费用应在发生的所属期扣除，而不是在实际支付时确认扣除。

（2）配比原则，是指企业发生的费用应当与收入配比扣除。除特殊规定外，企业发生的费用不得提前或滞后申报扣除。

（3）相关性原则，即企业可扣除的费用从性质和根源上必须与取得应税收入直接相关。

（4）确定性原则，即企业可扣除的费用不论何时支付，其金额必须是确定的。

（5）合理性原则，即符合生产经营活动常规，应当计入当期损益或者有关资产成本的必要和正常的支出。

一、准予扣除的项目

《企业所得税法》规定，企业实际发生的与取得收入有关的、合理的支出，包括成本、费用、税金、损失和其他支出，准予在计算应纳税所得额时扣除。实际业务中，计算应纳税所得额时还应注意以下三方面的内容：

①企业发生的支出应当区分收益性支出和资本性支出。收益性支出在发生当期直接扣除；资本性支出应当分期扣除或者计入有关资产成本，不得在发生当期直接扣除。

②企业的不征税收入用于支出所形成的费用或者财产，不得扣除或者计算对应的折旧、摊销扣除。

③除《企业所得税法》及其实施条例另有规定外，企业实际发生的成本、费月、税金、损失和其他支出，不得重复扣除。

1.成本。

成本，是指企业在生产经营活动中发生的销售成本、销货成本、业务支出以及其他耗费，即企业销售商品（产品、材料、下脚料、废料、废旧物资等），提供劳务、转让固定资产、无形资产（包括技术转让）的成本。

企业必须将经营活动中发生的成本合理划分为直接成本和间接成本。

直接成本是指可直接计入有关成本计算对象或劳务的经营成本中的直接材料、直接人工等。

间接成本是指多个部门为同一成本对象提供服务的共同成本，或者同一种投入可以制造、提供两种或两种以上的产品或劳务的联合成本。

直接成本可根据有关会计凭证、记录直接计入有关成本计算对象或劳务的经营成本中。间接成本必须根据与成本计算对象之间的因果关系，成本计算对象的产量等，以合理的方法分配计入有关成本计算对象中。

2.费用。

费用，是指企业每一个纳税年度为生产、经营商品和提供劳务等所发生的销售（经营）费用、管理费用和财务费用。已经计入成本的有关费用除外。

企业当年度实际发生的相关成本、费用，由于各种原因未能及时取得该成本、费用的有效凭证的，企业在预缴季度所得税时，可暂按账面发生金额进行核算；但在汇算清缴时，应补充提供该成本、费用的有效凭证。

3.税金。

税金，是指企业发生的除企业所得税和允许抵扣的增值税以外的各项税金及附加，即企业按规定缴纳的消费税、城市维护建设税、关税、资源税、土地增值税、房产税、车船税、城镇土地使用税、印花税、教育费附加、地方教育附加等税金及附加。这些已纳税金准予税前扣除。

扣除的方式有两种：

一是在发生当期扣除；

二是在发生当期计入相关资产的成本，在以后各期分摊扣除。

4.损失。

损失，是指企业在生产经营活动中发生的固定资产和存货的盘亏、毁损、报废损失、转让财产损失、呆账损失、坏账损失、自然灾害等不可抗力因素造成的损失以及其他损失。

企业发生的损失，减除责任人赔偿和保险赔款后的余额，依照国务院财政、税务主管部门的规定扣除。

企业已经作为损失处理的资产，在以后纳税年度又全部收回或者部分收回时，应当计入当期收入。

5.其他支出。

其他支出，是指除成本、费用、税金、损失外，企业在生产经营活动中发生的与生产经营活动有关的、合理的支出。

【思考】

企业因存货盘亏、毁损、报废等原因产生损失的部分，其所对应的增值税应当如何处理?

二、准予扣除的项目的标准

在计算应纳税所得额时，下列项目可按照实际发生额或规定的标准扣除：

1.工资、薪金支出。

企业发生的合理的工资、薪金支出准予据实扣除。工资、薪金，是指企业每一纳税年度支付给在本企业任职或者受雇员工的所有现金或非现金形式的劳动报酬，包括基本工资、奖金、津贴、补贴、年终加薪、加班工资，以及与员工任职或者受雇有关的其他支出。

企业实际发生的合理的工资、薪金支出，准予扣除。

2.职工福利费、工会经费、职工教育经费。

企业实际发生的职工福利费、工会经费、职工教育经费按标准扣除，未超过标准的按实际数扣除，超过标准的当年只能按标准扣除，除职工教育经费外，超出标准的部分不得扣除，也不得在以后年度结转扣除。

（1）企业实际发生的职工福利费支出，不超过工资、薪金总额14%的部分准予扣除。

职工福利费是指企业为职工提供的除职工工资、奖金、津贴、纳入工资总额管理的补贴、职工教育经费、社会保险费和补充养老保险费（年金）、补充医疗保险费及住房公积金以外的福利待遇支出，包括发放给职工或为职工支付的各项现金补贴和非货币性集体福利。

值得注意的是，企业发生的职工福利费，应该单独设置账册，进行准确核算。没有单独设置账册准确核算的，税务机关应责令企业在规定的期限内进行改正。逾期仍未改正的，税务机关可对企业发生的职工福利费进行合理的核定。

（2）企业拨缴的工会经费，不超过工资、薪金总额2%的部分准予扣除。

企业拨缴的职工工会经费，不超过工资薪金总额2%的部分，凭工会组织开具的《工会经费收入专用收据》在企业所得税税前扣除。

在委托税务机关代收工会经费的地区，企业拨缴的工会经费，也可凭合法、有效的工会经费代收凭据依法在税前扣除。

（3）企业发生的职工教育经费支出，不超过工资、薪金总额8%的部分，准予在计算企业所得税应纳税所得额时扣除；超过部分，准予在以后纳税年度结转扣除。

企业因接收学生实习所实际发生的与取得收入有关的合理支出，以及企业发生的职工教育经费支出，依法在计算应纳税所得额时扣除。

集成电路设计企业和符合条件软件企业的职工培训费用，单独进行核算并按实际发生额在计算应纳税所得额时扣除；集成电路设计企业和符合条件软件生产企业应准确划分职工教育经费中的职工培训费支出，对于不能准确划分的，以及准确划分后职工教育经费中扣除职工培训费用的余额，一律按照职工教育经费的规定比例扣除。

上述计算职工福利费、工会经费、职工教育经费的“工资、薪金总额”，是指企业按照上述第1条规定实际发放的工资、薪金总和，不包括企业的职工福利费、职工教育经费、工会经费以及养老保险费、医疗保险费、失业保险费、工伤保险费、生育保险费等社会保险费和住房公积金。

【例14-1】某企业成本、费用中，全年实发合理工资总额为600万元，实际拨付工会经费15万元，发生职工教育经费24万元、职工福利费96万元。在计算企业应纳税所得额时，准予扣除的工会经费、职工教育经费、职工福利费分别为多少？

【解析】

工会经费扣除限额：企业拨缴的工会经费，不超过工资、薪金总额2%的部分，准予扣除。因此，工会经费扣除限额=600×2%=12（万元）。

职工教育经费扣除限额：企业发生的职工教育经费支出，在不超过工资、薪金总额8%的部分，准予扣除。因此，职工教育经费扣除限额=600×8%=48（万元）。

职工福利费扣除限额：企业发生的职工福利费，在不超过工资、薪资总额14%的部分，准予扣除。因此，职工福利费扣除限额为=600×14%=84（万元）。

3.职工社会保险费及相关保险费。

（1）企业依照国务院有关主管部门或者省级人民政府规定的范围和标准为职工缴纳的“五险一金”，即基本养老保险费、基本医疗保险费、失业保险费、工伤保险费、生育保险费和住房公积金，准予扣除。

安置残疾人的机关事业单位以及由机关事业单位改制后的企业，为残疾人缴纳的机关事业单位养老保险，属于基本养老保险的范围。

（2）企业为在本企业任职或受雇的全体员工支付的补充养老保险费、补充医疗保险费，分别在不超过职工工资总额5%标准内的部分，在计算应纳税所得额时准予扣除。超过部分不得扣除。

（3）企业参加财产保险，按照规定缴纳的保险费，准予扣除。企业为投资者或者职工支付的商业保险费，不得扣除，国务院财政、税务主管部门另有规定的除外。

（4）企业依照国家有关规定为特殊工种职工支付的人身安全保险费和符合国务院财政、税务主管部门规定可以扣除的商业保险费，准予扣除。

（5）自2016年度开始，企业职工因公出差乘坐交通工具发生的人身意外保险费支出，准予企业在计算应纳税所得额时扣除。

（6）自2018年度开始，企业参加雇主责任险、公众责任险等责任保险，按照规定缴纳的保险费，准予在企业所得税税前扣除。

4.借款费用。

（1）企业在生产经营活动中发生的合理的不需要资本化的借款费用，准予扣除。

（2）企业为购置、建造固定资产、无形资产和经过12个月以上的建造才能达到预定可销售状态的存货发生借款的，在有关资产购置、建造期间发生的合理的借款费用，应予以资本化，作为资本性支出计入有关资产的成本；有关资产交付使用后发生的借款利息，可在发生当期扣除。

（3）企业通过发行债券、取得贷款、吸收保户储金等方式融资而发生的合理的费用支出，符合资本化条件的，应计入相关资产成本；不符合资本化条件的，应作为财务费用，准予在企业所得税税前据实扣除。

（4）企业以本企业为主体联合其他企业、单位、个人合作或合资开发房地产项目，且该项目未成立独立法人公司，凡开发合同或协议中约定分配项目利润的，企业应将该项目形成的营业利润额并入当期应纳税所得额统一申报缴纳企业所得税，不得在税前分配该项目的利润，而且不能因接受投资方投资额而在成本中摊销或在税前扣除相关利息支出。

5.利息费用。

企业在生产、经营活动中发生的利息费用，按下列规定扣除：

（1）非金融企业向金融企业借款的利息支出、金融企业的各项存款利息支出和同业拆借利息支出、企业经批准发行债券的利息支出可据实扣除。

（2）非金融企业向非金融企业借款的利息支出，不超过按照金融企业同期同类贷款利率计算的数额的部分可据实扣除，超过部分不允许扣除。

（3）企业从其关联方接受的债权性投资与权益性投资的比例超过规定标准而发生的利息支出，不得在计算应纳税所得额时扣除。

（4）企业向股东或其他与企业有关联关系的自然人借款的利息支出，按有关规定条件在税前扣除。

（5）企业向股东或其他与企业有关联关系的自然人以外的内部职工或其他人员借款的利息支出，其借款情况同时符合相应条件的，其利息支出在不超过按照金融企业同期同类贷款利率计算的数额的部分，准予扣除。

【例14-2】某企业2024年5月因业务发展需要，向中国银行借款100万元，借款期限半年，年利率为8%；同年6月又向自己的供应商借款200万元，借款期限半年，年利率为10%。上述借款均用于经营周转，且该企业无其他借款。企业该年计算应纳税所得额时准予扣除的利息费用为多少？

【解析】

向银行借款产生的利息费用，能够据实扣除；

向供应商借款产生的利息费用，在不超过按照金融企业同期同类贷款利率计算的数额的部分，即按年利率8%计算的部分，可据实扣除；

利息费用合计=（100×8%+200×8%）÷2=12（万元）

6.汇兑损失。

企业在货币交易中，以及纳税年度终了时将人民币以外的货币性资产、负债按照期末即期人民币汇率中间价折算为人民币时产生的汇兑损失，除已经计入有关资产成本以及与向所有者进行利润分配相关的部分外，准予扣除。

微课

确定企业所得税的扣除项目（2）

7.业务招待费。

企业发生的与生产经营活动有关的业务招待费支出，按照发生额的60%扣除，但最高不得超过当年销售（营业）收入的5‰。

当年销售（营业）收入是指包含了按会计准则核算的主营业务收入和其他业务收入，以及根据税法规定应确认为当期收入的视同销售收入，不含销货退回、销售折让与销项税额等的年销售（营业）收入。

自2011年开始，企业在筹建期间发生的与筹办活动有关的业务招待费支出，可按实际发生额的60%计入企业筹办费，并按有关规定在税前扣除。

【例14-3】某企业本年销售货物收入6 500万元，视同销售收入300万元，投资收益50万元，资产处置收益30万元，营业外收入70万元（转让商标所有权收入20万元、接受捐赠收入10万元、取得国家财政拨付的专项经费40万元）。其中，销售费用中的业务招待费为20万元，管理费用中的业务招待费为30万元。该企业计算当年应纳税所得额时，准予扣除的业务招待费为多少？

【解析】

业务招待费扣除基础：由于投资收益、资产处置损益、营业外收入不能作为计算业务招待费的扣除基础。因此，业务招待费扣除基础=6 500+300=6 800（万元）。

业务招待费扣除限额：按发生额的60%扣除，但最高不得超过当年销售（营业）收入的5‰，即6 800×5‰=34（万元），实际发生发生额的60%=（20+30）×60%=30（万元）。

业务招待费扣除限额为30万元。

8.广告费和业务宣传费。

企业每一纳税年度发生的符合条件的广告费和业务宣传费支出合并计算，除国务院财政、税务主管部门另有规定外，不超过当年销售（营业）收入15%的部分，准予扣除；超过部分，准予结转以后纳税年度扣除。

自2011年1月1日至2025年12月31日，对部分行业企业广告费和业务宣传费税前扣除的特殊规定：

（1）对化妆品制造与销售，医药制造和饮料制造（不含酒类制造）企业发生的广告费和业务宣传费支出，不超过当年销售（营业）收入30%的部分，准予扣除；超过部分，准予在以后纳税年度结转扣除。

（2）对签订广告费和业务宣传费分摊协议（以下简称分摊协议）的关联企业，其中一方发生的不超过当年销售（营业）收入税前扣除限额比例的广告费和业务宣传费支出可以在本企业扣除，也可以将其中的部分或全部按照分摊协议归集至另一方扣除。另一方在计算本企业广告费和业务宣传费支出企业所得税税前扣除限额时，可将按照上述办法归集至本企业的广告费和业务宣传费不计算在内。

（3）烟草企业的烟草广告费和业务宣传费支出，一律不得在计算应纳税所得额时扣除。

（4）自2011年开始，企业在筹建期间发生的广告费和业务宣传费，可按实际发生额计入企业筹办费，并按有关规定在税前扣除。

【例14-4】某企业为一般行业的制造型企业，本年销售货物收入6 500万元，视同销售收入300万元，投资收益50万元，资产处置收益30万元，营业外收入70万元（转让商标所有权收入20万元、接受捐赠收入10万元、取得国家财政拨付的专项经费40万元）。该企业计算当年应纳税所得额时，准予扣除的广告费和业务招待费为多少？

【解析】

广告费和业务宣传费扣除基础：由于投资收益、资产处置损益、营业外收入不能作为计算广告费和业务宣传费的扣除基础。因此，广告费和业务宣传费扣除基础=6 500+300=6 800（万元）。

广告费和业务宣传费扣除限额：不得超过当年销售（营业）收入的15%，即广告费和业务宣传费扣除限额=6 800×15%=1 020（万元）。

9.环境保护专项资金。

企业依照法律、行政法规有关规定提取的用于环境保护、生态恢复等方面的专项资金，准予扣除。上述专项资金提取后改变用途的，不得扣除。

10.租赁费。

企业根据生产经营活动的需要租入固定资产支付的租赁费，按照以下方法扣除：

（1）以经营租赁方式租入固定资产发生的租赁费支出，按照租赁期限均匀扣除。经营性租赁是指所有权不转移的租赁。

（2）以融资租赁方式租入固定资产发生的租赁费支出，按照规定构成融资租入固定资产价值的部分应当提取折旧费用，分期扣除。融资租赁是指在实质上转移与一项资产所有权有关的全部风险和报酬的一种租赁。

11.劳动保护费。

企业发生的合理的劳动保护支出，准予扣除。

劳动保护支出是指确因工作需要为雇员配备或提供工作服、手套、安全保护用品、防暑降温用品等所发生的支出。

企业根据其工作性质和特点，由企业统一制作并要求员工工作时统一着装所发生的工作服饰费用，根据规定，可以作为企业合理的支出给予税前扣除。

12.总分机构分摊费用。

非居民企业在中国境内设立的机构、场所，就其中国境外总机构所发生的与该机构、场所生产经营有关的费用，能够提供总机构出具的费用汇集范围、定额、分配依据和方法等证明文件，并合理分摊的，准予扣除。

13.公益性捐赠支出。

公益性捐赠，是指企业通过公益性社会组织、县级以上（含县级）人民政府及其部门，用于符合法律规定的公益慈善事业的捐赠。

企业当年发生以及以前年度结转的公益性捐赠支出，不超过年度利润总额12%的部分，准予扣除；超过年度利润总额12%的部分，准予以后3年内在计算应纳税所得额时结转扣除。年度利润总额，是指企业依照国家会计制度的规定计算的年度会计利润。

企业发生的公益性捐赠支出未在当年税前扣除的部分，准予向以后年度结转扣除，但结转年限自捐赠发生年度的次年起计算，最长不得超过3年。企业在对公益性捐赠支出计算扣除时，应先扣除以前年度结转的捐赠支出，再扣除当年发生的捐赠支出。

【例14-5】某企业全年实现利润总额350万元，营业外支出中含市场监督管理局罚款6万元，银行罚息5万元，税收滞纳金4万元，直接给某小学捐款75万元。该企业计算当年应纳税所得额时，公益性捐赠的扣除限额为多少？

【解析】

公益性捐赠支出扣除基础：不超过年度利润总额12%的部分，准予扣除，350×12%=42（万元）。

公益性捐赠支出扣除限额：纳税人“直接”向受赠人的捐赠属于非公益性捐赠，不得在企业所得税税前扣除。该公司的捐款，属于直接向小学捐款，属于不得扣除的部分，所以，该公司公益性捐赠扣除限额为0。

14. 资产损失。

企业当期发生的固定资产和流动资产盘亏、毁损净损失，由其提供清查盘存资料经申报后，准予扣除；企业因存货盘亏、毁损、报废等原因不得从销项税金中抵扣的进项税金，应视同企业财产损失，准予与存货损失一起在所得税前按规定扣除。

15. 依照有关法律、行政法规和国家有关税法规定准予扣除的其他项目。

如会员费、合理的会议费、差旅费、违约金、诉讼费用等，以及用于环境保护、生态恢复等方面的专项资金（改变用途后不得扣除）等。

三、不准予扣除的项目

按照《企业所得税法》的有关规定，在计算应纳税所得额时，下列支出不得扣除：

（1）向投资者支付的股息、红利等权益性投资收益款项；

（2）企业所得税税款；

（3）税收滞纳金，指纳税人、扣缴义务人违反税收法律、法规，被税务征收机关加收的滞纳金；

（4）罚金、罚款和被没收财物的损失，指纳税人违反国家有关法律、法规规定，被有关部门处以的罚款、罚金和被没收的财物；

（5）超过国家允许扣除的公益性捐赠以及非公益性捐赠支出，及超过规定标准的捐赠支出；

（6）赞助支出，指企业发生的与生产经营活动无关的各种非广告性质支出；

（7）未经核定的准备金支出，指不符合国务院财政、税务主管部门规定的各项资产减值准备、风险准备等准备金支出；根据税法相关规定，除财政部和国家税务总局核准计提的准备金可以税前扣除外，其他行业、企业计提的各项资产减值准备、风险准备等准备金均不得税前扣除；

（8）企业之间支付的管理费、企业内营业机构之间支付的租金和特许权使用费，以及非银行企业内营业机构之间支付的利息，不得扣除；

（9）与取得收入无关的其他支出。

另外，企业的不征税收入用于支出所形成的费用或财产，不得扣除或计算对应的折旧、摊销扣除。

除《企业所得税法》及其实施条例另有规定之外，企业实际发生的成本、费用、税金、损失和其他支出，不得重复扣除。

【例 14-6】某公司全年发生营业外支出 90 万元，营业外支出中含市场监督管理局罚款 6 万元，银行罚息 5 万元，税收滞纳金 4 万元，直接向某小学捐款 75 万元，该公司计算应纳税所得额时，不得税前扣除的金额共有多少？

【解析】

允许税前扣除项目：银行罚息属于纳税人按照经济合同规定支付的违约金，不属于行政罚款，可以在税前扣除。

不予税前扣除项目：市场监督管理局罚款、税收滞纳金、直接给某小学捐款均属于不得税前扣除范畴；

不得税前扣除金额=6+4+75=85（万元）

随堂测 14-3

1.（单选题）某企业 2023 年支付正式职工的合理工资总额 1 000 万元、临时工工资 30 万元。企业当年拨缴工会经费 28 万元。在计算企业所得税时，工会经费应调增的应纳税所得额为（　　）万元。

A. 7.40　　B. 8.00　　C. 28.00　　D. 9.76

2.（多选题）下列各项属于《企业所得税法》规定的职工福利费支出的有（　　）。

A. 集体福利部门工作人员的住房公积金

B. 职工因公外地就医费用

C. 自办职工食堂经费补贴

D. 车间的离退休人员工资

3.（单选题）企业支付的下列保险费中，不得在企业所得税税前扣除的是（　　）。

A. 企业为投资者购买的商业保险

B. 企业按规定为职工购买的工伤保险

C. 企业为特殊工种职工购买的法定人身安全保险

D. 企业为本单位车辆购买的机动车交通事故责任强制保险

4.（单选题）某生产企业 2023 年取得产品销售收入 5 800 万元，包装物出租收入 200 万元，转让商标所有权收入 200 万元，接受捐赠收入 20 万元，债务重组收益 10 万元，当年实际发生业务招待费 100 万元，该生产企业当年可在所得税前列支的业务招待费金额是（　　）万元。

A. 60　　B. 40　　C. 31.15　　D. 30

5.（多选题）根据企业所得税相关规定，企业下列支出中超过税法规定扣除限额标准，准予向以后年度结转扣除的有（　　）。

A. 业务宣传费支出　　B. 公益性捐赠支出

C. 广告费支出　　D. 职工教育经费支出

任务四　资产的税务处理

微课

资产的税务处理（1）

资产是由于资本投资而形成的财产，对于资本性支出以及无形资产受让、开办、开发费用，不允许作为成本、费用从纳税人的收入总额中作一次性扣除，只能采取分次计提折旧或分次摊销的方式予以扣除，即纳税人经营活动中使用的固定资产的折旧费用、无形资产和长期待摊费用的摊销费用可以扣除。

税法规定，纳入税务处理范围的资产形式主要有固定资产、生物资产、无形资产、长期待摊费用、投资资产、存货等，除盘盈固定资产外，均以历史成本为计税基础。

一、固定资产的税务处理

固定资产是指企业为生产产品、提供劳务、出租或者经营管理而持有的、使用时间超过12个月的非货币性资产，包括房屋、建筑物、机器、机械、运输工具以及其他与生产经营活动有关的设备、器具、工具、电子设备等。

（一）固定资产的计税基础

（1）外购的固定资产，以购买价款和支付的相关税费以及直接归属于使该资产达到预定用途发生的其他支出为计税基础；

（2）自行建造的固定资产，以竣工结算前发生的支出为计税基础；

（3）融资租入的固定资产，以租赁合同约定的付款总额和承租人在签订租赁合同过程中发生的相关费用为计税基础，租赁合同未约定付款总额的，以该资产的公允价值和承租人在签订租赁合同过程中发生的相关费用为计税基础；

（4）融资性售后回租业务中，承租人出售资产的行为，不确认为销售收入，对融资性租赁的资产，仍按承租人出售前原账面价值作为计税基础计提折旧；

（5）盘盈的固定资产，以同类固定资产的重置完全价值为计税基础；

（6）通过捐赠、投资非货币性资产交换、债务重组等方式取得的固定资产，以该资产的公允价值和支付的相关税费为计税基础；

（7）改建的固定资产，除已足额提取折旧的固定资产和租入的固定资产以外的其他固定资产，以改建过程中发生的改建支出增加计税基础。

（二）固定资产折旧的范围

在计算应纳税所得额时，企业按照规定计算的固定资产折旧，准予扣除。下列固定资产不得计算折旧扣除：

（1）房屋、建筑物以外未投入使用的固定资产；

（2）以经营租赁方式租入的固定资产；

（3）以融资租赁方式租出的固定资产；

（4）已足额提取折旧仍继续使用的固定资产；

（5）与经营活动无关的固定资产；

（6）单独估价作为固定资产入账的土地；

（7）其他不得计算折旧扣除的固定资产。

（三）固定资产的折旧方法

（1）企业应当自固定资产投入使用月份的次月起计算折旧；停止使用的固定资产，

应当自停止使用月份的次月起停止计算折旧；

（2）企业应当根据固定资产的性质和使用情况，合理确定固定资产的预计净残值。固定资产的预计净残值一经确定，不得变更；

（3）固定资产按照直线法计算的折旧，准予扣除；

（4）企业的固定资产由于技术进步等原因，确需加速折旧的，可以缩短折旧年限或者采取加速折旧的方法。

（四）固定资产折旧的计提年限

除国务院财政、税务主管部门另有规定外，固定资产计算折旧的最低年限如下：

（1）房屋、建筑物，为20年；

（2）飞机、火车、轮船、机器、机械和其他生产设备，为10年；

（3）与生产经营活动有关的器具、工具、家具等，为5年；

（4）飞机、火车、轮船以外的运输工具，为4年；

（5）电子设备，为3年。

从事开采石油、天然气等矿产资源的企业，在开始商业性生产前发生的费用和有关固定资产的折耗、折旧方法，由国务院财政、税务主管部门另行规定。

二、生物资产的税务处理

生物资产，是指有生命的动物和植物。

生物资产分为消耗性生物资产、生产性生物资产和公益性生物资产。

消耗性生物资产，是指为出售而持有的，或在将来收获为农产品的生物资产，包括生长中的大田作物、蔬菜、用材林以及存栏待售的牲畜等。

生产性生物资产，是指为产出农产品，提供劳务或出租等目的而持有的生物资产，包括经济林、薪炭林、产畜和役畜等。

公益性生物资产，是指以防护、环境保护为主要目的的生物资产，包括防风固沙林、水土保持林和水源涵养林等。

（一）生物资产的计税基础

生产性生物资产按照以下方法确定计税基础：

（1）外购的生产性生物资产，以购买价款和支付的相关税费为计税基础；

（2）通过捐赠、投资、非货币性资产交换、债务重组等方式取得的生产性生物资产，以该资产的公允价值和支付的相关税费为计税基础。

（二）生物资产的折旧方法和折旧年限

生产性生物资产按照直线法计算的折旧，准予扣除。企业应当自生产性生物资产投入使用月份的次月起计算折旧；停止使用的生产性生物资产，应当自停止使用月份的次月起停止计算折旧。

企业应当根据生产性生物资产的性质和使用情况，合理确定生产性生物资产的预计净残值。

生产性生物资产的预计净残值一经确定，不得变更。

生产性生物资产计算折旧的最低年限如下：

（1）林木类生产性生物资产，为10年；

（2）畜类生产性生物资产，为3年。

三、无形资产的税务处理

无形资产，是指企业长期使用但没有实物形态的资产，包括专利权、商标权、著作权、土地使用权、非专利技术、商誉等。

（一）无形资产的计税基础

无形资产按照以下方法确定计税基础：

（1）外购的无形资产，以购买价款和支付的相关税费以及直接归属于使该资产达到预定用途发生的其他支出为计税基础；

（2）自行开发的无形资产，以开发过程中该资产符合资本化条件后至达到预定用途前发生的支出为计税基础；

（3）通过捐赠、投资、非货币性资产交换、债务重组等方式取得的无形资产，以该资产的公允价值和支付的相关税费为计税基础。

（二）无形资产摊销的范围

在计算应纳税所得额时，企业按照规定计算的无形资产摊销费用，准予扣除。下列无形资产不得计算摊销费用扣除：

（1）自行开发的支出已在计算应纳税所得额时扣除的无形资产；

（2）自创商誉；

（3）与经营活动无关的无形资产；

（4）其他不得计算摊销费用扣除的无形资产。

（三）无形资产的摊销方法及年限

无形资产的摊销采取直线法。

无形资产的摊销年限不得低于10年。

作为投资或者受让的无形资产，有关法律规定或者合同约定了使用年限的，可以按照规定或者约定的使用年限分期摊销。

外购商誉的支出，在企业整体转让或者清算时，准予扣除。

企业外购的软件，凡符合固定资产或无形资产确认条件的，可以按照固定资产或无形资产进行核算，其折旧或摊销年限可以适当缩短，最短可为2年（含）。

四、长期待摊费用的税务处理

微课

资产的税务处理（2）

长期待摊费用，是指企业发生的应在1个年度以上或几个年度进行摊销的费用。在计算应纳税所得额时，企业发生的下列支出作为长期待摊费用，按照规定摊销的，准予扣除。

（1）已足额提取折旧的固定资产的改建支出；

（2）租入固定资产的改建支出；

（3）固定资产的大修理支出；

（4）其他应当作为长期待摊费用的支出。

企业的固定资产修理支出可在发生当期直接扣除。企业的固定资产改良支出，如果有关固定资产尚未提足折旧，可增加固定资产价值；如有关固定资产已提足折旧，可作为长期待摊费用，在规定的期间内平均摊销。

固定资产的改建支出，是指改变房屋或者建筑物结构、延长使用年限等发生的支出。

已足额提取折旧的固定资产的改建支出，按照固定资产预计尚可使用年限分期摊销；租入固定资产的改建支出，按照合同约定的剩余租赁期限分期摊销；改建的固定资产延长使用年限的，除已足额提取折旧的固定资产，租入固定资产的改建支出外，其他的固定资产发生改建支出，应当适当延长折旧年限。

大修理支出，按照固定资产尚可使用年限分期摊销。

《企业所得税法》所指固定资产的大修理支出，是指同时符合下列条件的支出：

①修理支出达到取得固定资产时的计税基础50%以上；

②修理后固定资产的使用年限延长2年以上。

其他应当作为长期待摊费用的支出，自支出发生月份的次月起，分期摊销，摊销年限不得低于3年。

五、存货的税务处理

存货，是指企业持有以备出售的产品或者商品、处在生产过程中的在产品、在生产或者提供劳务过程中耗用的材料和物料等。

（一）存货的计税基础

存货按照以下方法确定成本：

（1）通过支付现金方式取得的存货，以购买价款和支付的相关税费为成本；

（2）通过支付现金以外的方式取得的存货，以该存货的公允价值和支付的相关税费为成本；

（3）生产性生物资产收获的农产品，以产出或者采收过程中发生的材料费、人工费和分摊的间接费用等必要支出为成本。

（二）存货的成本计算方法

企业使用或者销售的存货的成本计算方法，可以在先进先出法、加权平均法、个别计价法中选用一种。

计价方法一经选用，不得随意变更。

企业转让以上资产，在计算应纳税所得额时，资产的净值允许扣除。其中，资产的净值是指有关资产、财产的计税基础减除已经按照规定扣除的折旧、折耗、摊销、准备金等后的余额。

除国务院财政、税务主管部门另有规定外，企业在重组过程中，应当在交易发生时确认有关资产的转让所得或者损失，相关资产应当按照交易价格重新确定计税基础。

六、投资资产的税务处理

投资资产，是指企业对外进行权益性投资和债权性投资而形成的资产。

（一）投资资产的成本

投资资产按以下方法确定成本：

（1）通过支付现金方式取得的投资资产，以购买价款为成本；

（2）通过支付现金以外的方式取得的投资资产，以该资产的公允价值和支付的相关税费为成本。

（二）投资资产成本的扣除方法

企业对外投资期间，投资资产的成本在计算应纳税所得额时不得扣除；企业在转让或者处置投资资产时，投资资产的成本准予扣除。

（三）投资企业撤回或减少投资的税务处理

投资企业从被投资企业撤回或减少投资，其取得的资产中，相当于初始出资的部分，应确认为投资收回；相当于被投资企业累计未分配利润和累计盈余公积按减少实收资本比例计算的部分，应确认为股息所得；其余部分确认为投资资产转让所得。

被投资企业发生的经营亏损，由被投资企业按规定结转弥补；投资企业不得调整减低其投资成本，也不得将其确认为投资损失。

七、税法规定与会计规定差异的处理

税法规定与会计规定差异的处理，是指在计算应纳税所得额时，企业财务、会计处理办法与税收法律、行政法规的规定不一致的，应当依照税收法律、行政法规的规定计算，即企业在平时进行会计核算时，可以按会计制度的有关规定进行账务处理，但在计算应纳税所得额和申报纳税时，对税法规定和会计制度规定有差异的，要按税法规定进行纳税调整。

（1）企业不能提供完整、准确的收入及成本、费用凭证，不能正确计算应纳税所得额的，由税务机关核定其应纳税所得额。

（2）企业应纳税所得额是根据税收法规计算出来的，它在数额上与依据财务会计制度计算的利润总额往往不一致。因此，税法规定：对企业按照有关财务会计规定计算的利润总额，要按照税法的规定进行必要调整后，才能作为应纳税所得额计算缴纳所得税。

（3）企业依法清算时，以其清算终了后的清算所得为应纳税所得额，按规定缴纳企业所得税。

所谓清算所得，是指企业的全部资产可变现净值或交易价格减除资产净值、清算费用以及相关税费等后的余额。

投资方企业从被清算企业分得的剩余财产，其中相当于从被清算企业累计未分配利润和累计盈余公积中应当分得的部分，应当确认为股息所得；剩余资产减除上述股息所得后的余额，超过或者低于投资成本的部分，应当确认为投资资产转让所得或损失。

随堂测 14-4

1.（单选题）依据企业所得税的相关规定，下列固定资产中可以计提折旧的是（　　）。

A.闲置未用的仓库和办公楼

B.以经营租赁方式租入的生产设备

C.单独估价作为固定资产入账的土地

D.已提足折旧仍继续使用的运输工具

2.（单选题）某市一家彩电生产企业，为增值税一般纳税人，适用企业所得税税率为25%。2024年6月，企业为了提高产品性能与安全度，从国内购入2台安全生产专用设备并于当月投入使用，取得的增值税专用发票上注明价款400万元，增值税52万元，企业未选择一次性计入成本费用扣除，会计上采用直线法按5年计提折旧，残值率为8%（经税务机关认可），税法规定该设备直线法折旧年限为10年。计算企业所得税应纳税所得额时，2024年2台安全生产专用设备折旧费调整应纳税所得额的金额是（　　）万元。

A. 18.40　　B.33.25　　C. 36.80　　D.43.01

3.（多选题）关于无形资产的企业所得税处理，下列说法中正确的有（　　）。

A.无形资产的摊销，采用直线法，摊销年限一般不得低于10年

B.外购商誉的支出，在企业整体转让或清算时扣除

C.自创商誉不得计算摊销费用扣除

D.通过债务重组方式取得的无形资产，以应收债权和支付的相关税费作为计税基础

E.作为投资的无形资产，有关合同约定了使用年限的，可按照约定的使用年限摊销

4.（单选题）根据企业所得税相关规定，一般情况下无形资产摊销年限不得低于（　　）年。

A. 3　　B. 5　　C. 7　　D. 10

任务五　亏损弥补与税收优惠

按照税法相关规定，纳税人在当年申报企业所得税时，可以申请将以前年度的亏损以及本年度享受的税收优惠在税前予以扣除。

一、亏损弥补

微课

亏损弥补与税收优惠

亏损，是指企业依照《企业所得税法》及其实施条例的规定，将每一纳税年度的收入总额减除不征税收入、免税收入和各项扣除后小于零的数

额，并不是企业财务报表中反映的亏损额。

税法规定，企业某一纳税年度发生的亏损可以用下一年度的所得弥补，下一年度的所得不足以弥补的，可以逐年延续弥补，但最长不得超过5年，5年内不论是盈利还是亏损，都作为实际弥补年限计算。

而且，企业在汇总计算缴纳企业所得税时，其境外营业机构的亏损不得抵减境内营业机构的盈利。

【思考】

应纳税所得额与会计利润有什么联系和区别?

【例14-7】某企业2017—2023年未经纳税调整的应纳税所得额情况见表14-2。

表14-2　某企业2017—2023年未经纳税调整的应纳税所得额情况　单位：万元

年度	2017	2018	2019	2020	2021	2022	2023
应税所得额	-90	20	10	-20	30	10	50

要求：分析、计算该企业各纳税年度经过亏损抵补后的应纳税所得额。

【解析】

判断2017年的亏损弥补情况：2017年的亏损要用2018—2022年的所得弥补，先亏先补。到2022年，2017年的亏损未补完，但5年抵亏期满，还有20万元亏损不得在税前弥补。

判断2020年的亏损弥补情况：2020年的亏损只能用2023年的所得弥补，2020年补亏后还有30万元。

确定应纳税所得额：在这7年中，经过连续抵补2017—2022年应纳税所得额均为0，最终应纳税所得额为2023年度扣除抵补2020年度的20万元后的余额30万元。

（1）自2018年1月1日起，当年具备高新技术企业或科技型中小企业资格（以下简称资格）的企业，其具备资格年度之前5个年度发生的尚未弥补完的亏损，准予结转以后年度弥补，最长结转年限由5年延长至10年。

（2）自2020年1月1日起，国家鼓励的线宽小于130纳米（含）的集成电路生产企业，属于国家鼓励的集成电路生产企业清单年度之前5个纳税年度发生的尚未弥补完的亏损，准予向以后年度结转，总结转年限最长不得超过10年。

（3）受疫情影响较大的困难行业企业2020年度发生的亏损，最长结转年限由5年延长至8年。

所称困难行业企业，包括交通运输、餐饮、住宿、旅游（指旅行社及相关服务、游览景区管理两类）四大类，具体判断标准按照现行《国民经济行业分类》执行。困难行业企业2020年度主营业务收入须占收入总额（剔除不征税收入和投资收益）的50%以上。

受疫情影响较大的困难行业企业按照规定适用延长亏损结转年限政策的，应当在2020年度企业所得税汇算清缴时，通过电子税务局提交《适用延长亏损结转年限政策声明》。

（4）对电影行业企业2020年度发生的亏损，最长结转年限由5年延长至8年。

电影行业企业限于电影制作、发行和放映等企业，不包括通过互联网、电信网、广播电视网等信息网络传播电影的企业。

（5）企业筹办期间不计算为亏损年度，企业开始生产经营的年度，为开始计算企业损益的年度。企业从事生产经营之前进行筹办活动期间发生的筹办费用支出，不得计算为当期的亏损，企业可以在开始经营之日的当年一次性扣除，也可以按照税法有关长期待摊费用的规定处理，但一经选定，不得改变。

二、税收优惠

税收优惠，是指国家运用税收政策在税收法律、行政法规中规定对某一部分特定企业和课税对象给予减轻或免除税收负担的一种措施。

税法规定的企业所得税的税收优惠方式包括免税、减税、加计扣除、加速折旧、减计收入、税额抵免等。

（一）免税收入

企业的免税收入包括：

（1）国债利息收入；

（2）符合条件的居民企业之间的股息、红利等权益性投资收益；

（3）在中国境内设立机构、场所的非居民企业从居民企业取得的与该机构、场所有实际联系的股息、红利等权益性投资收益；

（4）符合条件的非营利组织的收入。

（二）免征与减征优惠

企业从事农、林、牧、渔业项目的所得，包括免征和减征两部分。

1.免征企业所得税项目。

企业从事下列项目的所得，免征企业所得税：

（1）蔬菜、谷物、薯类、油料、豆类、棉花、麻类、糖料、水果、坚果的种植；

（2）农作物新品种的选育；

（3）中药材的种植；

（4）林木的培育和种植；

（5）牲畜、家禽的饲养；

（6）林产品的采集；

（7）灌溉、农产品初加工、兽医、农技推广、农机作业和维修等农、林、牧、渔服务业项目；

（8）远洋捕捞。

2.减半征收企业所得税项目。

企业从事下列项目的所得，减半征收企业所得税：

（1）花卉、茶以及其他饮料作物和香料作物的种植；

（2）海水养殖、内陆养殖。

3.从事国家重点扶持的公共基础设施项目投资经营的所得。

税法所称国家重点扶持的公共基础设施项目，是指《公共基础设施项目企业所得税优惠目录（2008年版）》（财税〔2008〕116号文件发布）规定的港口码头、机场、铁路、公路、城市公共交通、电力、水利等项目。

企业从事国家重点扶持的公共基础设施项目投资经营的所得，自项目取得第一笔生产经营收入所属纳税年度起，第1年至第3年免征企业所得税，第4年至第6年减半征收企业所得税。

企业承包经营、承包建设和内部自建自用上述规定的项目，不得享受上述企业所得税优惠。

4.从事符合条件的环境保护、节能节水项目的所得。

环境保护、节能节水项目的所得，自项目取得第一笔生产经营收入所属纳税年度起，第1年至第3年免征企业所得税，第4年至第6年减半征收企业所得税。

符合条件的环境保护、节能节水项目，包括公共污水处理、公共垃圾处理、沼气综合开发利用、节能减排技术改造、海水淡化等。

对饮水工程运营管理单位从事符合规定的饮水工程新建项目投资经营的所得，自项目取得第一笔生产经营收入所属纳税年度起，第1年至第3年免征企业所得税，第4年至第6年减半征收企业所得税。

以上规定享受减免税优惠的项目，在减免税期限内转让的，受让方自受让之日起，可以在剩余期限内享受规定的减免税优惠；减免税期限届满后转让的，受让方不得就该项目重复享受减免税优惠。

企业购置用于环境保护、节能节水、安全生产等专用设备的，该专用设备投资额的10%可从企业当年的应纳税额中抵免；当年不足抵免的，可以在以后5个纳税年度结转抵免。

5.符合条件的技术转让所得。

《企业所得税法》所称符合条件的技术转让所得免征、减征企业所得税，是指一个纳税年度内，居民企业技术转让所得不超过500万元的部分，免征企业所得税；超过500万元的部分，减半征收企业所得税。

（1）享受减免企业所得税优惠的技术转让应符合以下条件：

①享受优惠的技术转让主体是企业所得税法规定的居民企业；

②技术转让属于财政部、国家税务总局规定的范围；

③境内技术转让经省级以上科技部门认定；

④向境外转让技术经省级以上商务部门认定；

⑤国务院税务主管部门规定的其他条件。

（2）技术转让的范围，包括居民企业转让专利技术、计算机软件著作权、集成电路布图设计权、植物新品种、生物医药新品种，5年（含）以上非独占许可使用权，以及财政部和国家税务总局确定的其他技术。

（3）技术转让，是指居民企业转让其拥有符合技术转让范围规定技术的所有权或5年以上（含5年）全球独占许可使用权的行为。

（4）符合条件的技术转让所得应按以下方法计算：

技术转让所得=技术转让收入－技术转让成本－相关税费

技术转让收入是指当事人履行技术转让合同后获得的价款，不包括销售或转让设备、仪器、零部件、原材料等取得的非技术性收入。不属于与技术转让项目密不可分的技术咨询、技术服务、技术培训等收入，不得计入技术转让收入。

技术转让成本是指转让的无形资产的净值，即该无形资产的计税基础减除在资产使用期间按照规定计算的摊销扣除额后的余额。

相关税费是指技术转让过程中实际发生的有关税费，包括除企业所得税和允许抵扣的增值税以外的各项税金及其附加、合同签订费用、律师费等相关费用及其他支出。

（5）享受技术转让所得减免企业所得税优惠的企业，应单独计算技术转让所得，并合理分摊企业的期间费用；没有单独计算的，不得享受技术转让所得企业所得税优惠。

居民企业从直接或间接持有股权之和达到100%的关联方取得的技术转让所得，不享受技术转让减免企业所得税优惠政策。

6.经营性文化事业单位转制为企业有关税收政策。

经营性文化事业单位转制为企业，自转制注册之日起5年内免征企业所得税。2018年12月31日之前已完成转制的企业，自2019年1月1日起可继续免征5年企业所得税。

7.重点群体创业就业有关税收政策。

自2019年1月1日至2025年12月31日，企业招用建档立卡贫困人口，以及在人力资源社会保障部门公共就业服务机构登记失业半年以上且持《就业创业证》或《就业失业登记证》（注明“企业吸纳税收政策”）的人员，与其签订1年以上期限劳动合同并依法缴纳社会保险费的，自签订劳动合同并缴纳社会保险当月起，在3年内按实际招用人数予以定额依次扣减增值税、城市维护建设税、教育费附加、地方教育附加和企业所得税优惠。定额标准为每人每年6 000元，最高可上浮30%（各省、自治区、直辖市人民政府确定），当年扣减不完的，不得结转下年使用。

（三）高新技术企业优惠

国家需要重点扶持的高新技术企业减按15%的税率征收企业所得税。

高新技术企业，是指在符合规定的相关领域范围内，持续进行研究开发与技术成果转化，形成企业核心自主知识产权，并以此为基础开展经营活动，在中国境内（不包括港、澳、台地区）注册的居民企业，同时满足以下条件：

（1）企业申请认定时须注册成立1年以上。

（2）企业通过自主研发、受让、受赠、并购等方式，获得对其主要产品（服务）在技术上发挥核心支持作用的知识产权的所有权。

（3）对企业主要产品（服务）发挥核心支持作用的技术属于《国家重点支持的高新技术领域（2016年修订）》规定的范围。

（4）企业从事研发和相关技术创新活动的科技人员占企业当年职工总数的比例不低于10%。

（5）企业近3个会计年度（实际经营期不满3年的按实际经营时间计算，下同）的研究开发费用总额占同期销售收入总额的比例符合如下要求：

①最近1年销售收入小于5 000万元（含）的企业，比例不低于5%。

②最近1年销售收入在5 000万元至2亿元（含）的企业，比例不低于4%。

③最近1年销售收入在2亿元以上的企业，比例不低于3%。

其中，企业在中国境内发生的研究开发费用总额占全部研究开发费用总额的比例不低于60%。

④近1年高新技术产品（服务）收入占企业同期总收入的比例不低于60%。

⑤企业创新能力评价应达到相应要求。

⑥企业申请认定前一年内未发生重大安全、重大质量事故或严重环境违法行为。

（四）技术先进型服务企业所得税优惠

（1）自2017年1月1日起，对经认定的技术先进型服务企业，减按15%的税率征收企业所得税。

享受企业所得税优惠政策的技术先进型服务企业必须同时符合以下条件：

①在中国境内（不包括港、澳、台地区）注册的法人企业；

②从事《技术先进型服务业务认定范围（试行）》中的一种或多种技术先进型服务业务，采用先进技术或具备较强的研发能力；

③具有大专以上学历的员工占企业职工总数的50%以上；

④从事《技术先进型服务业务认定范围（试行）》中的技术先进型服务业务取得的收入占企业当年总收入的50%以上；

⑤从事离岸服务外包业务取得的收入不低于企业当年总收入的35%；

（2）自2018年1月1日起，对经认定的技术先进型服务企业（服务贸易类），减按15%的税率征收企业所得税。

所称技术先进型服务企业（服务贸易类）须符合的条件及认定管理事项，按照上述技术先进型服务企业的相关规定执行。其中，企业须满足的技术先进型服务业务领域范围按照财税〔2018〕44号文件所附的《技术先进型服务业务领域范围（服务贸易类）》执行。

（五）小型微利企业优惠

1.小型微利企业的基本规定。

小型微利企业减按20%的税率征收企业所得税。

小型微利企业是指从事国家非限制和禁止行业，且同时符合年度应纳税所得额不超过300万元、从业人数不超过300人、资产总额不超过5 000万元三个条件的企业。

2.小型微利企业的特殊规定。

（1）自2022年1月1日至2024年12月31日，对小型微利企业年应纳税所得额超过100万元但不超过300万元的部分，减按25%计入应纳税所得额，按20%的税率缴纳企业所得税。

（2）自2023年1月1日至2024年12月31日，对小型微利企业年应纳税所得额不超过100万元的部分，减按25%计入应纳税所得额，按20%的税率缴纳企业所得税。

（3）自2025年1月1日至2027年12月31日，对小型微利企业年应纳税所得额不超过300万元的部分，减按25%计入应纳税所得额，按20%的税率缴纳企业所得税。

（六）加计扣除优惠

加计扣除优惠包括两项内容：研发费用，企业安置残疾人员所支付的工资。

1.一般企业的研发费用。

研发活动，是指企业为获得科学与技术新知识，创造性运用科学技术新知识，或实质性改进技术、产品（服务）、工艺而持续进行的具有明确目标的系统性活动。

自2023年1月1日起，企业开展研发活动中实际发生的研发费用，未形成无形资产计入当期损益的，在按照规定据实扣除的基础上，再按照实际发生额的100%在税前加计扣除；形成无形资产的，按照无形资产成本的200%在税前摊销。

上述所称企业是指除烟草制造业、住宿和餐饮业、批发和零售业、房地产业、租赁和商务服务业、娱乐业以外的企业。

2.企业安置残疾人员所支付的工资。

企业安置残疾人员所支付的工资的加计扣除，是指企业安置残疾人员的，在按照支付给残疾职工的工资据实扣除的基础上，按照支付给残疾职工的工资的100%加计扣除。

企业享受安置残疾职工工资100%加计扣除应同时具备如下条件：

（1）依法与安置的每位残疾人签订了1年以上（含1年）的劳动合同或服务协议，并且安置的每位残疾人在企业实际上岗工作；

（2）为安置的每位残疾人按月足额缴纳了企业所在区、县人民政府根据国家政策规定的基本养老保险、基本医疗保险、失业保险和工伤保险等社会保险；

（3）定期通过银行等金融机构向安置的每位残疾人实际支付了不低于企业所在区、县适用的经省级人民政府批准的最低工资标准的工资；

（4）具备安置残疾人上岗工作的基本设施。

【例14-8】某企业2023年度管理费用中含新技术研究开发费用50万元。该企业新技术研究开发费用的税收优惠金额为多少？

【解析】

新技术研究开发费用税收优惠的金额为：自2023年1月1日，企业开展研发活动中实际发生的研发费用，未形成无形资产计入当期损益的，在按规定据实扣除的基础上，再按照实际发生额的100%在税前加计扣除。

新技术研究开发费用的税收优惠金额即可加计扣除金额=50×100%=50（万元）

（七）创业投资企业优惠

创业投资企业从事国家需要重点扶持和鼓励的创业投资，可以按投资额的一定比例抵扣应纳税所得额。

创业投资企业优惠是指创业投资企业采取股权投资方式投资于未上市的中小高新技术企业2年以上的，可以按照其投资额的70%在股权持有满2年的当年抵扣该创业投资企业的应纳税所得额；当年不足抵扣的，可以在以后纳税年度结转抵扣。

（八）加速折旧优惠

1.一般性加速折旧。

企业的固定资产由于技术进步等原因，确需加速折旧的，可以缩短折旧年限或者采取加速折旧的方法。

可采用以上折旧方法的固定资产是指：

（1）由于技术进步，产品更新换代较快的固定资产；

（2）常年处于强震动、高腐蚀状态的固定资产。

采取缩短折旧年限方法的，最低折旧年限不得低于规定折旧年限的60%；采取加速折旧方法的，可以采取双倍余额递减法或者年数总和法。

2.特殊性加速折旧。

（1）自2019年1月1日起，有关固定资产加速折旧的企业所得税政策规定如下：

①对全部制造业新购进的固定资产，可缩短折旧年限或采取加速折旧的方法。

②对全部制造业的小型微利企业新购进的研发和生产经营共用的仪器、设备，单位价值不超过100万元的，允许一次性计入当期成本费用在计算应纳税所得额时扣除，不再分年度计算折旧；单位价值超过100万元的，可缩短折旧年限或采取加速折旧的方法。

③对所有行业企业新购进的专门用于研发的仪器、设备，单位价值不超过100万元的，允许一次性计入当期成本费用在计算应纳税所得额时扣除，不再分年度计算折旧；单位价值超过100万元的，可缩短折旧年限或采取加速折旧的方法。

④对所有行业企业持有的单位价值不超过5 000元的固定资产，允许一次性计入当期成本费用在计算应纳税所得额时扣除，不再分年度计算折旧。

（2）依据税法优惠政策相关规定，企业在2024年1月1日至2027年12月31日新购进的设备、器具、单位价值不超过500万元的，允许一次性计入当期成本费用在计算应纳税所得额时扣除，不再分年度计算折旧。

（九）减计收入优惠

（1）企业综合利用资源生产符合国家产业政策规定的产品所取得的收入，可以在计算应纳税所得额时减计收入。

企业以符合税法规定的资源作为主要原材料，生产国家非限制或禁止并符合国家和行业相关标准的产品取得的收入，减按90%计入收入总额。

上述所称原材料占生产产品材料的比例不得低于《资源综合利用企业所得税优惠目录（2021年版）》规定的标准。

（2）自2019年6月1日至2025年12月31日，提供社区养老、托育、家政服务取得的收入，在计算应纳税所得额时，减按90%计入收入总额。

（3）自2024年1月1日至2027年12月31日，对金融机构农户小额贷款的利息收入，在计算应纳税所得额时，按90%计入收入总额。

（4）自2024年1月1日至2027年12月31日，对保险公司为种植业、养殖业提供保险业务取得的保费收入，在计算应纳税所得额时，按90%计入收入总额。

（5）自2024年1月1日至2027年12月31日，对经省级金融管理部门（金融办、局等）批准成立的小额贷款公司取得的农户小额贷款利息收入，在计算应纳税所得额时，按90%计入收入总额。

（十）非居民企业优惠

非居民企业减按10%的税率征收企业所得税。这里的非居民企业是指在中国境内未设立机构、场所，或者虽设立机构、场所但取得的所得与其所设机构、场所没有实际联系的企业。该类非居民企业取得下列所得免征企业所得税：

（1）外国政府向中国政府提供贷款取得的利息所得；

（2）国际金融组织向中国政府和居民企业提供优惠贷款取得的利息所得；

（3）经国务院批准的其他所得。

（十一）促进节能服务产业发展的优惠

（1）对符合条件的节能服务公司实施合同能源管理项目，符合《企业所得税法》有关规定的，自项目取得第一笔生产经营收入所属纳税年度起，第1年至第3年免征企业所得税，第4年至第6年按照25%的法定税率减半征收企业所得税。

（2）对符合条件的节能服务公司，以及与其签订节能效益分享型合同的用能企业，实施合同能源管理项目有关资产的企业所得税税务处理按以下规定执行：

①用能企业按照能源管理合同实际支付给节能服务公司的合理支出，均可以在计算当期应纳税所得额时扣除，不再区分服务费用和资产价款进行税务处理。

②能源管理合同期满后，节能服务公司转让给用能企业的因实施合同能源管理项目形成的资产，按折旧或摊销期满的资产进行税务处理，用能企业从节能服务公司接受有关资产的计税基础也应按折旧或摊销期满的资产进行税务处理。

③能源管理合同期满后，节能服务公司与用能企业办理有关资产的权属转移时，用能企业已支付的资产价款，不再另行计入节能服务公司的收入。

（3）节能服务公司与用能企业之间的业务往来，应当按照独立企业之间的业务往来收取或者支付价款、费用。不按照独立企业之间的业务往来收取或者支付价款、费用，而减少其应纳税所得额的，税务机关有权进行合理调整。

（4）用能企业对从节能服务公司取得的与实施合同能源管理项目有关的资产，应与企业其他资产分开核算，并建立辅助账或明细账。

（5）节能服务公司同时从事适用不同税收政策待遇项目的，其享受税收优惠项目应当单独计算收入扣除，并合理分摊企业的期间费用；没有单独计算的，不得享受税收优惠政策。

（十二）其他有关行业（地区）的优惠

（1）对证券投资基金从证券市场中取得的收入，包括买卖股票、债券的差价收入，股权的股息、红利收入、债券的利息收入及其他收入，暂不征收企业所得税。

（2）对投资者从证券投资基金分配中取得的收入，暂不征收企业所得税。

（3）对证券投资基金管理人运用基金买卖股票、债券的差价收入，暂不征收企业所得税。

（4）自2021年1月1日至2030年12月31日，对设在西部地区的鼓励类产业企业减按15%的税率征收企业所得税。鼓励类产业企业是指以《西部地区鼓励类产业目录》中规定的产业项目为主营业务，且其主营业务收入占企业收入总额60%以上的企业。

（5）自2020年1月1日至2024年12月31日，对注册在海南自由贸易港并实质性运营的鼓励类产业企业，减按15%的税率征收企业所得税。

（6）自2020年1月1日至2024年12月31日，对在海南自由贸易港设立的旅游业、现代服务业、高新技术产业企业新增境外直接投资取得的所得，免征企业所得税。

（7）其他符合税法相关规定的情形。

【思考】

国家设置这么多特殊行业的税收优惠，其目的是什么？

随堂测14-5

1.（单选题）企业从事下列项目的所得，免征企业所得税的是（　　）。

A.香料作物的种植　　B.牲畜的饲养

C.花卉的种植　　D.海水养殖

2.（单选题）某企业为一家小型微利企业，2023年度应纳税所得额为280万元。该企业2023年应缴纳企业所得税（　　）万元。

A.28　　B.23　　C.14　　D.19

3.（单选题）某商业企业2023年年均职工人数为275人，年均资产总额为3 960万元，当年经营收入为1 440万元，税前准予扣除项目金额为1 200万元。该企业2023年应缴纳企业所得税（　　）万元。

A. 19　　B.30　　C. 48　　D. 12

4.（单选题）下列关于企业所得税加速折旧优惠政策的说法中，正确的是（　　）。

A. 2023年企业新购进单台价值600万元的设备，可一次性税前扣除

B.企业选择享受一次性税前扣除政策的，其资产的税务处理可与会计处理不一致

C.固定资产在投入使用月份的当月所属年度一次性税前扣除

D.采取缩短折旧年限的，最低折旧年限不得低于规定折旧年限的50%

5.（多选题）下列项目所得，可以享受企业所得税“三免三减半”优惠政策的有（　　）。

A.符合条件的节能服务公司实施的合同能源管理项目所得

B.环境保护项目所得

C.国家重点扶持的公共基础设施项目所得

D.节能节水项目所得

6.（多选题）企业从事下列项目的所得，免征企业所得税的有（　　）。

A.农技推广　　B.农产品初加工

C.远洋捕捞　　D.海水养殖

任务六　企业所得税应纳税额的计算

在确定各项目的金额以后，就可以按照《企业所得税法》的规定计算当年的应纳企业所得税了。

微课

企业所得税应纳税额的计算

一、居民企业应纳税额的计算

居民企业应缴纳所得税额等于应纳税所得额乘以适用税率，基本计算公式为：

应纳税额=应纳税所得额×适用税率－减免税额－抵免税额

从计算公式中可以看出，应纳税额的多少与应纳税所得额和适用税率相关，在实际计算过程中，应纳税额的计算一般有以下两种方法。

（一）直接计算法

在直接计算法下，企业每一纳税年度的收入总额减除不征税收入、免税收入、各项扣除以及允许弥补的以前年度亏损后的余额为应纳税所得额。

其计算公式为：

应纳税所得额=收入总额－不征税收入－免税收入－各项扣除金额－允许弥补的以前年度亏损

【例 14–9】某企业为居民企业，本年度发生如下经营业务：

（1）取得产品销售收入 4 000 万元。

（2）发生产品销售成本 2 700 万元。

（3）发生销售费用 760 万元（其中，广告费 650 万元）；管理费用 410 万元（其中，业务招待费 25 万元、新技术开发费用 40 万元）；财务费用 50 万元。

（4）税金及附加 30 万元。

（5）营业外收入 110 万元，营业外支出 60 万元（含通过公益性社会团体向贫困山区捐款 30 万元，支付税收滞纳金 16 万元）。

（6）取得国债利息收入 10 万元。

（7）经审定的上年度亏损 20 万元。

请用直接法计算该企业本年度应纳企业所得税。

【解析】

企业收入总额：4 000+100+10=4 110（万元）。

不征税收入为 0。

免税收入：国债利息收入为免税收入，10 万元。

扣除项目：广告费 650 万元，可按 4 000×15%=600（万元）扣除，因此销售费用 760 万元只能扣除 760−（650−600）=710（万元）。

业务招待费扣除限额=4 000×5‰=20（万元），实际支出的 60%=25×60%=15（万元），可扣除 15 万元；新技术开发费用按发生金额加计 75% 扣除，因此扣除金额=40×

175%=70（万元）；因此管理费用扣除金额=410−10+30=430（万元）。

捐赠扣除限额为不超过会计利润的12%，会计利润=4 000+110+10−2 700−760−410−50−30−60=110（万元），捐赠额度=110×12%=13.2（万元）；税收滞纳金税前不能列支；因此营业外支出扣除金额=60−30−16+13.2=27.2（万元）。

上述各项扣除合计为2 700+710+430+50+30+27.2=3 947.2（万元）；且可抵补上年亏损20万元。

应纳税所得额=4 110−10−3 947.2−20=132.8（万元）

应纳企业所得税=132.8×25%=33.2（万元）

（二）间接计算法

在间接计算法下，在会计利润总额的基础上加或减按照税法规定调整的项目金额后，即为应纳税所得额。

现行企业所得税年度纳税申报表采取该方法，计算公式为：

应纳税所得额=会计利润总额±纳税调整项目金额

纳税调整项目金额包括两方面的内容：

一是企业财务会计制度规定的项目范围与税收法规规定的项目范围不一致应予以调整的金额；

二是企业财务会计制度规定的扣除标准与税法规定的扣除标准不一致应予以调整的金额。

【例14−10】某企业为居民企业，2023年发生如下经营业务：

（1）取得产品销售收入5 000万元；

（2）发生产品销售成本3 500万元；

（3）发生销售费用900万元（其中，广告费780万元）；管理费用380万元（其中，业务招待费30万元、新技术开发费用40万元）；财务费用100万元；

（4）税金及附加60万元；

（5）营业外收入80万元，营业外支出40万元（含通过公益性社会组织向山区捐款35万元，支付税收滞纳金5万元）；

（6）计入成本、费用中的实发工资总额200万元，拨缴工会经费5万元，发生职工福利费32万元，发生职工教育经费18万元。

请计算该企业2023年度实际应纳的企业所得税。

【解析】

根据上述内容分析可知：

会计利润总额=5 000−3 500−900−380−100−60+80−40=100（万元）

具体调整事项：

广告费应调增所得额=780−5 000×15%=780−750=30（万元）

业务招待费应调增所得额=30−30×60%=30−18=12（万元）

5 000×5‰=25（万元）＞30×60%=18（万元）

新技术开发费用应调减所得额=40×100%=40（万元）

捐赠支出应调增所得额=35−100×12%=23（万元）

工会经费应调增所得额=5−200×2%=1（万元）

职工福利费应调增所得额=32−200×14%=4（万元）

职工教育经费应调增所得额=18-200×8%=2（万元）

应纳税所得额=100+30+12-40+23+5+1+4+2=137（万元）

2023年应纳企业所得税=137×25%=34.25（万元）

二、境外所得抵扣税额的计算

企业取得的下列所得已在境外缴纳的所得税税额，可以从其当期应纳税额中抵免。

抵免限额为该所得依照《企业所得税法》规定计算的应纳税额；超过抵免税额的部分，可以在以后5个年度内，用每年度抵免限额抵免当年应抵税额后的余额进行抵补：

（1）居民企业来源于中国境外的应税所得；

（2）非居民企业在中国境内设立机构、场所，取得发生在中国境外但与该机构、场所有实际联系的应税所得。

某国（地区）所得税抵免限额 = 中国境内、境外所得依照《企业所得税法》及其实施条例的规定计算的应纳税总额 × 来源于某国（地区）的应纳税所得额 ÷ 中国境内、境外应纳税所得总额

【例14-11】假定某企业2023年度境内应纳税所得额为200万元，适用25%的企业所得税税率。另外，该企业分别在A、B两国设有分支机构（我国与A、B两国已经缔结避免双重征税协定），在A国的分支机构的应纳税所得额为50万元，A国税率为20%；在B国的分支机构的应纳税所得额为30万元，B国税率为30%。假设该企业在A、B两国所得按我国税法计算的应纳税所得额和按A、B两国税法计算的应纳税所得额一致，两个分支机构在A、B两国分别缴纳了10万元和9万元的企业所得税。请计算该企业2023年度汇总时在我国应缴纳的企业所得税。

【解析】

（1）该企业按我国税法计算的境内、境外所得的应纳税额

应纳税额=（200+ 50+ 30）×25% =70（万元）

（2）A、B两国的扣除限额

A国扣除限额=70×［50÷（200+50+30）］=12.5（万元）

B国扣除限额=70×［30÷（200+50+30）］=7.5（万元）

在A国缴纳的企业所得税为10万元，低于扣除限额12.5万元，可全额扣除。

在B国缴纳的企业所得税为9万元，高于扣除限额7.5万元，其超过扣除限额的部分13万元当年不能扣除。

（3）2023年度汇总时在我国应缴纳的企业所得税=70-10-7.5 =52.5（万元）

三、居民企业核定征收应纳税额的计算

为了加强企业所得税征收管理，规范核定征收企业所得税工作，保障国家税款及时足额入库，维护纳税人合法权益，根据《企业所得税法》及其实施条例、《税收征收管理法》及其实施细则的有关规定，核定征收企业所得税的有关规定如下：

（一）核定征收的范围

居民企业纳税人具有下列情形之一的，核定征收企业所得税：

（1）依照法律、行政法规的规定可以不设置账簿的；

（2）依照法律、行政法规的规定应当设置但未设置账簿的；

（3）擅自销毁账簿或者拒不提供纳税资料的；

（4）虽设置账簿，但账目混乱或者成本资料、收入凭证、费用凭证残缺不全，难以查账的；

（5）发生纳税义务，未按照规定的期限办理纳税申报，经税务机关责令限期申报，逾期仍不申报的；

（6）申报的计税依据明显偏低，又无正当理由的。

特殊行业、特殊类型的纳税人和一定规模以上的纳税人，不适用核定征收办法。

（二）核定征收办法

税务机关应根据纳税人的具体情况，对核定征收企业所得税的纳税人，核定应税所得率或者核定应纳所得税额。

（1）具有下列情形之一的，核定其应税所得率：

①能正确核算（查实）收入总额，但不能正确核算（查实）成本费用总额的；

②能正确核算（查实）成本费用总额，但不能正确核算（查实）收入总额的；

③通过合理方法，能计算和推定纳税人收入总额或成本费用总额的。

纳税人不属于以上情形的，核定其应纳所得税额。

（2）税务机关采用下列方法核定征收企业所得税：

①参照当地同类行业或者类似行业中经营规模和收入水平相近的纳税人的税负水平核定；

②按照应税收入额或成本费用支出额定率核定；

③按照耗用的原材料、燃料、动力等推算或测算核定；

④按照其他合理方法核定。

采用上述第①至④项所列一种方法不足以正确核定应纳税所得额或应纳税额的，可以同时采用两种以上的方法核定。

采用两种以上方法测算的应纳税额不一致时，可按测算的应纳税额从高核定。

各行业应税所得率的幅度见表14-3。

表14-3　各行业应税所得率幅度

行业	应税所得率（%）
农、林、牧、渔业	3~10
制造业	5~15
批发和零售贸易业	4~15
交通运输业	7~15
建筑业	8~20
饮食业	8~25
娱乐业	15~30
其他行业	10~30

采用应税所得率方式核定征收企业所得税的，应纳所得税额计算公式如下：

应纳所得税额=应纳税所得额×适用税率

应纳税所得额=应税收入额×应税所得率

或　　=成本（费用）支出额÷（1-应税所得率）×应税所得率

上述“应税收入额”等于收入总额减去不征税收入和免税收入后的余额，用公式表示为：

应税收入额=收入总额-不征税收入-免税收入

四、非居民企业核定征收应纳税额的计算

对于在中国境内未设立机构、场所，或者虽设立机构、场所但取得的所得与其所设机构、场所没有实际联系的非居民企业的所得，按照下列方法计算应纳税所得额：

（1）股息、红利等权益性投资收益和利息、租金、特许权使用费所得，以收入全额为应纳税所得额。

（2）转让财产所得，以收入全额减除财产净值后的余额为应纳税所得额。

（3）其他所得，参照前两项规定的方法计算应纳税所得额。

财产净值是指财产的计税基础减除已经按照规定扣除的折旧、折耗、摊销、准备金等后的余额。

非居民企业取得上述规定的相关所得，在计算缴纳企业所得税时，应以不含增值税的收入全额作为应纳税所得额。

非居民企业因会计账簿不健全，资料残缺难以查账，或者其他原因不能准确计算并据实申报其应纳税所得额的，税务机关有权采取以下方法核定其应纳税所得额：

（1）按收入总额核定应纳税所得额：适用于能够正确核算收入或通过合理方法推定收入总额，但不能正确核算成本费用的非居民企业。

计算公式如下：

应纳税所得额=收入总额×经税务机关核定的利润率

（2）按成本费用总额核定应纳税所得额：适用于能够正确核算成本费用总额，但不能正确核算收入总额的非居民企业。

计算公式如下：

应纳税所得额=成本费用总额÷（1-核定利润率）×核定利润率

（3）按经费支出总额换算收入核定应纳税所得额：适用于能够正确核算经费支出总额，但不能正确核算收入总额和成本费用的非居民企业。

计算公式如下：

应纳税所得额=经费支出总额÷（1-核定利润率）×核定利润率

（4）税务机关可按照以下标准确定非居民企业的利润率：

①从事承包工程作业、设计和咨询劳务的，利润率为15%～30%；

②从事管理服务的，利润率为30%～50%；

③从事其他劳务或劳务以外经营活动的，利润率不低于15%。

税务机关有根据认为非居民企业的实际利润率明显高于上述标准的，可以按照比上

述标准更高的利润率核定其应纳税所得额。

随堂测14-6

（不定项选择题）甲碳酸饮料生产企业（简称“甲企业”）自行核算2023年主营业务收入9 000万元、其他业务收入400万元、营业外收入300万元，主营业务成本4 800万元、其他业务成本300万元、营业外支出210万元、税金及附加420万元、管理费用550万元、销售费用900万元、财务费用180万元，投资收益120万元。

经税务师检查发现如下问题：

（1）当年11月从一般纳税人处购入的一批原材料因管理不善被盗，该批材料成本为20万元，进项税额已抵扣。甲企业未对上述业务进行处理。

（2）将12月购入小汽车缴纳的车辆购置税3万元计入税金及附加。

（3）取得经批准的财政补贴款200万元并已全额计入营业外收入，企业能提供对该资金规定专项用途的拨付文件，财政部门对该资金有专门的资金管理办法，企业能对该资金及支出单独进行核算，当年该笔资金对应的费用支出160万元已计入营业外支出。

（4）销售费用中，100万元为支付给某中介单位的销售佣金，该佣金在税法规定的扣除限额内，但是佣金中的40%为现金支付，取得了相关发票；600万元为广告费，以前年度累计结转至本年的广告费为200万元。

（5）管理费用中，80万元为与企业生产经营业务相关的业务招待费支出。

（6）单独核算的技术转让收入为800万元，与之配比的技术转让成本费用为100万元。

要求：根据上述资料，回答下列问题：

1.对于该企业取得的财政补贴，下列说法中正确的有（　　）。

A.该笔财政补贴为不征税收入

B.该笔财政补贴为应税收入

C.该笔财政补贴对应的支出可以税前扣除

D.该笔财政补贴对应的支出不得税前扣除

2.甲企业当年的会计利润总额为（　　）万元。

A.3 143　　B.3 140. 4　　C.3 143.4　　D.3 163

3.甲企业销售费用应调整的应纳税所得额为（　　）万元。

A.40　　B.160　　C.200　　D.240

4.甲企业管理费用应调整的应纳税所得额为（　　）万元。

A.48　　B.32　　C.33　　D.47

5.甲企业工资薪金及三项经费支出应调整的应纳税所得额为（　　）万元。

A.0　　B.60　　C.140　　D.40

6.甲企业当年应缴纳企业所得税（　　）万元。

A.583.35　　B.538. 35　　C.564. 1　　D.564

任务七　企业所得税预缴和年度纳税申报

一、预缴企业所得税的纳税申报

纳税人预缴所得税时，应当按照月度或者季度的实际利润预缴；计算月度或者季度的实际利润有困难的，可以按照上一纳税年度应纳税所得额的月度或者季度平均额预缴，或者按照经税务机关认可的其他方法预缴。预缴方法一经确认，该纳税年度内不得随意变更。

企业所得税月（季）度预缴纳税申报使用全国统一的纳税申报表，分如下几种：

（1）中华人民共和国企业所得税月（季）度预缴纳税申报表（A类），适用于实行查账征收企业所得税的居民企业。

（2）中华人民共和国企业所得税月（季）度和年度纳税申报表（B类），适用于实行核定征收企业所得税的居民企业。

跨地区经营汇总纳税企业的分支机构，使用中华人民共和国企业所得税月（季）度预缴纳税申报表（A类）进行年度所得税汇算清缴申报。

二、企业所得税的年度纳税申报

企业所得税采用“按年计征，分月或者分季预缴，年终汇算清缴，多退少补”的征收方法，因此，其纳税申报分为预缴纳税申报和年终纳税申报。

在核算并确定了本年度企业应纳企业所得税税额后，应根据本企业本年度预缴的企业所得税，按照税法规定的纳税期限和地点，填写企业所得税年度纳税申报表，进行纳税申报。

（一）纳税期限

企业所得税按年计征，分月或者分季预缴，年终汇算清缴，多退少补。

企业所得税的纳税年度，自公历1月1日起至12月31日止。

企业在一个纳税年度的中间开业，或者由于合并、关闭等原因终止经营活动，使该纳税年度的实际经营期不足12个月的，应当以其实际经营期为一个纳税年度。企业清算时，应当以清算期间作为一个纳税年度。

企业应当自清算结束之日起15日内，向主管税务机关报送企业所得税纳税申报表，并结清税款。自2019年起，小型微利企业所得税统一实行按季度预缴。

企业自年度终了之日起5个月内，向税务机关报送年度企业所得税纳税申报表，并汇算清缴，结清应缴应退税款。

企业在年度中间终止经营活动的，应当自实际经营终了之日起60日内，向税务机关办理当期企业所得税汇算清缴。

2021年，国家税务总局进一步简化了查账征收企业所得税预缴纳税申报表，修订后的《中华人民共和国企业所得税月（季）度预缴纳税申报表（A类）》自2021年4月1日起施行。

同时，新增的《企业所得税申报事项目录》对所有预缴申报事项进行了精准分类，企业在填报预缴申报表及相关附表时可分类别查找具体事项。

（二）纳税地点

（1）除税收法律行政法规另有规定外，居民企业以企业登记注册地为纳税地点；但登记注册地在境外的，以实际管理机构所在地为纳税地点。

企业注册登记地是指企业依照国家有关规定登记注册的住所地。

（2）居民企业在中国境内设立不具有法人资格的营业机构的，应当汇总计算并缴纳企业所得税。

企业汇总计算并缴纳企业所得税时，应当统一核算应纳税所得额，具体办法由国务院财政、税务主管部门另行制定。

（3）非居民企业在中国境内设立机构、场所的，应当就其所设机构、场所取得的来源于中国境内的所得，以及发生在中国境外但与其所设机构、场所有实际联系的所得，以机构、场所所在地为纳税地点。

非居民企业在中国境内设立两个或者两个以上机构、场所，符合国务院税务主管部门规定条件的，可以选择由其主要机构、场所汇总缴纳企业所得税。

（三）企业所得税年度纳税申报表的填报

企业所得税年度纳税申报表有37张表格，包括1张基础信息表、1张主表、6张收入费用明细表、13张纳税调整表、1张亏损弥补表、9张税收优惠表、4张境外所得抵免表和2张汇总纳税表。

企业所得税年度纳税申报表填报表单详见表14-4。

表14-4　企业所得税年度纳税申报表填报表单

表单编号	表单名称	是否填报
A000000	企业所得税年度纳税申报基础信息表	☑
A100000	中华人民共和国企业所得税年度纳税申报表（A类）	☑
A101010	一般企业收入明细表	☐
A101020	金融企业收入明细表	☐
A102010	一般企业成本支出明细表	☐
A102020	金融企业成本支出明细表	☐
A103000	事业单位、民间非营利组织收入、支出明细表	☐
A104000	期间费用明细表	☐
A105000	纳税调整项目明细表	☐
A105010	视同销售和房地产开发企业特定业务纳税调整明细表	☐
A105020	未按权责发生制确认收入纳税调整明细表	☐

续表

表单编号	表单名称	是否填报
A105030	投资收益纳税调整明细表	□
A105040	专项用途财政性资金纳税调整明细表	□
A105050	职工薪酬支出及纳税调整明细表	□
A105060	广告费和业务宣传费等跨年度纳税调整明细表	□
A105070	捐赠支出及纳税调整明细表	□
A105080	资产折旧、摊销及纳税调整明细表	□
A105090	资产损失税前扣除及纳税调整明细表	□
A105100	企业重组及递延纳税事项纳税调整明细表	□
A105110	政策性搬迁纳税调整明细表	□
A105120	贷款损失准备金及纳税调整明细表	□
A106000	企业所得税弥补亏损明细表	□
A107010	免税、减计收入及加计扣除优惠明细表	□
A107011	符合条件的居民企业之间的股息、红利等权益性投资收益优惠明细表	□
A107012	研发费用加计扣除优惠明细表	□
A107020	所得减免优惠明细表	□
A107030	抵扣应纳税所得额明细表	□
A107040	减免所得税优惠明细表	□
A107041	高新技术企业优惠情况及明细表	□
A107042	软件、集成电路企业优惠情况及明细表	□
A107050	税额抵免优惠明细表	□
A108000	境外所得税收抵免明细表	□
A108010	境外所得纳税调整后所得明细表	□
A108020	境外分支机构弥补亏损明细表	□
A108030	跨年度结转抵免境外所得税明细表	□
A109000	跨地区经营汇总纳税企业年度分摊企业所得税明细表	□
A109010	企业所得税汇总纳税分支机构所得税分配表	□
说明：企业应当根据实际情况选择需要填报的表单		

1.基础信息表。

该表为必填表，填报内容包括企业基本经营情况、有关涉税事项情况、主要股东及分工情况三部分。企业填报申报表时，首先填报此表，为后续申报提供指引。

本表反映的基本信息，既可以替代企业备案资料（如资产情况及变化、从业人数），也是税务机关进行管理所需要的信息。

2. 主表。

该表为必填表，是纳税人计算申报缴纳企业所得税的主表。本表体现企业所得税的计税流程即在会计利润的基础上，按照税法进行纳税调整，计算应纳税所得额，扣除税收优惠数额，进行境外税收抵免，最后计算应补（退）税款。

3. 收入费用明细表。

收入费用明细表主要反映企业按照会计政策所发生的成本、费用情况。这些表格也是企业进行纳税调整的主要数据来源，详见表14-5、表14-6、表14-7。

表14-5　一般企业收入明细表

行次	项　目	金额
1	一、营业收入（2+9）	
2	（一）主营业务收入（3+5+6+7+8）	
3	1. 销售商品收入	
4	其中：非货币性资产交换收入	
5	2. 提供劳务收入	
6	3. 建造合同收入	
7	4. 让渡资产使用权收入	
8	5. 其他	
9	（二）其他业务收入（10+12+13+14+15）	
10	1. 销售材料收入	
11	其中：非货币性资产交换收入	
12	2. 出租固定资产收入	
13	3. 出租无形资产收入	
14	4. 出租包装物和商品收入	
15	5. 其他	
16	二、营业外收入（17+18+19+20+21+22+23+24+25+26）	
17	（一）非流动资产处置利得	
18	（二）非货币性资产交换利得	
19	（三）债务重组利得	
20	（四）政府补助利得	
21	（五）盘盈利得	
22	（六）捐赠利得	
23	（七）罚没利得	
24	（八）确实无法偿付的应付账款	
25	（九）汇兑收益	
26	（十）其他	

表 14-6 一般企业成本支出明细表

行次	项　　目	金额
1	一、营业成本（2+9）	
2	（一）主营业务成本（3+5+6+7+8）	
3	1.销售商品成本	
4	其中：非货币性资产交换成本	
5	2.提供劳务成本	
6	3.建造合同成本	
7	4.让渡资产使用权成本	
8	5.其他	
9	（二）其他业务成本（10+12+13+14+15）	
10	1.销售材料成本	
11	其中：非货币性资产交换成本	
12	2.出租固定资产成本	
13	3.出租无形资产成本	
14	4.包装物出租成本	
15	5.其他	
16	二、营业外收入（17+18+19+20+21+22+23+24+25+26）	
17	（一）非流动资产处置损失	
18	（二）非货币性资产交换损失	
19	（三）债务重组损失	
20	（四）非常损失	
21	（五）捐赠支出	
22	（六）赞助支出	
23	（七）罚没支出	
24	（八）坏账损失	
25	（九）无法收回的债券股权投资损失	
26	（十）其他	

表 14-7　　期间费用明细表

行次	项　目	销售费用	其中：境外支付	销售费用	其中：境外支付	销售费用	其中：境外支付
		1	2	3	4	5	6
1	一、职工薪酬						
2	二、劳务费						
3	三、咨询顾问费						
4	四、业务招待费						
5	五、广告费和业务宣传费						
6	六、佣金和手续费						
7	七、资产折旧摊销费						
8	八、财产耗损、盘亏及毁损损失						
9	九、办公费						
10	十、董事会费						
11	十一、租赁费						
12	十二、诉讼费						
13	十三、差旅费						
14	十四、保险费						
15	十五、运输、仓储费						
16	十六、修理费						
17	十七、包装费						
18	十八、技术转让费						
19	十九、研究费用						
20	二十、各项税费						
21	二十一、利息收支						
22	二十二、汇兑差额						
23	二十三、现金折扣						
24	二十四、党组织工作经费						
25	二十五、其他						
26	合计（1+2+3+……+25）						

4.纳税调整表。

纳税调整是企业所得税管理的重点和难点，该表将所有税收与会计的差异需要调整的事项，按照收入、成本、资产三大类，通过共计13张表格计算反映，方便企业填报也便于税务机关纳税评估。

表单示例详见表14-8、表14-9和表14-10。

表 14-8 纳税调整项目明细表

行次	项　目	账载金额	税收金额	调增金额	调减金额
		1	2	3	4
1	一、收入类调整项目（2+3+……+8+10+11）				
2	（一）视同销售收入（填写 A105010）				
3	（二）未按权责发生制原则确认的收入（填写 A105020）				
4	（三）投资收益（填写 A105030）				
5	（四）按权益法核算长期股权投资对初始投资成本调整确认收益				
6	（五）交易性金融资产初始投资调整				
7	（六）公允价值变动净损益				
8	（七）不征税收入				
9	其中：专项用途财政性资金				
10	（八）销售折扣、折让和退回				
11	（九）其他				
12	二、扣除类调整项目（13+14+……+24+26+27+28+29+30）				
13	（一）视同销售成本（填写 A105010）				
14	（二）职工薪酬（填写 A105050）				
15	（三）业务招待费支出				
16	（四）广告费和业务宣传费支出（填写 A105060）				
17	（五）捐赠支出（填写 A105070）				
18	（六）利息支出				
19	（七）罚金、罚款和被没收财产损失				
20	（八）税收滞纳金、加收利息				
21	（九）赞助支出				
22	（十）与未实现融资收益相关在当期确认的财务费用				
23	（十一）佣金和手续费支出（保险企业填写 A105060）				
24	（十二）不征税收入用于支出所形成的费用				
25	其中：专项用途财政性资金用于支出所形成的费用（填写 A105040）				
26	（十三）跨期扣除项目				
27	（十四）与取得收入无关的支出				
28	（十五）境外所得分摊的共同支出				
29	（十六）党组织工作经费				
30	（十七）其他				

续表

行次	项　目	账载金额	税收金额	调增金额	调减金额
		1	2	3	4
31	三、资产类调整项目（32+33+34+35）				
32	（一）资产折旧、摊销（填写A105080）				
33	（二）资产减值准备金				
34	（三）资产损失（填写A105090）				
35	（四）其他				
36	四、特殊事项调整项目（37+38+……+43）				
37	（一）企业重组及递延纳税事项（填写A105100）				
38	（二）政策性搬迁（填写A105110）				
39	（三）特殊行业准备金（填写A105120）				
40	（四）房地产开发企业特定业务计算的纳税调整额（填写A105010）				
41	（五）合伙企业法人合伙人应分得的应纳税所得额				
42	（六）发行永续债利息支出				
43	（七）其他				
44	五、特别纳税调整应纳税所得				
45	六、其他				
46	合计（1+12+31+36+44+45）				

表 14-9　　职工薪酬支出及纳税调整明细表

行次	项　目	账载金额	实际发生额	税收规定扣除率	以前年度累计结转扣除额	税收金额	纳税调整金额	累计结转以后年度扣除额
		1	2	3	4	5	6 (1−5)	7 (1+4−5)
1	一、工资薪金支出							
2	其中：股权激励							
3	二、职工福利费支出							
4	三、职工教育经费支出							
5	其中：按税收规定比例扣除的职工教育经费							
6	按税收规定全额扣除的职工培训费用							
7	四、工会经费支出							
8	五、各类基本社会保障性缴款							
9	六、住房公积金							
10	七、补充养老保险							
11	八、补充医疗保险							
12	九、其他							
13	合计（1+3+4+7+8+9+10+11+12）							

表 14-10 广告费和业务宣传费等跨年度纳税调整明细表

行次	项目	广告费和业务宣传费	保险企业手续费及佣金支出
		1	2
1	一、本年广告费和业务宣传费支出		
2	减：不允许扣除的广告费和业务宣传费支出		
3	二、本年符合条件的广告费和业务宣传费支出（1-2）		
4	三、本年计算广告费和业务宣传费扣除限额的销售（营业）收入		
5	乘：税收规定的扣除率		
6	四、本企业计算的广告费和业务宣传费扣除限额（4×5）		
7	五、本年结转以后年度扣除额（3>6，本行=3-6；3≤6，本行=0）		
8	加：以前年度累计结转扣除额		
9	减：本年扣除的以前年度结转额［3>6，本行=0；3≤6，本行=8与（6-3）孰小值］		
10	六、按照分摊协议归集至其他关联方的广告费和业务宣传费（10≤3与6孰小值）		
11	按照分摊协议从其他关联方归集至本企业的广告费和业务宣传费		
12	七、本年广告费和业务宣传费支出纳税调整金额（3>6，本行=2+3-6+10-11；3<6，本行=2-9+10-11）		
13	八、累计结转以后年度扣除额（7+8-9）		

5.亏损弥补表。

亏损弥补表反映企业发生亏损如何结转问题，准确计算亏损结转年度限额有利于税务机关进行管理。

6.税收优惠表。

税收优惠表将目前我国企业所得税税收优惠的众多项目按照税基、应纳税所得额、税额扣除等进行分类，共设计了9张表格，计算税收优惠享受情况、过程，既方便纳税人填报，又便于税务机关掌握税收减免信息，保证优惠的合理性，进行优惠效益分析。

7.境外所得抵免表。

境外所得抵免表反映企业发生境外所得税如何抵免以及抵免具体计算的问题。

8.汇总纳税表。

汇总纳税表反映汇总纳税企业的总分机构如何分配税额的问题。

（四）纳税申报表的报送与税款缴纳

按照规定的格式填列的企业所得税纳税申报表应在规定的时间内报送主管税务局，目前主要的报送方式是直接报送和网上申报。

直接报送是将纳税申报表直接送达主管税务局办税服务大厅，由税务工作人员签收。

网上申报是目前广泛采用的经济、快捷的报送方式。

（五）网上申报（以查账征收汇算清缴为例）

在如图 14-1 所示的税务实训平台中，点击“企税”，进入企业所得税年度申报界面。选择相应的要填报的企业所得税类型，以查账征收汇算清缴为例，点击“企税查账汇算清缴实训系统”（如图 14-2 所示），进入查账征收汇算清缴企业所得税申报功能界面。

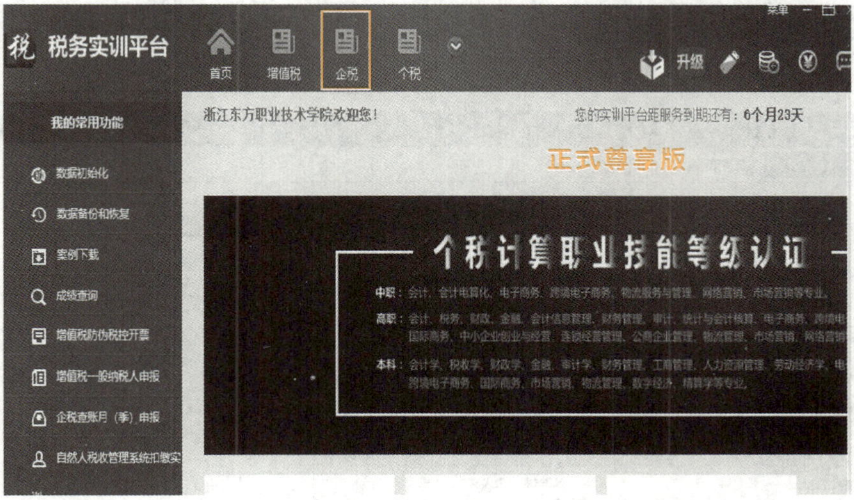

图14-1　税务实训平台

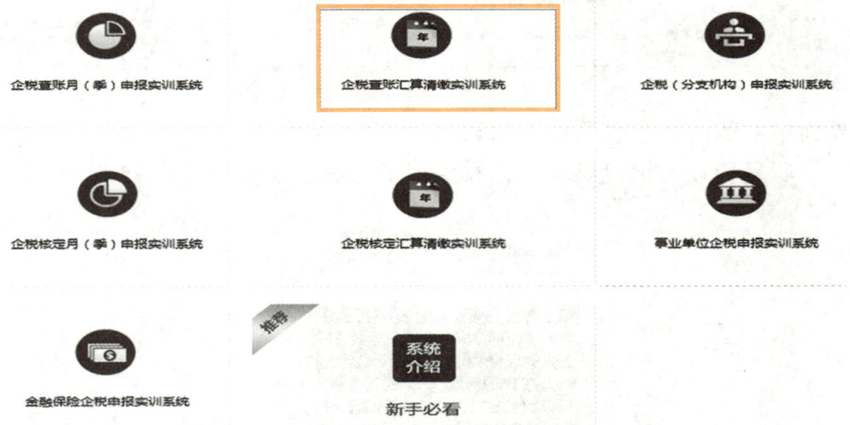

图14-2　选择“企税查账汇算清缴实训系统”

1. 基础设置。

基础设置主要是进行纳税人基础信息表格的填写，确认企业信息，方便企业所得税的申报。

具体操作方法是，选择“基础设置”→“纳税人信息”进入纳税人信息报表界面，如图 14-3、图 14-4 所示。

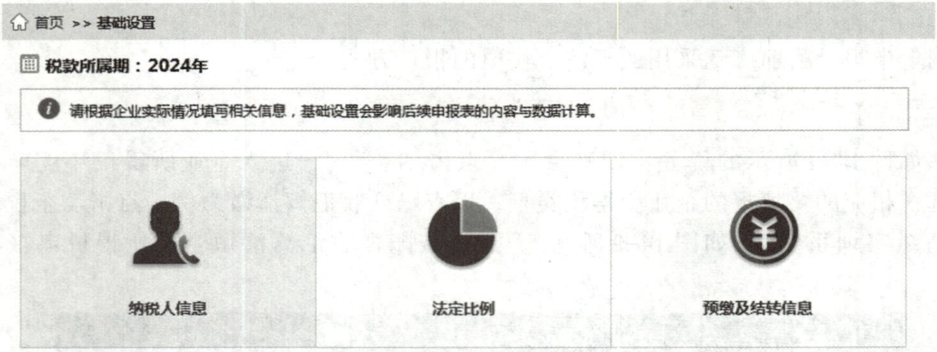

图14-3　基础设置

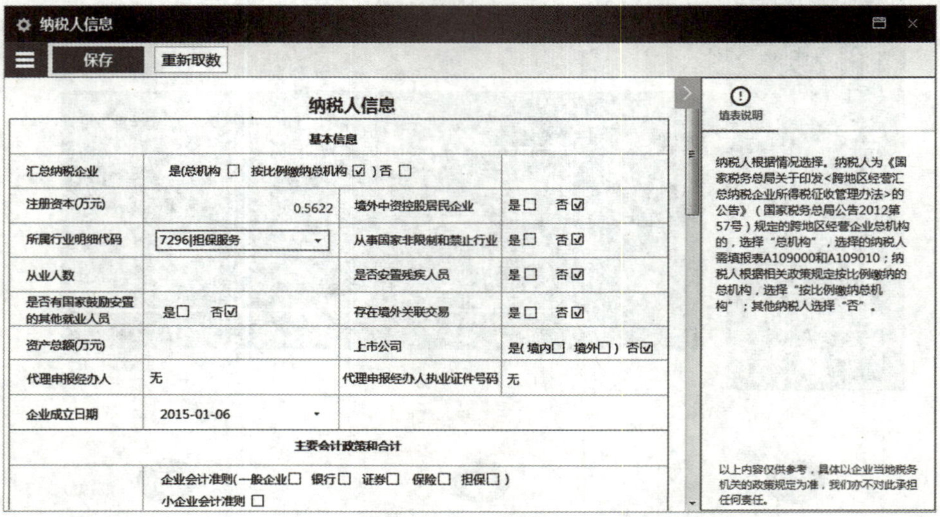

图14-4　纳税人信息

根据界面中右侧的填表说明填写信息表。

如填写“所属行业明细代码”时，右侧列示的填表说明如图14-5所示。

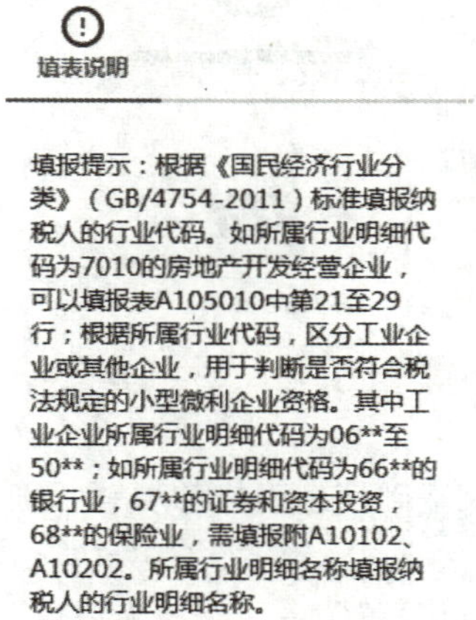

图14-5　“所属行业明细代码”填表说明

在完整填写报表后点击“保存”按钮完成纳税人信息表。

选择“基础设置”→“法定比例”，如图14-6所示。

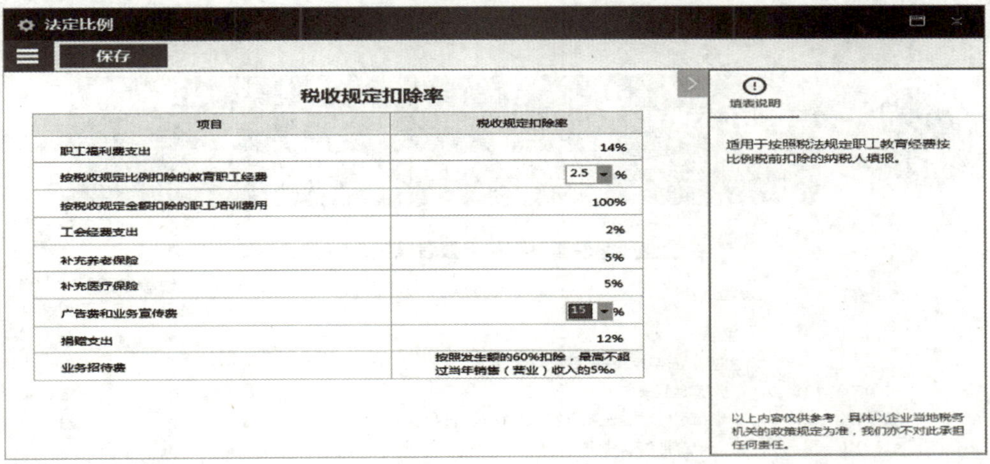

图14-6　法定比例

进入页面后可以根据实际情况修改扣除率，左边有对应项目扣除率的填表说明，完成后点击“保存”。

选择“基础设置”点击填写“预缴及结转信息”，如图14-7所示。

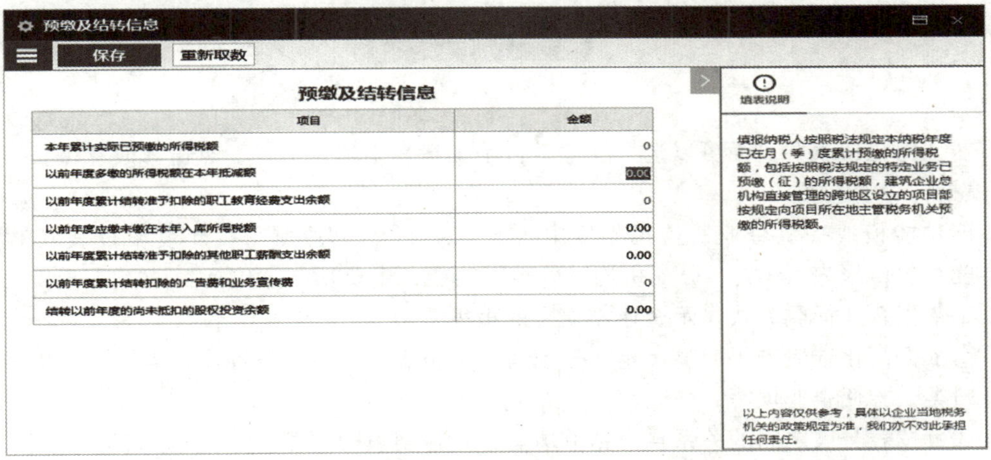

图14-7　预缴及结转信息

进入页面后根据实际公司预缴及结存的金额进行填写，左边有相对应项目的填表信息，完成填表后点击“保存”。

2.简化选表。

目前最新的企业所得税年度申报表共有37张，并适用于不同的业务内容。若不经筛选，纳税人填报时将无比繁琐且很可能无从下手。

本章主要介绍关于所得税申报表简化填写的功能，根据年度所得税申报表业务特性的《简化选表答卷》，通过纳税人答题方式来智能筛选出企业本年度需填写的申报表，以此简化纳税人的年度汇算清缴工作。

选择“汇算清缴”→“简化选表”，进入“简化选表”功能页面，如图 14-8 所示。

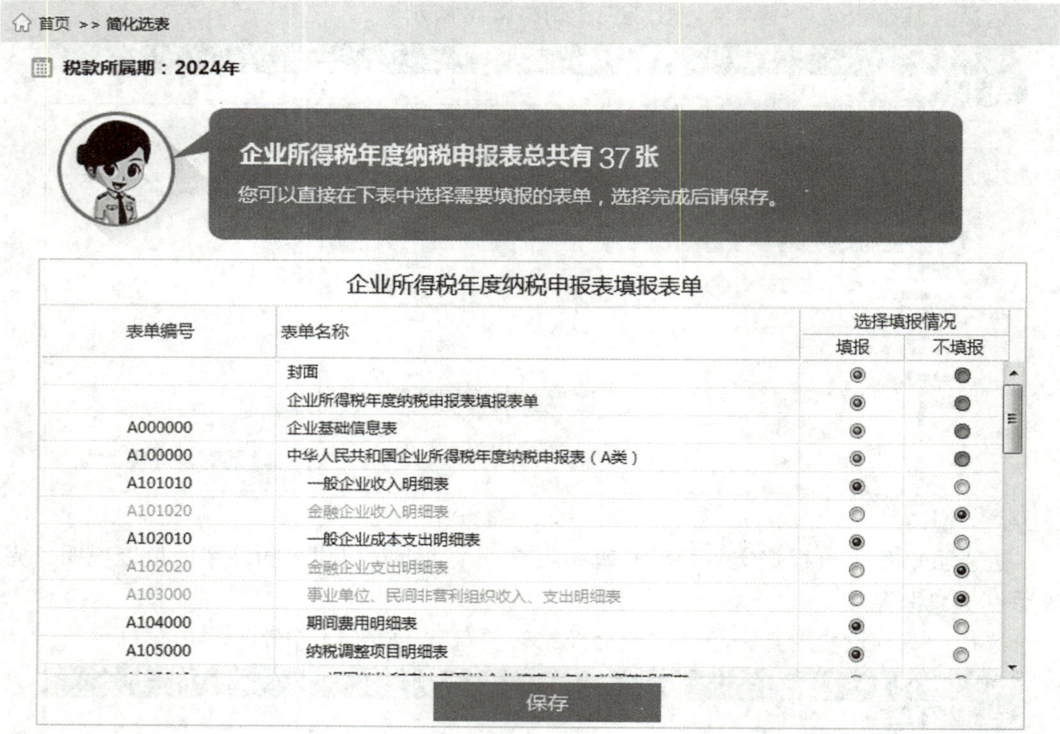

图14-8　简化选表

在“简化选表”页面可以选择性地进行手工报表不填写选择，点击修改“填报”和“不填报”。

该功能模块提供企业所得税年度申报表（A 类）、企业所得税年度申报表（B 类）和年度纳税申报表（A 类，分支机构）的填写功能，主要功能点包括：

①依据企业征收方式显示企业需填写的报表类型；

②依据简化选表结果，显示企业需填写的申报表，并按业务性质对需填写的申报表进行归类，方便企业填写；

③可按表与表之间的关系自由钻取填写，不强制填表顺序；

④依据简化选表结果及纳税人基本信息，置灰无须填写的数据项，减少填报干扰；

⑤表内表间数据自动计算；

⑥提供跟随式填表说明。

3. 申报表填写。

选择“汇算清缴”→“申报表填写”进入企业所得税申报表填写界面。

（1）查账征收（非汇总缴纳分支机构）的申报表填写主页如图 14-9 所示。

（2）核定征收企业的申报表填写主页如图 14-10 所示。

（3）查账征收（汇总缴纳分支机构）的申报表填写主页如图 14-11 所示。

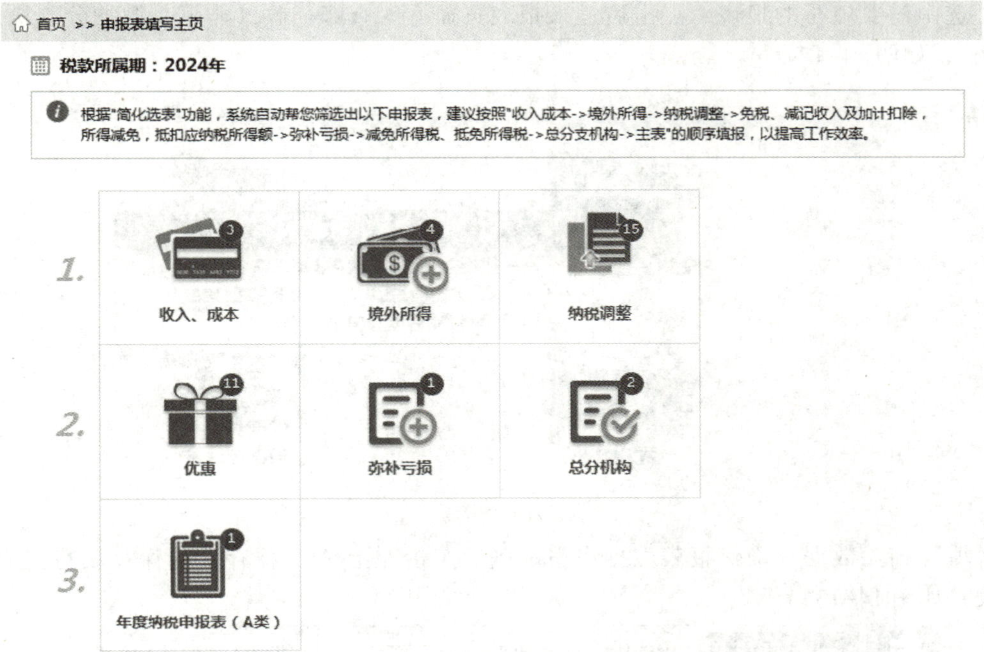

图14-9　查账征收（非汇总缴纳分支机构）的申报表填写主页

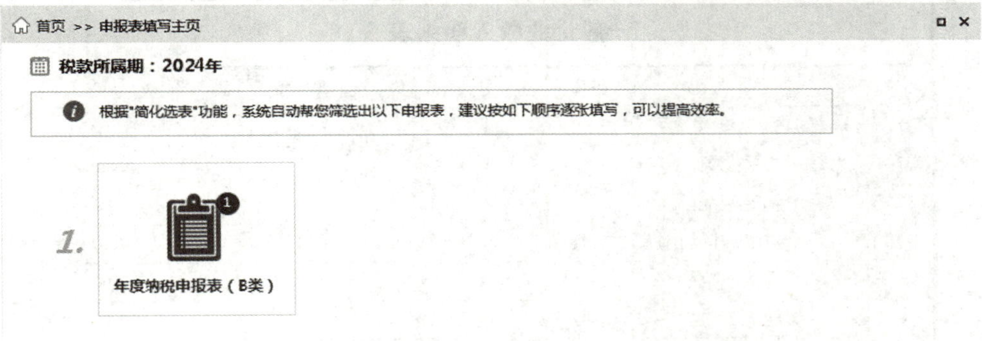

图14-10　核定征收企业的申报表填写主页

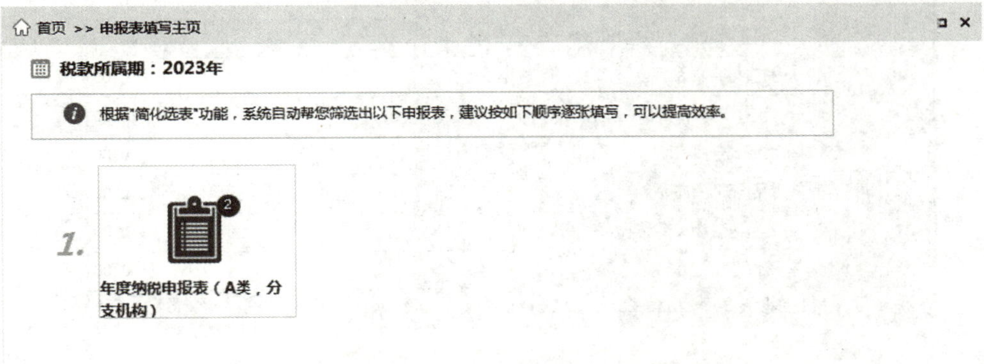

图14-11　查账征收（汇总缴纳分支机构）的申报表填写主页

选中需要填写的报表，点击后进入报表页面（以查账征收（非汇总缴纳分支机构）为例），如图14-12所示。

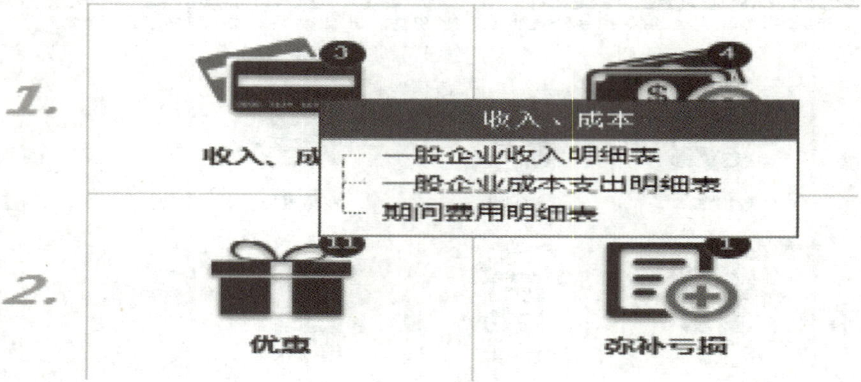

图14-12 报表页面

填写相关数据，确保报表数据完整准确后点击左上角“保存”后保存填写完成的报表，如图14-13所示。

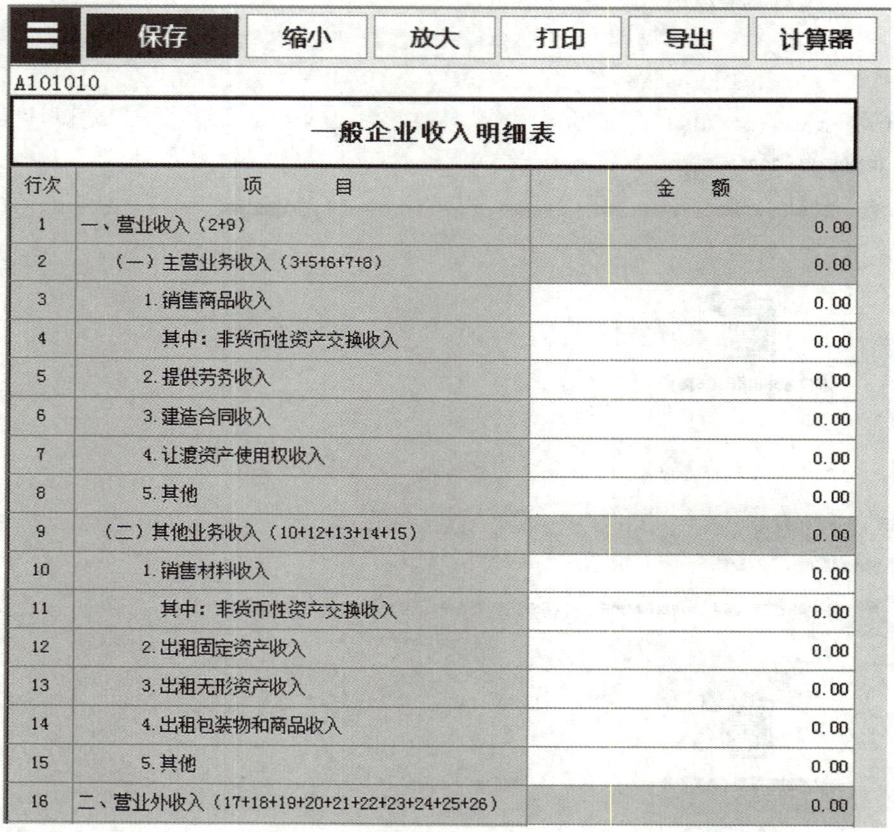

保存 缩小 放大 打印 导出 计算器

A101010

一般企业收入明细表

行次	项目	金额
1	一、营业收入（2+9）	0.00
2	（一）主营业务收入（3+5+6+7+8）	0.00
3	1.销售商品收入	0.00
4	其中：非货币性资产交换收入	0.00
5	2.提供劳务收入	0.00
6	3.建造合同收入	0.00
7	4.让渡资产使用权收入	0.00
8	5.其他	0.00
9	（二）其他业务收入（10+12+13+14+15）	0.00
10	1.销售材料收入	0.00
11	其中：非货币性资产交换收入	0.00
12	2.出租固定资产收入	0.00
13	3.出租无形资产收入	0.00
14	4.出租包装物和商品收入	0.00
15	5.其他	0.00
16	二、营业外收入（17+18+19+20+21+22+23+24+25+26）	0.00

图14-13 报表数据保存页面

在填写报表的时候，选中对应数据单元格后右边会有相关报表填写指南。“销售商品收入”的填表说明如图 14-14 所示。

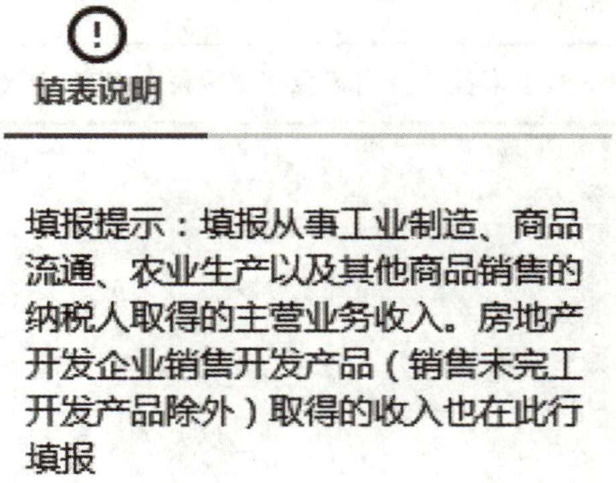

图14-14　“销售商品收入”填表说明

点击左上角的“ ”图标，如图 14-15 所示，可以切换报表，省去保存后退出再进入的操作。

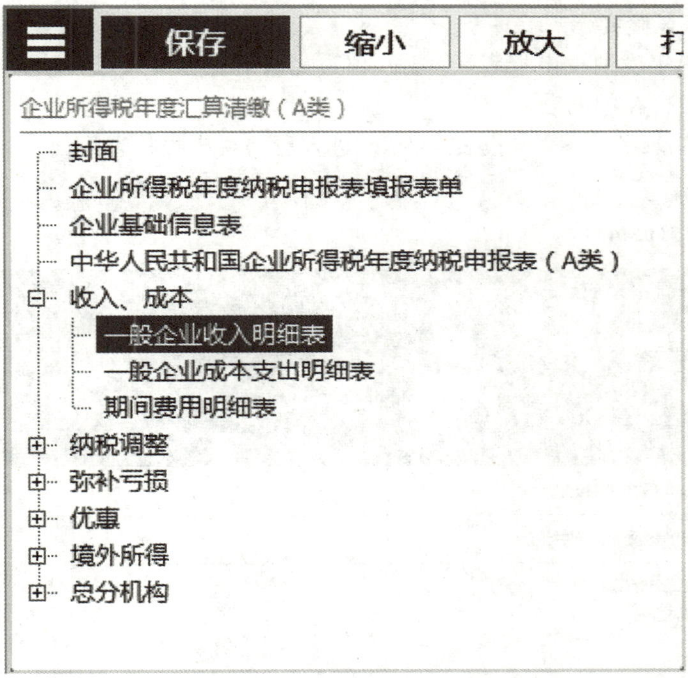

图14-15　切换报表

点击进入“中华人民共和国企业所得税年度纳税申报表（A 表）”界面，如图 14-16 所示。报表中大部分数据都是通过报表间自动获取填写。获取功能即代表可以在原始表格未保存情况下打开另外一张报表，保证原始报表数据不丢失，又能对新打开报表数据进行更新保存。

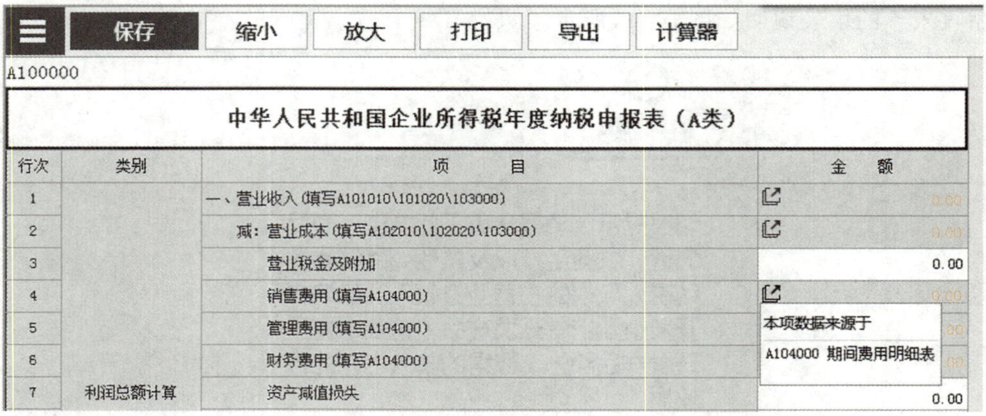
保存　缩小　放大　打印　导出　计算器

A100000

中华人民共和国企业所得税年度纳税申报表（A类）

行次	类别	项　　目	金　　额
1		一、营业收入（填写A101010\101020\103000）	0.00
2		减：营业成本（填写A102010\102020\103000）	0.00
3		营业税金及附加	0.00
4		销售费用（填写A104000）	0.00
5		管理费用（填写A104000）	本项数据来源于
6		财务费用（填写A104000）	A104000 期间费用明细表
7	利润总额计算	资产减值损失	0.00

图14-16　“中华人民共和国企业所得税年度纳税申报表（A表）”界面

备注：

在表格中黑色字体单元格代表可以编辑单元格；红色字体单元格代表合计不可编辑单元格。

4. 税收遵从风险提示

企业所得税年度纳税申报表（A类）填写完成后，应对其进行检查，以帮助企业发现申报表填写中存在的问题。

选择“汇算清缴”→“申报表自查”，进入所得税申报检查界面，如图14-17所示。

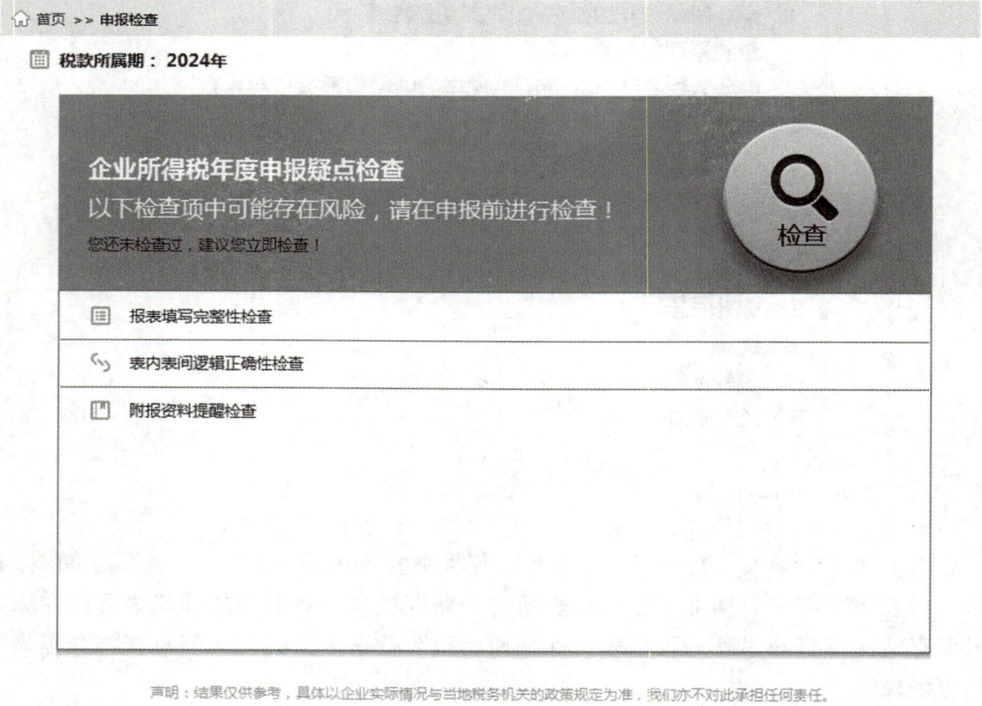

图14-17　申报检查

点击“检查”按钮，对企业所得税年度申报进行疑点检查，如图14-18所示。

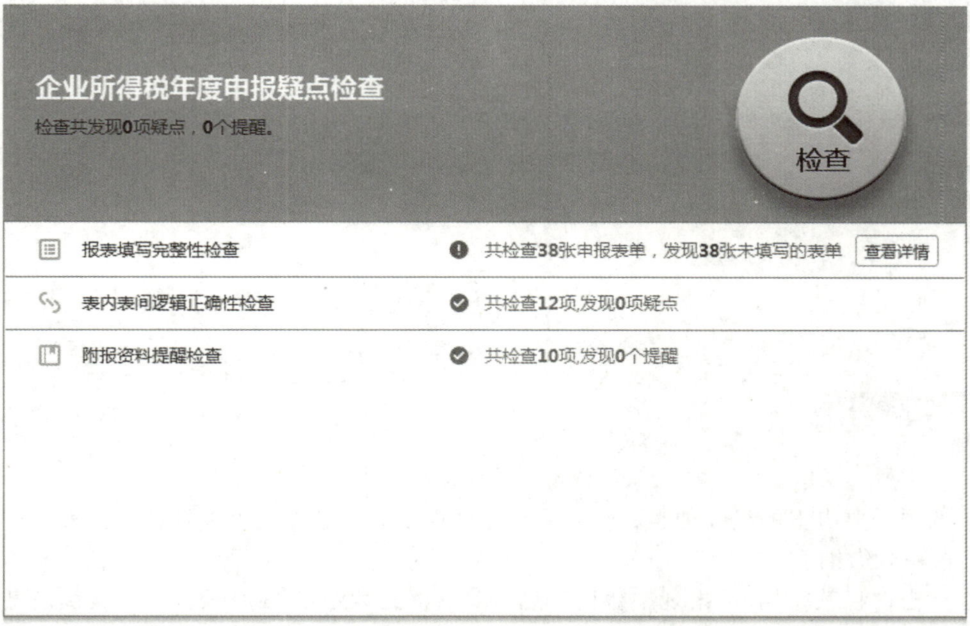

图14-18　企业所得税年度申报疑点检查结果界面

点击“查看详情”，可以对存在风险的疑点进行查看。如点击图14-18中的“查看详情”，弹出“报表填写完整性检查”对话框，如图14-19所示。

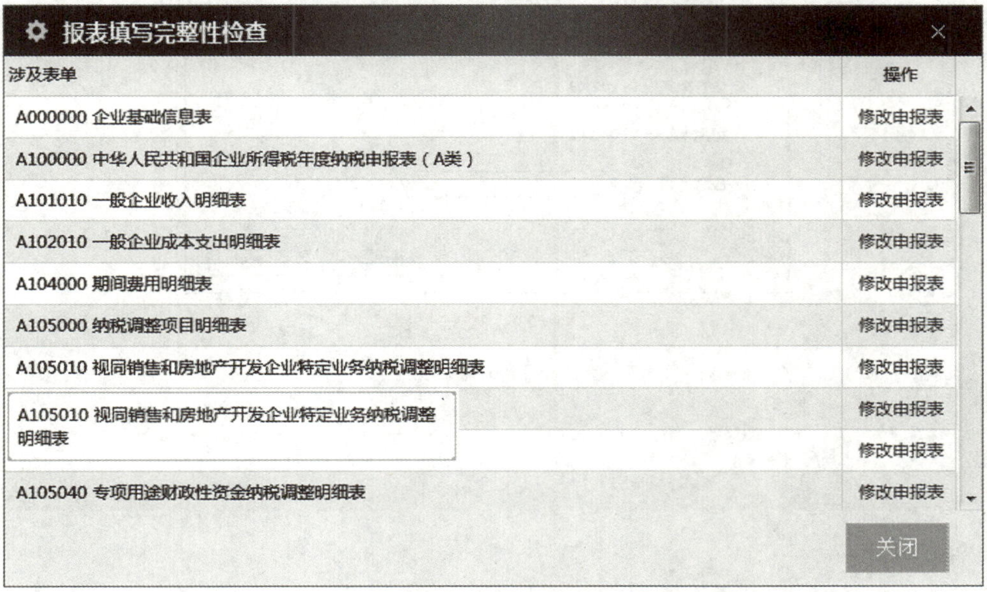

图14-19　“报表填写完整性检查”对话框

5.申报表发送。

选择“汇算清缴”→“申报表发送”，进入“申报表发送”页面，如图4-20所示。

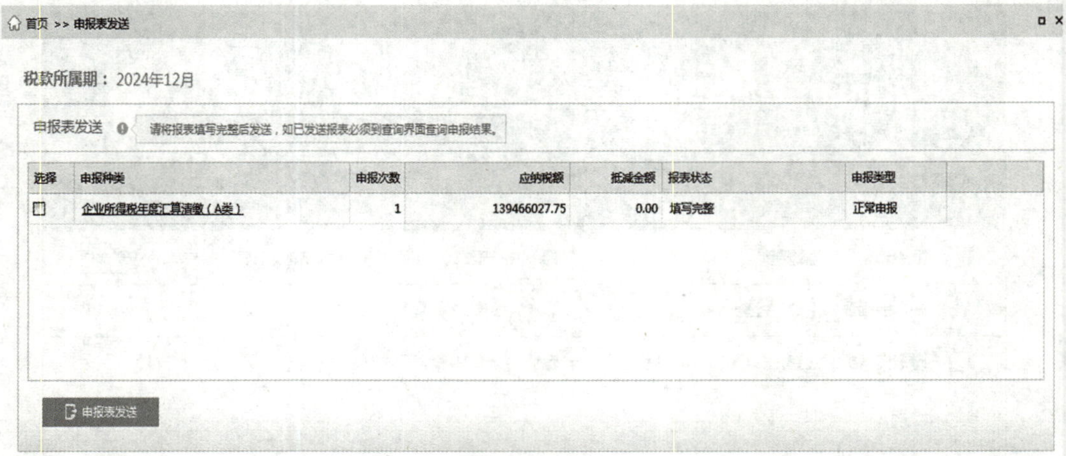

图4-20　申报表发送

选中需要申报的报表种类，确认后点击“申报表发送”就可以发送申报表。

6.税款缴纳。

点击“税款缴纳”，出现“缴税信息”对话框，如图4-21所示，核实缴税信息，信息无误，点击“缴税”，即可实现税款的缴纳。

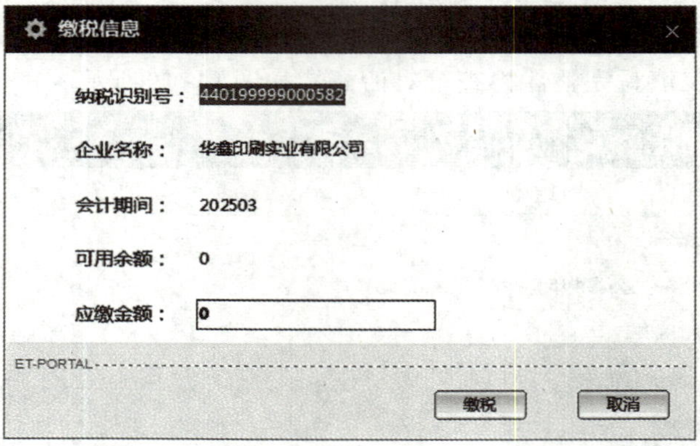

图4-21　缴税信息

项目十五
个人所得税核算与申报

学习目标

【知识目标】

■熟悉个人所得税的征税范围和税率
■了解个人所得税的纳税人
■熟悉个人所得税代扣代缴时间和地点的规定
■熟悉个人所得税自行申报时间和申报地点的规定

【能力目标】

■能够进行综合所得，经营所得，利息、股息、红利所得，财产转让所得等各种所得的个人所得税税额的计算
■能够进行境外个人所得税额计算
■能够进行个人所得税代扣代缴纳税申报计算
■能够进行个人所得税自行申报

任务一　确定个人所得税征税范围

一、个人所得税征税范围

微课
确定个人所得税征税范围

个人所得税的征税范围见表15-1。

表 15-1　　个人所得税的征税范围

工资、薪金所得	劳务报酬所得
稿酬所得	特许权使用费所得
生产经营所得	利息、股息、红利所得
财产租赁所得	财产转让所得
偶然所得	

(一) 工资、薪金所得

工资、薪金所得，是指个人因任职或者受雇而取得的工资、薪金、奖金、年终加薪、劳动分红、津贴、补贴以及与任职或者受雇有关的其他所得。

(二) 劳务报酬所得

劳务报酬所得，是指个人独立从事各种非雇佣的劳务所取得的所得，包括设计、装潢、安装、制图、化验、测试、医疗、法律、会计、咨询、讲学、新闻、广播、翻译、审稿、书画、雕刻、影视、录音、录像、演出、表演、广告、展览、技术服务、介绍服务、经纪服务、代办服务以及其他劳务取得的所得。

个人担任非任职单位董事取得的收入，也属于劳务报酬所得。

(三) 稿酬所得

稿酬所得，是指个人因其作品以图书、报刊形式出版、发表而取得的所得。

任职、受雇于报社、期刊社等单位的编辑、记者等专业人员，因在本单位的报刊上发表作品取得的所得，按“工资、薪金所得”项目缴纳个人所得税。

【思考】

报社、期刊社等单位的编辑、记者等专业人员和其他本单位的人员的稿酬性质是否一致？分别要归入哪一类？

(四) 特许权使用费所得

特许权使用费所得，是指个人提供专利权、商标权、著作权、非专利技术以及特许权的使用权取得的所得；提供著作权的使用权取得的所得，不包括稿酬所得。

上述第一项至第四项所得均属于综合所得。

(五) 经营所得

经营所得，是指：

(1) 个体工商户从事工业、手工业、建筑业、交通运输业、商业、饮食业、服务业、修理业以及其他行业生产、经营取得的所得。

(2) 个人经政府有关部门批准，取得执照，从事办学、医疗、咨询以及其他有偿服务活动取得的所得。

(3) 其他个人从事个体工商业生产、经营取得的所得。

(4) 上述个体工商户和个人取得的与生产、经营有关的各项应纳税所得。

(5) 对企事业单位的承包经营、承租经营所得，也属于经营所得。

目前我国个人独资企业和合伙企业（自然人）不缴纳企业所得税，其投资者应当按照“个体工商户的生产、经营所得”缴纳个人所得税。

【思考】

合伙企业所得税应该如何缴纳?

（六）利息、股息、红利所得

利息、股息、红利所得，是指个人拥有债权、股权等而取得的利息、股息、红利所得。

利息，是指个人拥有债权而取得的利息，包括存款利息、贷款利息和各种债券的利息。

股息，是指股东定期按一定的比率从上市公司分取的盈利，即因持有公司股票而获得的收益。

红利，是指上市公司分派股息之后按持股比例向股东分配的剩余利润。

（七）财产租赁所得

财产租赁所得，是指个人出租建筑物、土地使用权、机器设备、车船以及其他财产取得的所得。

（八）财产转让所得

财产转让所得是指个人转让有价证券、股权、建筑物、土地使用权、机器设备、车船以及其他财产取得的所得。

目前，我国对个人转让境内上市公司股票所得，暂不征收个人所得税。

（九）偶然所得

偶然所得是指个人得奖、中奖、中彩以及其他偶然性质的所得。

得奖是指参加各种有奖竞赛活动，取得名次得到的奖金。

中奖、中彩是指参加各种有奖活动，如有奖销售、有奖储蓄或者购买彩票，经过规定程序，抽中、摇中号码而取得的奖金。

二、个人所得税的扣除注意事项

（1）偶然所得直接捐赠不得扣除。

（2）通过社会公益机构间接对教育、扶贫、济困等公益慈善事业进行的捐赠，不超过纳税人申报的应纳税所得额30%的部分，允许扣除。

（3）国务院规定对公益慈善事业捐赠实行全额税前扣除的（如红十字事业、农村义务教育等），从其规定。

目前我国不受30%扣除额的限制，可以全额扣除的项目包括：红十字事业，农村义务教育，公益性青少年活动场所，福利性、非营利性的老年服务机构，中华健康快车基金会，孙冶方经济科学基金会，中华慈善总会，中国法律援助基金会，中华见义勇为基金会，宋庆龄基金会，中国福利会，中国残疾人福利基金会，中国扶贫基金会，中国煤矿尘肺病治疗基金会，中华环境保护基金会，中国教育发展基金会，中国老龄事业发展基金会，中国华文教育基金会，中国绿化基金会，中国生物多样性保护基金会，中国光彩事业基金会，中国妇女发展基金会，中国关心下一代健康教育基金会，中国医疗卫生事业发展基金会等。

1.免税项目

（1）省级人民政府、国务院部委和中国人民解放军军以上单位，以及外国组织、国际组织颁发的科学、教育、技术、文化、卫生、体育、环境保护等方面的奖金；

（2）国债和国家发行的金融债券利息；

（3）按照国家统一规定发给的补贴、津贴；

（4）福利费、抚恤金、救济金；

（5）保险赔款；

（6）军人的转业费、复员费、退役金；

（7）按照国家统一规定发给干部、职工的安家费、退职费、基本养老金或者退休费、离休费、离休生活补助费；

（8）依照有关法律规定应予免税的各国驻华使馆、领事馆的外交代表、领事官员和其他人员的所得；

（9）中国政府参加的国际公约、签订的协议中规定免税的所得；

（10）国务院规定的其他免税所得。

2.减征项目

（1）残疾、孤老人员和烈属所得；

（2）因严重自然灾害造成的重大损失。

随堂测 15-1

1.（多选题）下列所得中，属于个人所得税“工资、薪金所得”应税项目的有（ ）。

A.甲公司会计张三每周末到乙会计师事务所做业余审计助理的兼职所得

B.李四出差取得的规定标准的差旅费津贴

C.任职于杂志社的记者王五在本单位杂志上发表作品取得的所得

D.某公司总经理赵六兼任本公司董事取得的董事费所得

2.（单选题）下列选项中，属于稿酬所得的是（ ）。

A.记者在本单位刊物发表文章取得的报酬

B.提供著作权的使用权而取得的报酬

C.将国外的作品翻译出版取得的报酬

D.书画家出席笔会现场书写作画的出场费收入

任务二 确定个人所得税的纳税人和适用税率

微课

确定个人所得税的纳税人和适用税率

一、居民个人与非居民个人

居民个人和非居民个人的判断标准和个人所得税征税范围见表15-2。

表 15-2 居民个人和非居民个人的判断标准和个人所得税征税范围

纳税人	判定标准	征税范围
居民个人	1.在境内有住所（以内地为习惯性居住地） 2.在境内无住所，一个纳税年度内在境内连续居住超过183天，期间临时离境每次不超过30天，或累计不超过90天，不扣减天数	境内所得+境外所得
非居民个人	在境内没有住所（不以内地为习惯性居住地）并且在一个纳税年度内在境内连续居住不超过183天，期间临时离境每次不超过30天，或累计不超过90天，不扣减天数	境内所得

二、个人所得税税率

个人所得税税率表（概况）见表15-3。

表 15-3 个人所得税税率表（概况）

税率	应税项目
七级超额累进税率	居民个人综合所得
七级超额累进税率	非居民个人工资、薪金所得，劳务报酬所得，稿酬所得，特许权使用费所得适用
五级超额累进税率	经营所得
比例税率20%	其他7个税目
	个人出租住房减按10%税率

七级超额累进税率表（居民个人综合所得适用）见表15-4。

表 15-4 七级超额累进税率表（居民个人综合所得适用）

级数	全年应纳所得税额	税率（%）	速算扣除数
1	不超过36 000元	3	0
2	超过36 000元至144 000元的部分	10	2 520
3	超过144 000元至300 000元的部分	20	16 920
4	超过300 000元至420 000元的部分	25	31 920
5	超过420 000元至660 000元的部分	30	52 920
6	超过660 000元至960 000元的部分	35	85 920
7	超过960 000元的部分	45	181 920

七级超额累进税率表（非居民个人工资、薪金所得，劳务报酬所得，稿酬所得，特许权使用费所得适用）见表15-5。

表 15-5 七级超额累进税率表（非居民个人工资、薪金所得，劳务报酬所得,稿酬所得,特许权使用费所得适用）

级数	当月应纳税所得额	税率（%）	速算扣除数
1	不超过3 000元	3	0
2	超过3 000元至12 000元的部分	10	210
3	超过12 000元至25 000元的部分	20	1 410
4	超过25 000元至35 000元的部分	25	2 660
5	超过35 000元至55 000元的部分	30	4 410
6	超过55 000元至80 000元的部分	35	7 160
7	超过80 000元的部分	45	15 160

五级超额累进税率表（经营所得适用）见表15-6。

表15-6　五级超额累进税率表（经营所得适用）

级数	全年应纳税所得额	税率（%）	速算扣除数
1	不超过30 000元的	5	0
2	超过30 000元至90 000元的部分	10	4 500
3	超过90 000元至300 000元的部分	20	10 500
4	超过300 000元至500 000元的部分	30	40 500
5	超过500 000元的部分	35	65 500

我国个税制度以“差别税率”的方式实现“多收入多纳税，少收入少纳税”的社会公平，体现我国税收的本质和社会主义核心价值观中的“平等”的内涵。

张三应税所得额为2 999元，李四应税所得额为3 001元，请根据工资、薪金所得适用的税率计算两人应交的个人所得税。

1.全额累进计算结果

张三应交个人所得税＝2 999×3%＝89.97（元）

李四应交个人所得税＝3 001×10%＝300.1（元）

二人收入相差2元，税收相差210.13元。

2.超额累进计算结果（分段计算）

张三应交个人所得税＝2 999×3%＝89.97（元）

李四应交个人所得税＝3 000×3%+1×10%＝90.1（元）

二人收入相差2元，税收相差0.13元。

由上例我们可以看出全额累进与超额累进主要有以下区别：

1.定义不同

全额累进，是“超额累进”的对称，指按征税对象的绝对数额划分征税级距，就纳税人的征税对象全部数额以及与之相适应的级距税率征税。

超额累进，是“全额累进”的对称，指按征税对象的绝对数划分征税级距，就纳税人征税对象全部数额中符合不同级距部分的数额，分别按与之相适应的各级距税率征税，即一定征税对象的数额同时适用几个等级的税率。

2.征税方式不同

超额累进的“超”字是指征税对象超过某一等级时，仅就超过部分，按高一级税率计算征税。

全额累进则对一定征税对象的数额只适用一个等级的税率。

3.特点不同

全额累进的特点除计算简便外，还表现为：在名义税率相同的情况下，累进程度高，税负重；在征税对象级距的分界点附近，税负不合理，会出现税收增加额超过课税对象增加额的不合理现象。

超额累进的特点表现为，累进较缓和，是渐进式的，而不是跳跃式的；在累进级距的分界点附近不会出现税收增加额大于征税对象增加额的不合理现象。

随堂测 15-2

（单选题）李某在2024年1月将一处住房出租给某公司作为招待客房（已签订合同，该公司也索要了增值税专用发票）。

下列各项税务处理中，正确的有（　　）。

A. 应按12%的税率缴纳房产税　　B. 应按0.05%的税率缴纳印花税

C. 应按10%的税率缴纳个人所得税　　D. 应按5%征收率计算缴纳增值税

任务三　综合所得的个人所得税业务处理

微课

综合所得的个人所得税业务处理（一）

一、居民个人综合所得应纳税额的计算

居民个人综合所得包括工资、薪金所得，劳务报酬所得，稿酬所得，特许权使用费所得。

应纳税额计算公式为：

应纳税额＝应纳税所得额×适用税率－速算扣除数

＝（每年收入－60 000元－专项扣除－专项附加扣除）×适用税率－速算扣除数

其中：收入中的劳务报酬所得、特许权使用费所得按80%计入收入，稿酬所得按56%计入收入。

工资、薪金所得每月预缴计算公式为：

每月应预扣预缴税额＝（累计预扣预缴应纳税所得额×预扣率－速算扣除数）－累计减免税额－累计已预扣预缴税额

【思考】

保险营销员、证券经纪人的佣金收入该如何确认？

劳务报酬所得、稿酬所得、特许权使用费所得计算应预扣预缴税额的步骤为：

第一步：确认三项综合所得。

以每次收入减除费用后的余额为收入额；稿酬所得的收入额减按70%计算。

每次收入不超过4 000元的，减除费用按800元计算；每次收入在4 000元以上的，减除费用按20%计算。

第二步：计算应纳税所得额。

以每次收入额为预扣预缴应纳税所得额。

第三步：计算应预扣预缴税额。

根据预扣预缴应纳税所得额乘以适用预扣率计算应预扣预缴税额。

劳务报酬所得预扣预缴适用的三档预扣率为20%、30%和40%。

稿酬所得、特许权使用费所得适用20%的比例预扣率。

二、专项扣除

专项扣除包括，居民个人按照国家规定的范围和标准缴纳的基本养老保险费、基本医疗保险费、失业保险费等社会保险费和住房公积金等。

在企业的实际业务中，企业必须帮员工代扣代缴住房公积金、医疗保险费、基本养老保险费、失业保险费。

按照国家规定，单位为个人代扣代缴的住房公积金、医疗保险费、基本养老保险费、失业保险费，可从纳税义务人的应纳税所得额中扣除。

其他扣除还包括商业健康保险、税收递延型养老保险、企业年金、职工年金等支出。

三、专项附加扣除

专项附加扣除包括：子女教育、继续教育、大病医疗、住房贷款利息或者住房租金、赡养老人、3岁以下婴幼儿照护。

微课

综合所得的个人所得税业务处理（二）

注意：

本年度扣除不完的，不得结转以后年度扣除。

（一）子女教育专项附加扣除

1.享受条件

（1）子女为3周岁以上（含3周岁）至小学前，不论是否在幼儿园学习；

（2）子女正在接受小学、初中、高中阶段教育（包括普通高中、中等职业教育、技工教育）；

（3）子女正在接受高等教育（包括大学专科、大学本科、硕士研究生、博士研究生教育）。

上述受教育地点，包括中国境内和境外。

2.标准和方式

2023年1月1日起，每个子女每月扣除2 000元。多个符合扣除条件的子女，每个子女均可享受扣除。

扣除人由父母双方选择确定。既可以由父母一方全额扣除，也可以由父母分别扣除1 000元。

扣除方式确定后，一个纳税年度内不能变更。

3.起止时间

学前教育：子女年满3周岁的当月至小学入学前一月；

全日制学历教育：子女接受义务教育、高中教育、高等教育的入学当月至教育结束当月。

特别提示：因病或其他非主观原因休学但学籍继续保留期间，以及施教机构按规定组织实施的寒暑假等假期，可连续扣除。

4.备查资料

境内接受教育：不需要特别留存资料。

境外接受教育：境外学校录取通知书、留学签证等相关教育资料。

以上所称“子女”，包括婚生子女、非婚生子女、继子女、养子女、父母之外未成年子女监护人。

以上所称“父母”，包括生父母、继父母、养父母。

（二）继续教育专项附加扣除

1.享受条件

纳税人接受以下继续教育：

（1）学历（学位）继续教育；

（2）职业资格继续教育。

专业技术人员职业资格继续教育职业资格具体范围，以人力资源社会保障部公布的国家职业资格目录为准。

多个学历（学位）继续教育不可同时享受，多个职业资格继续教育不可同时享受，学历（学位）继续教育与职业资格继续教育可以同时享受。

2.标准和方式

学历（学位）继续教育：每月400元；

职业资格继续教育：3 600元/年。

例外：如果子女已就业，且正在接受本科以下学历继续教育，可以由父母选择按照子女教育扣除，也可以由子女本人选择按照继续教育扣除。

3.起止时间

学历（学位）继续教育：入学的当月至教育结束的当月。

同一学历（学位）继续教育的扣除期限最长不能超过48个月。

职业资格继续教育：取得相关职业资格继续教育证书上载明的发证（批准）日期的所属年度，即为可以扣除的年度。

专扣政策从2019年1月1日开始实施，该证书应当为2019年后取得。

4.备查资料

学历（学位）继续教育：不需要特别留存资料。

职业资格继续教育：技能人员、专业技术人员职业资格证书等。

（三）住房贷款利息专项附加扣除

1.享受条件

纳税人本人或者配偶，单独或者共同使用商业银行或住房公积金个人住房贷款，为本人或配偶购买中国境内住房，而发生了首套住房贷款利息支出。

首套住房贷款利息支出是否符合政策，可查阅贷款合同（协议），或者向办理贷款的银行、住房公积金中心进行咨询。

2.标准和方式

每月1 000元，扣除期限最长不超过240个月。

扣除人：夫妻双方约定，可以选择由其中一方扣除。

确定后，一个纳税年度内不变。

纳税人及其配偶婚前各自购买住房发生首套住房贷款的，婚后可以选择一方的住房，由贷款人按照每月1 000元扣除；或者由夫妻双方分别按照每月500元对各自发生的住房贷款利息支出扣除。

3.起止时间

贷款合同约定开始还款的当月至贷款全部归还或贷款合同终止的当月。

但扣除期限最长不得超过240个月。

4.备查资料

住房贷款合同、贷款还款支出凭证等。

（四）住房租金专项附加扣除

1.享受条件

纳税人在主要工作城市租房，且同时符合以下条件：

（1）本人及配偶在主要工作的城市没有自有住房；

（2）已经实际发生了住房租金支出；

（3）本人及配偶在同一纳税年度内，没有享受住房贷款利息专项附加扣除政策。也就是说，住房贷款利息与住房租金两项扣除政策只能享受其中一项，不能同时享受。

2.标准和方式

（1）直辖市、省会（首府）城市、计划单列市以及国务院确定的其他城市：每月1 500元；

（2）除上述城市以外的市辖区户籍人口超过100万人的城市：每月1 100元；

（3）除上述城市以外的，市辖区户籍人口不超过100万人（含）的城市：每月800元。

如夫妻双方主要工作城市相同的，只能由一方扣除，且选择扣除的一方必须是租赁住房合同的承租人；如夫妻双方主要工作城市不同，且无房的，可按规定标准分别进行扣除。

3.起止时间

租赁合同（协议）约定的房屋租赁期开始的当月至租赁期结束的当月；

提前终止合同（协议）的，以实际租赁行为终止的月份为准。

4.备查资料

住房租赁合同或协议等。

（五）赡养老人专项附加扣除

1.享受条件

纳税人赡养一位及以上被赡养人。

被赡养人是指年满60岁的父母，以及子女均已去世的年满60岁的祖父母、外祖父母。

2.标准和方式

纳税人为独生子女：每月3 000元。

纳税人为非独生子女，可以兄弟姐妹分摊每月3 000元的扣除额度，但每人分摊的额度不能超过每月1 500元。

具体分摊的方式：均摊、约定、指定分摊。

约定或指定分摊的，须签订书面分摊协议。

具体分摊方式和额度确定后，一个纳税年度内不能变更。

3.起止时间

被赡养人年满60周岁的当月至赡养义务终止的年末。

4.备查资料

采取约定或指定分摊的，须留存分摊协议。

（六）大病医疗专项附加扣除

1.享受条件

纳税人医保目录范围内的医药费用支出，扣除医保报销后个人负担的部分（即指医保目录范围内的自付部分）累计超过15 000元。

2.标准和方式

纳税人发生的医药费用支出可以选择由本人或者其配偶扣除；未成年子女发生的医药费用支出可以选择由其父母一方扣除。

纳税人及其配偶、未成年子女发生的医药费用支出，按规定分别计算扣除额。

在一个纳税年度内，与基本医保相关的医药费用，扣除医保报销后个人负担（即医保目录范围内的自付部分）累计超过15 000元的部分，在80 000元限额内据实扣除。

3.起止时间

为医疗保障信息系统记录的医药费用实际支出的当年。

备注：

新税法实施首年（即2019年）发生的大病医疗支出，要在2020年才能办理。

4.备查资料

患者医药服务收费及医保报销相关票据原件或复印件或者医疗保障部门出具的医药费用清单等。

（七）3岁以下婴幼儿照护专项附加扣除

1.享受条件

自2022年1月1日起，纳税人照护3岁以下婴幼儿子女。

婴幼儿父母：包括生父母、继父母、养父母；父母之外的其他人担任未成年人的法定监护人的，可以比照执行；

婴幼儿子女：包括婚生子女、非婚生子女、养子女、继子女，也包括未成年但受到本人监护的非子女。

2.标准和方式

有多个婴幼儿子女的父母，可以对不同的子女选择不同的扣除方式。例如，2022年对婴幼儿甲可以选择由一方按照每月1 000元标准扣除，2023年对婴幼儿甲可以选择由一方按照每月2 000元标准扣除，对婴幼儿乙可以选择由双方分别按照每月1 000元的标准扣除。

2023年1月1日起，在计算缴纳个人所得税前按照每个婴幼儿每月2 000元的标准定额扣除。

在扣除方式上，婴幼儿父母可以选择由其中一方按扣除标准的100%扣除，也可以选择由双方分别按扣除标准的50%扣除，具体扣除方式确定后，在一个纳税年度内不得变更。

3.起止时间

从婴幼儿出生的当月至年满3周岁的前一个月，纳税人可以享受该专项附加扣除。

这一期限，起始时间与婴幼儿出生月份保持一致，终止时间与子女教育专项附加扣除时间有效衔接，纳税人终止享受3岁以下婴幼儿照护专项附加扣除后，可按规定接续享受子女教育专项附加扣除。

4.备查资料

纳税人在预扣预缴阶段享受3岁以下婴幼儿照护专项附加扣除，可以直接在个人所得税APP上按照引导填报并推送给扣缴单位，也可以填写纸质的《扣除信息表》提交给扣缴单位。

办理年度汇算清缴时享受政策的，既可以通过个人所得税APP等报送专项附加扣除信息，也可以将电子或者纸质扣除信息表一式两份报送给汇缴地主管税务机关。

填报内容包括：配偶及子女的姓名；身份证件类型如居民身份证、子女出生医学证明等和号码；本人与配偶之间扣除分配比例等信息。

婴幼儿获得出生医学证明的，可以填写出生医学证明信息。

婴幼儿已被赋予居民身份证号码的，证件类型也可选择“居民身份证”，并填写身份证号码和婴幼儿出生时间即可。

婴幼儿名下的中国护照、外国护照、港澳居民来往内地通行证等可证明身份的证件，也可作为填报证件。

未获取上述证件的，纳税人也可选择“其他个人证件”并在备注中如实填写相关情况，不影响纳税人享受扣除。后续纳税人取得婴幼儿的出生医学证明或者居民身份证号的，及时补充更新即可。

总结

专项附加扣除总结归纳见表15-7。

表15-7 专项附加扣除总结归纳

类别	规定
子女教育	学前教育：年满3周岁当月至小学入学前
继续教育	学历教育：全日制学历教育入学当月至结束当月 学历（学位）继续教育：入学当月至结束当月，不得超过48个月
	技能人员、专业技术人员职业资格继续教育：取得证书当年
大病医疗	医疗保障信息系统记录的医药费用实际支出的当年（新税法实施首年（即2019年）发生的大病医疗支出，要在2020年才能办理）
住房贷款利息	合同约定开始还款当月至归还或终止的当月，不得超过240个月
住房租金	租赁合同（协议）约定支付租金当月至终止当月
赡养老人	被赡养人年满60周岁的当月至赡养义务终止的年末
3岁以下婴幼儿照护	从婴幼儿出生的当月至年满3周岁的前一个月

四、非居民个人综合所得税额的计算

（1）工资、薪金所得应纳税额的计算公式为：

应纳税额=应纳税所得额×适用税率-速算扣除数

=（每月收入额-5 000元）×适用税率-速算扣除数

（2）劳务报酬所得、特许权使用费所得以每次收入额的80%作为应税收入，计算公式为：

应纳税额=应纳税所得额×适用税率-速算扣除数

=每次收入额×80%×适用税率-速算扣除数

（3）稿酬所得以每次收入额的56%作为应税收入，计算公式为：

应纳税额=应纳税所得额×适用税率-速算扣除数

=每次收入额×56%×适用税率-速算扣除数

总结

劳务报酬所得中关于“次”的规定

劳务报酬所得，属于一次性收入的，以取得该项收入为一次。

属于同一项目连续性收入的，以一个月内取得的收入为一次。“同一项目”，是指劳务报酬所得列举具体劳动项目中的某一单项。

个人兼有不同的劳务报酬所得，应当分别减除费用，计算缴纳个人所得税。

劳务报酬中支付给中介人和相关人员的报酬，一律不再扣除。

总结

特许权使用费所得中关于“次”的规定

特许权使用费所得，以一项特许权的一次许可使用所取得的收入为一次。

如果该次转让取得的收入是分笔支付的，则应将各笔收入相加为一次的收入，计算缴纳个人所得税。

总结

稿酬所得中关于“次”的规定

（1）同一作品在两处或两处以上出版、发表或再版取得的所得，视为两次或两次以上稿酬所得。

（2）同一作品先在报刊上连载，然后出版，或先出版，然后在报刊上连载，视为两次稿酬所得。

（3）同一作品在报刊上连载取得收入，以连载完成后取得的所有收入合并为一次。

（4）同一作品在出版发表时，以预付稿酬或分次支付稿酬的，视为一次所得。

（5）同一作品出版发表后，因添加印数而追加稿酬的，应与原稿酬所得合并为一次。

（6）作者去世后，对取得其遗作稿酬的个人，按稿酬所得征税。

$$\begin{array}{c}\text{居住不满一个月}\\\text{非居民个人的应纳税额}\end{array}=\left(\begin{array}{c}\text{当月工资薪金}\\\text{应纳税所得额}\end{array}\times\begin{array}{c}\text{适用}\\\text{税率}\end{array}-\begin{array}{c}\text{速算}\\\text{扣除数}\end{array}\right)\times\begin{array}{c}\text{当月境内}\\\text{工作天数}\end{array}\div\begin{array}{c}\text{当月}\\\text{天数}\end{array}$$

【思考】

劳务报酬所得、稿酬所得、特许权使用费所得预扣预缴与年度汇算清缴时计算方法有何区别?

【例 15-1】假如某居民个人取得劳务报酬所得 2 000 元，求这笔所得应预扣预缴税额。

【解析】收入额=2 000−800=1 200（元）

应预扣预缴税额=1 200×20%=240（元）

【例 15-2】假如某居民个人取得稿酬所得 40 000 元，求这笔所得应预扣预缴税额。

【解析】收入额=4 000×56%=2 240（元）

应预扣预缴税额=2 240×20%=448（元）

任务四　处理经营所得个人所得税业务

一、计税依据

个人独资企业的投资者以全部的生产、经营所得为应纳税所得额。

合伙企业的合伙人按照合伙企业实际分配比例，确定应纳税所得额。

对企事业单位的承包经营、承租经营所得，也属于经营所得（承包承租不足一年的，以实际经营期限为一个纳税年度）。

二、查账征收

微课

处理经营所得个人所得税业务

实行查账征收的，其个人所得税的计算公式为：

$$\text{应纳税额}=\text{应纳税所得额}\times\text{适用税率}-\text{速算扣除数}=(\text{全年收入总额}-\text{成本、费用以及损失})\times\text{适用税率}-\text{速算扣除数}$$

不得扣除的项目见表 15-8。

表 15-8　不得扣除的项目

不得扣除的项目	个人所得税税款（包括业主及其从业人员）
	税收滞纳金
	罚金、罚款和被没收财物的损失
	不符合扣除规定的捐赠支出
	赞助支出（非广告性质）
	用于个人和家庭的支出
	与取得生产经营收入无关的支出

准予限额扣除的项目（成本、费用、税金、损失）见表15–9。

表15–9　　准予限额扣除的项目（成本、费用、税金、损失）

准予限额扣除的项目（成本、费用、税金、损失）	非银行企业内营业机构之间支付的利息，不超过按照金融企业同期同类贷款利率计算的部分可以扣除
	补充养老保险费、补充医疗保险费，分别在不超过职工工资总额5%标准内的部分可以扣除
	商业保险中的财产保险费、人身安全保险费，符合国家规定的，可以扣除
	工会经费（不超过工资薪金总额2%的部分）、职工福利费支出（不超过工资薪金总额14%的部分）、职工教育经费支出（不超过工资薪金总额2.5%的部分）可以扣除
	广告费和业务宣传费（不超过当年销售（营业）收入15%的部分）可以扣除
	业务招待费，按照发生额的60%扣除，但最高不得超过当年销售（营业）收入的5‰
	投资者本人的费用，扣除标准统一确定为60 000元/年
	公益性捐赠（不超过应税所得额30%的部分）可以扣除
	用于“三新”开发的仪器、装置费（10万元以下），可以扣除
	企业生产经营和投资者家庭生活共用的固定资产，难以划分的，按总费用的40%扣除
	开办费（可以选择一次性扣除或3年内摊销）

【例15–3】某市个体经营的大华餐厅，账证健全，2023年营业额为30万元，购进菜、肉、蛋、面粉等原料的费用总计48 000元，全年交纳水电费、房租、煤气费等共计6 000元，缴纳税金及附加16 500元，支付给2名雇工工资共计80 000元，计算其年终应缴所得税。

【解析】

（1）所得税税前扣除=48 000+6 000+16 500+80 000=150 500（元）

（2）应税所得额=300 000−150 500−60 000=89 500（元）

查5级超额累进税率表，适用税率为10%，速算扣除数为4500元。

（3）应纳税额=89 500×10%−4 500=4 450（元）

三、纳税调整

有下列情形之一的，税务机关有权按照合理方法进行纳税调整：

（1）个人与其关联方之间的业务往来不符合独立交易原则而减少本人或者其关联方应纳税额，且无正当理由。

（2）居民个人控制的，或者居民个人和居民企业共同控制的设立在实际税负明显偏低的国家（地区）的企业，无合理经营需要，对应当归属于居民个人的利润不作分配或者减少分配。

（3）个人实施其他不具有合理商业目的的安排而获取不当税收利益。

税务机关依照前款规定作出纳税调整，需要补征税款的，应当补征税款，并依法加收利息。

【例15-4】经营所得的应纳税额计算。胡昊与吴桢在上海共同创办了景鸿合伙企业，合伙协议约定利润分配比例为胡昊60%、吴桢40%。2023年景鸿合伙企业实现收入总额为1 000万元，成本费用总额为600万元，其中，列支胡昊工资12万元，其他事项纳税调整增加额为38万元。胡昊2023年无任何综合所得，实际缴纳基本养老保险费和基本医疗保险费共计2.4万元，符合条件的专项附加扣除为3.6万元。吴桢在一家公司上班，2023年的工资薪金所得为20万元，实际缴纳的三险一金为4万元，符合条件的专项附加扣除为3万元，已由单位在发放工资预扣预缴个人所得税时进行了扣除，另外吴桢从经营所得中拿出50万元捐赠给公益慈善事业。请问：胡昊与吴桢来源于景鸿合伙企业的经营所得应该缴纳多少个人所得税？

【解析】

1.计算景鸿合伙企业的应纳税所得额：

应纳税所得额=收入−成本费用+税前列支的投资者工资+纳税调整增加额

=1 000−600+12+38=450（万元）

2.计算个人来源于景鸿合伙企业的经营所得：

合伙企业的投资者按照合伙企业的全部经营所得和合伙协议约定的分配比例确定应纳税所得额。

胡昊来源于景鸿合伙企业的经营所得=450×60%=270（万元）

吴桢来源于景鸿合伙企业的经营所得=450×40%=180（万元）

3.计算个人经营所得的应纳税额

（1）胡昊没有综合所得，计算应纳税所得额时，可减除费用6万元、专项扣除、专项附加扣除以及依法确定的其他扣除。

胡昊经营所得的应纳税所得额=270−6−2.4−3.6=258（万元）

适用税率35%，速算扣除数为65 500元。

胡昊应交个人所得税=258×35%−6.55=83.75（万元）

（2）吴桢有综合所得，减除费用6万元、专项扣除、专项附加扣除以及依法确定的其他扣除（已在综合所得的应纳税所得额扣除的，不能重复扣除）。

吴桢经营所得扣除捐赠之前的应纳税所得额=180万元

准予扣除的公益慈善事业捐赠额=180×30%=54（万元）

实际捐赠50万元，小于扣除限额，可以据实扣除。

扣除捐赠额之后的应纳税所得额=180−50=130（万元）

适用税率35%，速算扣除数为65 500元。

吴桢应交个人所得税=130×35%−6.55=38.95（万元）

任务五　其他收入的个人所得税业务处理

微课

其他收入的个人所得税业务处理

一、劳务报酬所得

劳务报酬所得适用20%的比例税率；但是，对劳务报酬所得一次收入畸高的，可实行加成征收。

其具体办法是：个人一次取得劳务报酬，其应纳税所得额超过20 000元的，为畸高收入；对应纳税所得额超过20 000元至50 000元的部分，依照税法规定计算应纳税额后再按照应纳税额加征5成；超过50 000元的部分加征10成。

随堂测15-3

（单选题）作家李先生从2023年3月1日起在某报刊连载一小说，每期取得报社支付的收入300元，共连载110期（其中3月份30期）。9月份将连载的小说结集出版，取得稿酬48 600元。

下列各项关于李先生取得上述收入缴纳个人所得税的表述中，正确的是（　　）。

A. 小说连载每期取得的收入应由报社按劳务报酬所得代扣代缴个人所得税60元

B. 小说连载取得收入应合并为一次，由报社按稿酬所得代扣代缴个人所得税3 696元

C.3月份取得的小说连载收入应由报社按稿酬所得于当月代扣代缴个人所得税1 800元

D. 出版小说取得的稿酬缴纳个人所得税时允许抵扣其在报刊连载时已缴纳的个人所得税

二、财产租赁所得

（一）财产租赁所得的个人所得税计算

（1）每次（月）收入不超过4 000元的：

应纳税所得额＝每次（月）收入额－扣除项目－800

应纳税额＝应纳税所得额×适用税率

（2）每次（月）收入超过4 000元的：

应纳税所得额＝［每次（月）收入额－扣除项目］×（1－20%）

应纳税额＝应纳税所得额×适用税率

财产租赁所得以一个月内取得的收入为一次。

（二）财产租赁税前可以扣除的费用

（1）财产租赁过程中缴纳的税费，除增值税以外，转租时可以扣除。

（2）由纳税人负担的该出租财产实际开支的修缮费用。

修缮费用的扣除以每次800元为限。一次扣除不完的，准予在下一次继续扣除，直到扣完为止。

【例15-5】公民朱某2024年5月将自己的一处住宅出租，租期1年，每月取得租金收入2 000元，当年5月发生房屋维修费1 800元，计算朱某当年应缴纳的个人所得税税额。

【解析】

应缴纳的个人所得税=（2 000-800-800）×10%×2+（2 000-200-800）×10%+（2 000-800）×10%×5
=780（元）

三、财产转让所得

财产转让应纳税额＝应纳税所得额×适用税率＝（收入总额-财产原值-合理费用）×20%

财产原值，按照下列方法确定：

（1）有价证券，为买入价以及买入时按照规定交纳的有关费用；

（2）建筑物，为建造费或者购进价格以及其他有关费用；

（3）土地使用权，为取得土地使用权所支付的金额、开发土地的费用以及其他有关费用；

（4）机器设备、车船，为购进价格、运输费、安装费以及其他有关费用。

其他财产，参照上述规定的方法确定财产原值。

纳税人未提供完整、准确的财产原值凭证，不能按照上述方法确定财产原值的，由主管税务机关核定财产原值。

合理费用，是指卖出财产时按照规定支付的有关税费。

四、利息、股息、红利所得

（一）计税依据的确定

利息、股息、红利所得，以每次收入额为应纳税所得额。持股期在1个月到1年（含1年）的，减征50%；超过1年的，暂免征税。

（二）应纳税额的计算

利息、股息、红利所得应纳税额的计算公式为：

应纳税额=应纳税所得额×适用税率=每次收入额×20%

五、偶然所得

（一）计税依据的确定

偶然所得，以每次收入额为应纳税所得额，不能扣减为获得奖金而支出的费用。

（二）应纳税额的计算

偶然所得的应纳税额的计算公式为：

应纳税额=应纳税所得额×适用税率=每次收入额×20%

个人所得税应税项目基本情况见表15-10。

表 15-10　　个人所得税应税项目基本情况表

应税项目	纳税期限	费用扣除	适用税率
工资、薪金所得 劳务报酬所得 稿酬所得 特许权使用费所得	居民个人按年汇缴 非居民个人按月缴纳	1.居民个人的综合所得，每年收入扣除60 000元以及专项扣除、专项附加扣除及其他扣除 2.非居民工资、薪金所得每月收入扣除5 000元；其余收入无扣除 3.劳务报酬所得、特许权使用费所得按80%计算收入 4.稿酬所得按56%计算收入	7级超额累计税率
经营所得	年	成本、费用、损失、税金	5级超额累计税率
财产租赁所得	次	1.每次收入不超过4 000元的，扣除800元；每次收入超过4 000元的，扣除20% 2.租赁过程中发生的税费及修缮费用	20% （个人出租房屋为10%）
财产转让所得	次	财产原值及合理费用	
利息、股息、红利、偶然所得	次	无扣除	

六、境外收入

（一）境外收入个人所得税抵免的规定

纳税人从中国境外取得的所得，准予其在应纳税额中扣除已在境外缴纳的个人所得税税额。

需要注意的是，扣除额不得超过该纳税义务人境外所得依照《个人所得税法》规定计算的应纳税额。

（二）境外收入个人所得税抵免的步骤

境外收入个人所得税抵免的步骤为：

①单独计算境外收入总额（税前所得）；境外所得应纳税额按照我国税法规定计算，不同项目分开计算。

②将同一个国家或地区的应纳税额相加，得到该国抵免限额。

③将抵免限额与在该国或地区实纳税额相比：如果实纳税额大于抵免限额，境外所得不需纳税（超出部分可在未来5年内补扣）；如果实纳税额小于抵免限额，缴纳二者的差额。

任务六　办理代扣代缴个人所得税业务

微课

办理代扣代缴个人所得税业务

一、代扣代缴

（一）扣缴义务人的确定

凡支付个人应纳税所得的企业、事业单位、机关、社团组织、军队、驻华机构、个体户等单位或者个人，为个人所得税的扣缴义务人。

（二）扣缴义务人的义务

（1）申报办理扣缴税款登记；

（2）依法代扣代缴税款；

（3）定期向主管税务机关报送申报表并汇总解缴代扣税款。

（三）代扣扣缴形式

居民个人取得综合所得，由扣缴义务人按月或者按次预扣预缴税款，年终汇算清缴。

居民个人向扣缴义务人提供专项附加扣除信息的，扣缴义务人按月预扣预缴税款时应当按照规定予以扣除，不得拒绝。

非居民个人取得工资、薪金所得，劳务报酬所得，稿酬所得和特许权使用费所得，由扣缴义务人按月或者按次代扣代缴税款，不办理汇算清缴。

纳税人取得利息、股息、红利所得，财产租赁所得，财产转让所得和偶然所得，按月或者按次计算个人所得税，由扣缴义务人按月或者按次代扣代缴税款。

二、代扣代缴规定

（一）扣缴义务人税款缴纳时间

每月或者每次预扣、代扣的税款，应当在次月15日内缴入国库。

（二）没有扣缴义务人

纳税人在取得所得的次月15日内向税务机关报送纳税申报表，并缴纳税款。

（三）扣缴义务人未扣缴税款

纳税人在取得所得的次年6月30日前，缴纳税款；税务机关通知限期缴纳的，纳税人应当按照期限缴纳税款。

三、纳税地点

代扣代缴个人所得税的纳税地点一般为收入来源地主管机关。

境外收入代扣代缴个人所得税的纳税地点为户籍所在地或经常居住地主管税务机关。

随堂测 15-4

（多选题）下列选项中，符合个人所得税专项附加扣除规定的有（　　）。

A. 学前教育阶段的计算时间，为子女年满3周岁当月至小学入学当月

B. 学历教育的计算时间，为子女接受全日制学历教育入学的当月至全日制学历教育结束的当月

C. 同一学历（学位）继续教育的扣除期限最长不得超过48个月

D. 大病医疗的计算时间，为医疗保障信息系统记录的医药费用实际支出的次年

任务七　个人所得税的纳税申报

微课

办理个人所得税的自行申报业务

一、综合所得申报

（一）收入及减除填写

点击“综合所得申报”→“收入及减除填写”，录入综合所得各项目的收入及减除项数据，所得项目包括“工资薪金所得”、“劳务报酬所得”、“稿酬所得”和“特许权使用费所得”等。

各所得项目展示所得项目名称、填写人数、收入合计、状态和操作，如图 15-1 所示。

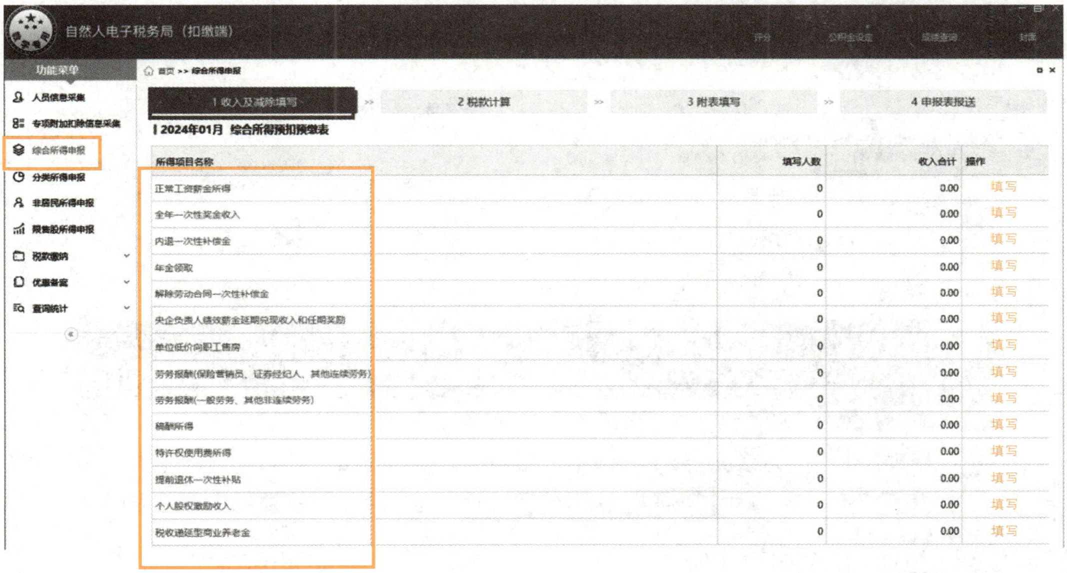

图15-1　收入及减除填写

选择所得项目进行数据填写。点击“填写”按钮后（如图 15-2 所示），会出现“提示”窗口（如图 15-3 所示），单击“确定”按钮后会提示是否需要自动导入，可以选择手动添加或使用模板导入（如图 15-4 所示）。

1. 手动添加

在“正常工资薪金所得界面”点击“添加”按钮（如图 15-5 所示），进入“正常工资薪金所得新增”界面。

在“正常工资薪金所得新增”界面录入相应的收入以及扣除信息（如图 15-5 所示），点击“保存”按钮即可添加成功。

此处以正常工资薪金所得为例，其他报表填写方法与之相同。

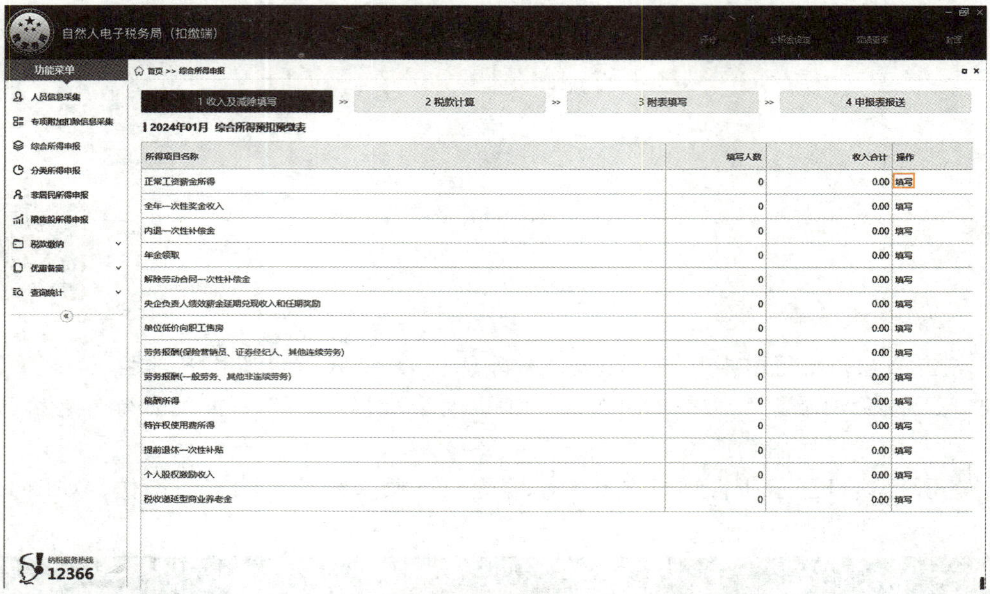

图15-2　点击“填写”按钮

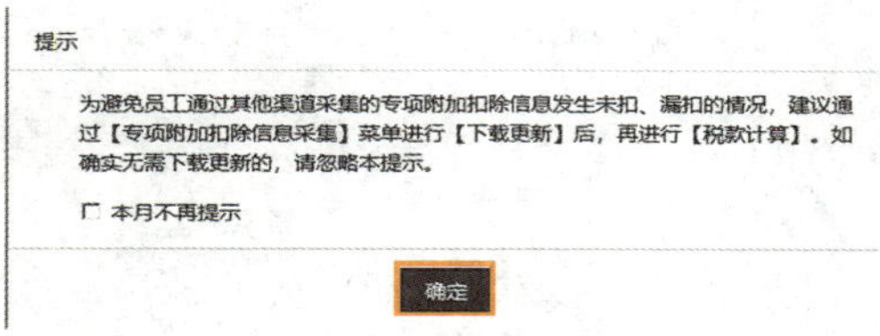

图15-3　“提示”窗口

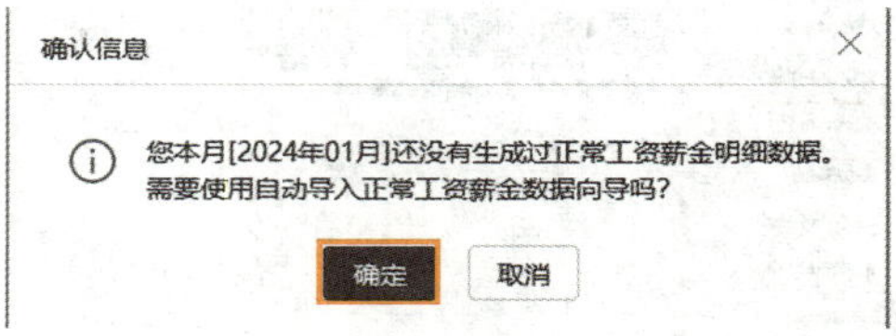

图15-4　确认信息

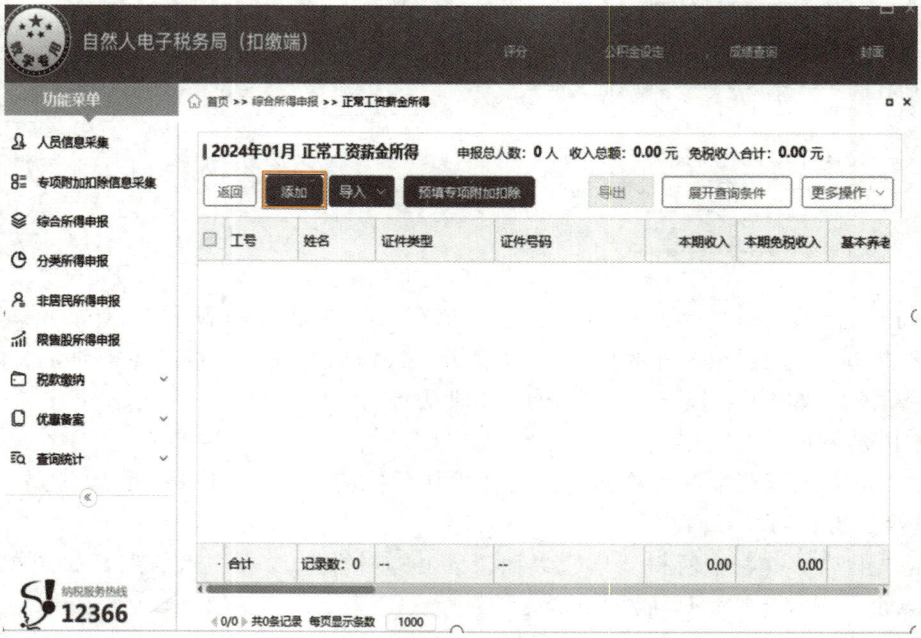

图15-5　点击“添加”

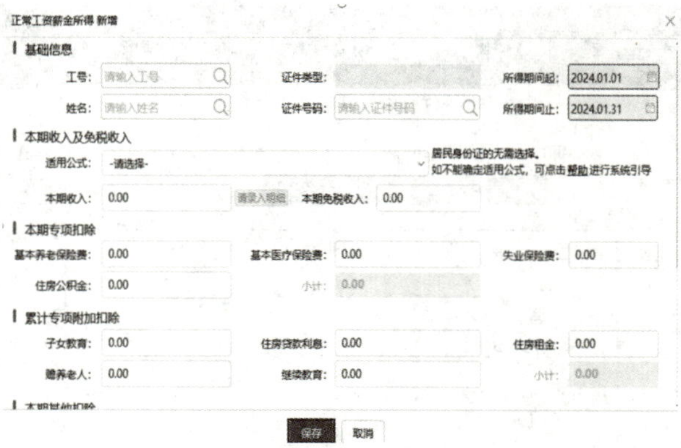

图15-6　录入收入以及扣除信息

2. 批量导入

点击“导入”→“模板下载”，下载客户端中提供的标准Excel模板，如图15-7所示。

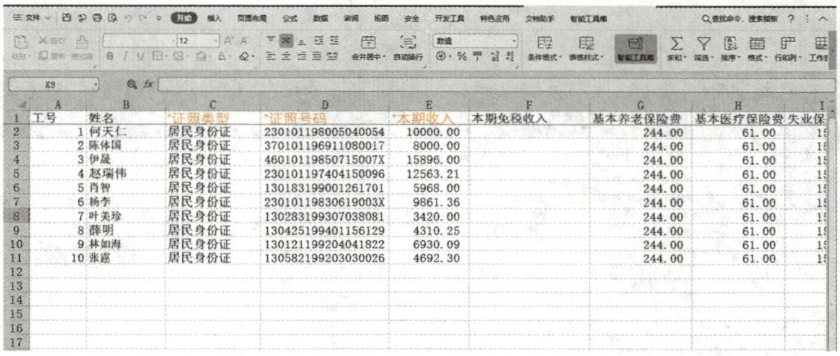

图15-7　模板下载

下载模板后，将人员各项信息填写到模板对应列并进行相应的编辑（如图15-8所示）。

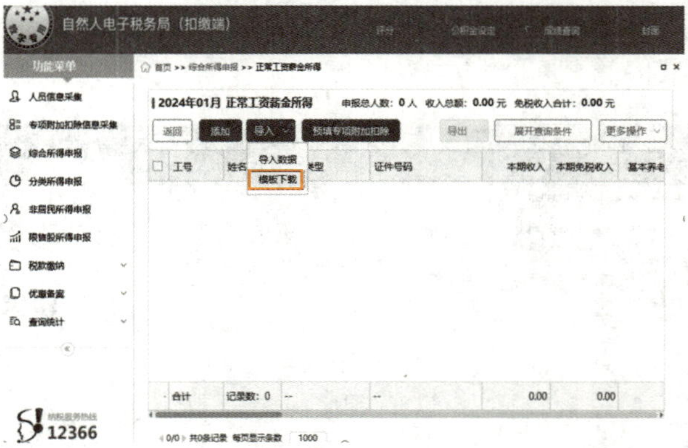

图15-8　将人员各项信息填写到模板对应列

然后返回到填写界面，选择“标准模板导入”（如图15-9所示）。

点击“导入”，选择导入文件（Excel文件），导入到客户端中。

导入之后，点击“提交数据”按钮（如图15-10所示）。

点击“完成”按钮（如图15-11所示），即可导入成功。

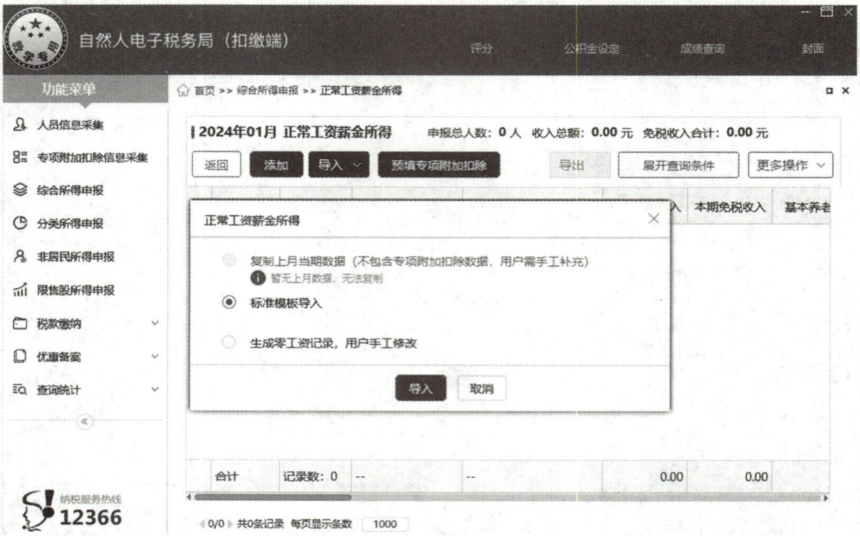

图15-9　选择“标准模板导入”

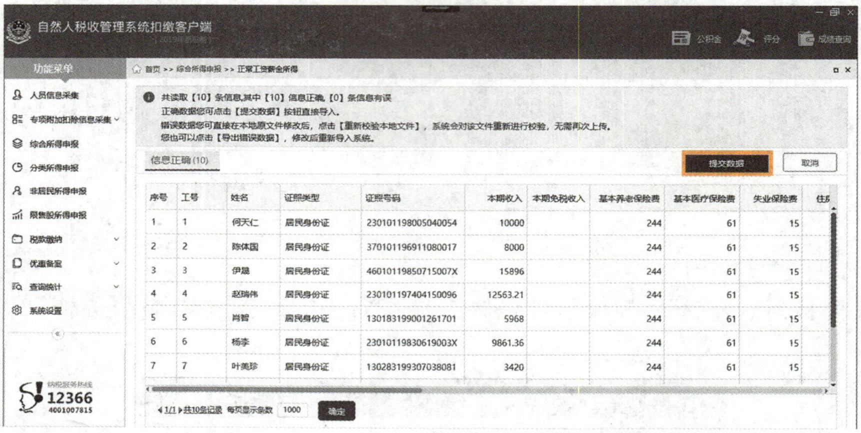

图15-10　提交数据

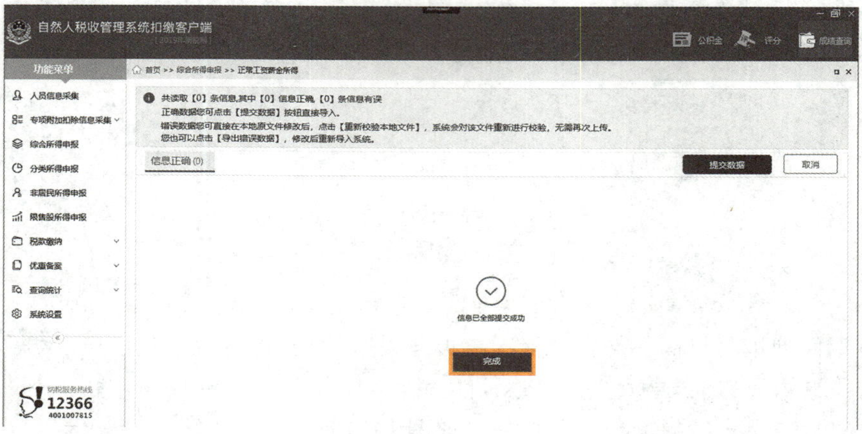

图15-11　“导入成功”提示

采集完成人员专项附加扣除信息后，在填写其工资薪金报表前（后），可通过“预填专项附加扣除”自动传递附加扣除数据到工资薪金报表中。

此时需注意，按照最新的个税政策，扣除为累计扣除，需特别注意税款所属期。操作步骤如图15-12、图15-13所示。

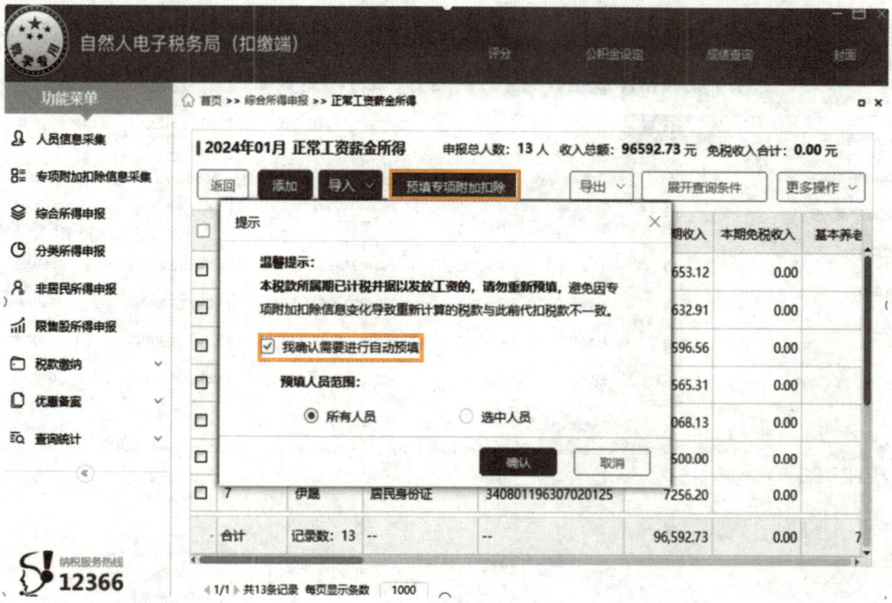

图15-12　提示

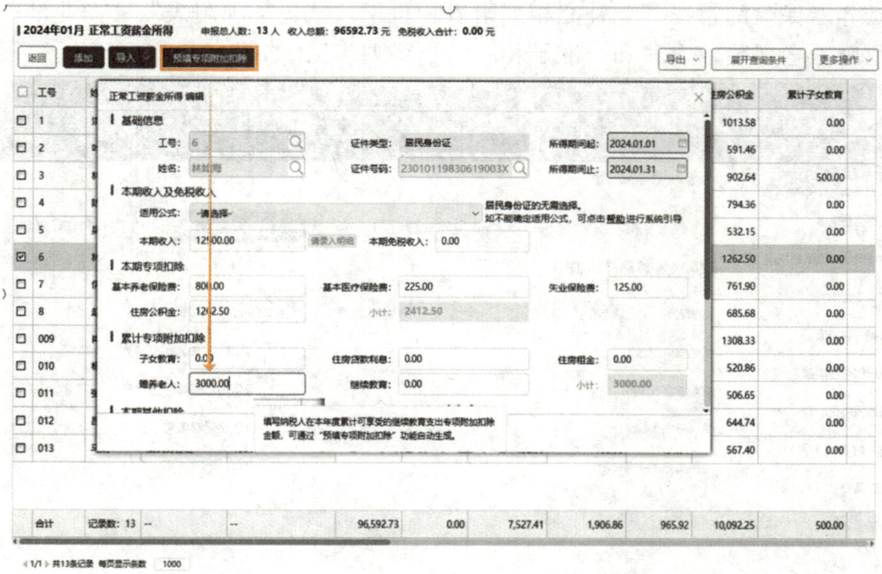

图15-13　预填专项附加扣除

（二）税款计算

收入及减除和附表填写完成后，点击“税款计算”按钮，系统自动对填写的所有所得项目进行税款计算，如图 15–14 所示。

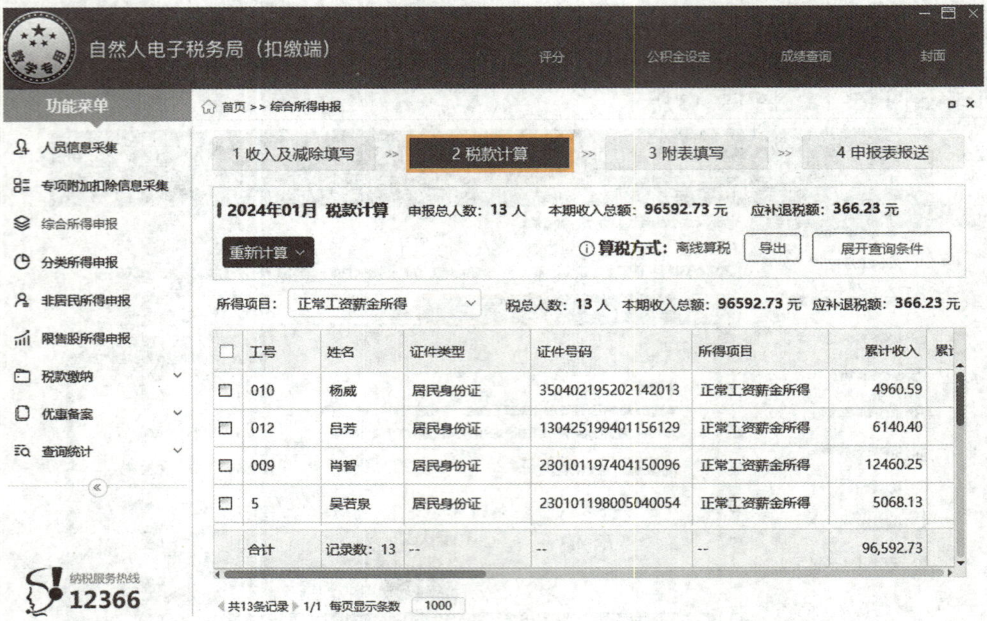

图 15–14 税款计算

（三）附表填写

点击“附表填写”，可以在收入及减除中填写了减免税额、免税收入、商业健康保险、税延养老保险的情况下，补充相应附表，包括“减免事项附表”、“商业健康保险附表”、“税延养老保险附表”和“准予扣除的捐赠列表”，如图 15–15 所示。

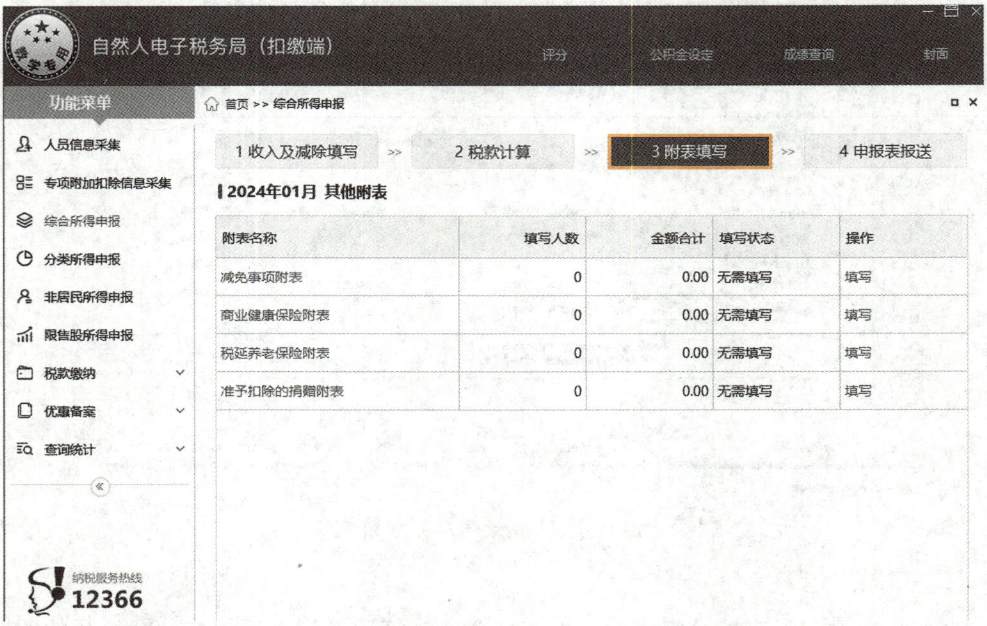

图 15–15 附表填写

（四）申报表发送

选择“专项附加扣除信息采集”→“综合所得申报”→“申报表报送”，系统加载申报表报送界面，用于完成报表报送、获取反馈、申报作废、更正申报操作，如图 15-16 所示。

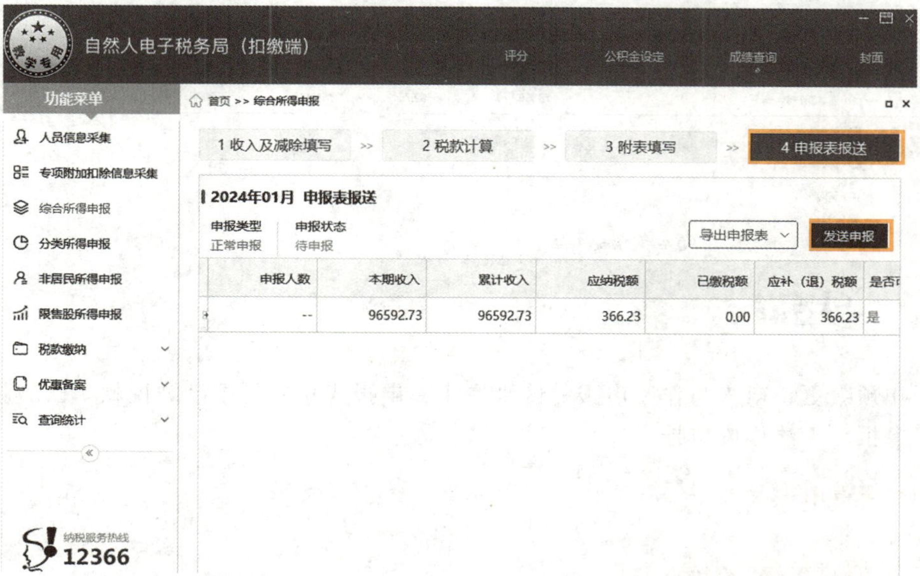

图 15-16　“申报表报送”界面

点击“发送申报”后，系统弹出“获取反馈”界面，如图 15-17 所示。

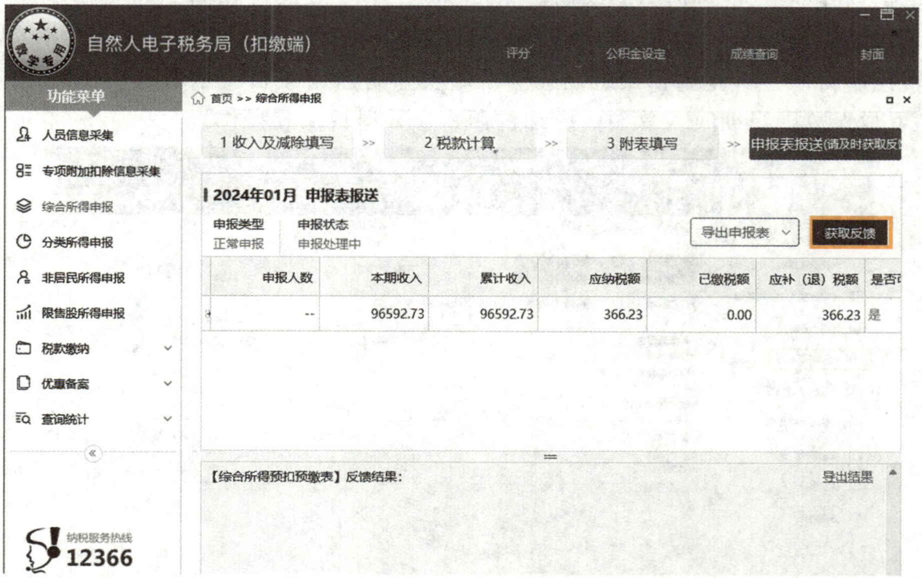

图 15-17　“获取反馈”界面

点击“获取反馈”按钮，完成申报，如图 15-18 所示。

若需要修改数据，可通过“作废申报”或“更正申报”进行。

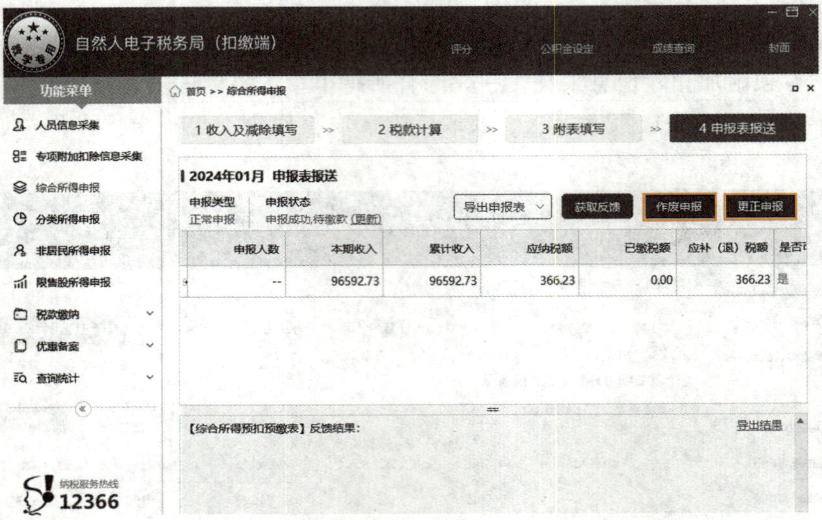

图15-18　“作废申报”或“更正申报”

预扣预缴更正申报与作废申报的区别在于，申报成功后是否已缴税款。已缴款时只能更正申报，无法作废申报。

二、分类所得申报

（一）收入及减除填写

选择“分类所得申报”→“收入及减除填写”，填写一般分类所得代扣代缴所得项目，包括“利息股息红利所得”、“财产租赁所得”、“财产转让所得”和“偶然所得”四类，如图15-19所示。其中，财产转让所得包括“财产拍卖所得及回流文物拍卖所得、“股权转让所得”、“其他财产转让所得”三小类。各所得项目展示所得项目名称、填写状态、填写人数、当期收入总额、应纳税额、应补退税额和操作。

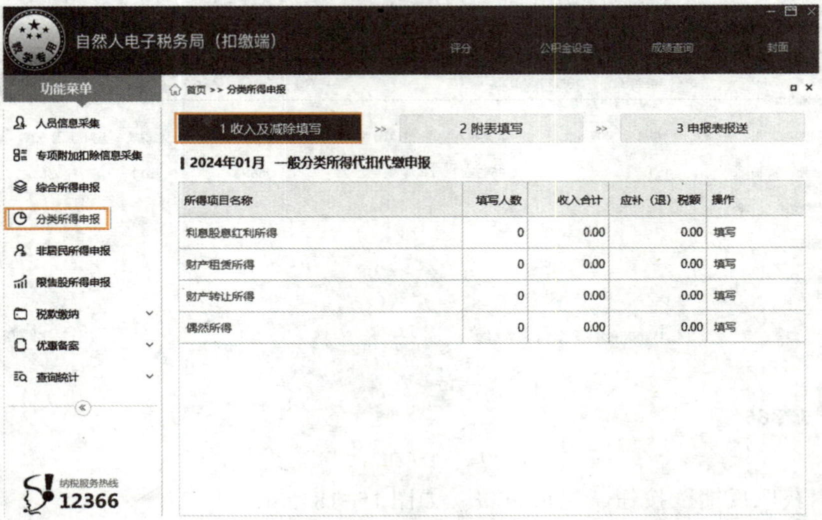

图15-19　收入及减除填写

先点击利息股息红利所得后的“填写”按钮，再点击“添加”按钮，填写完成后，点击“保存”按钮，如图15-20所示。然后依次完成其他所得项目的填写。

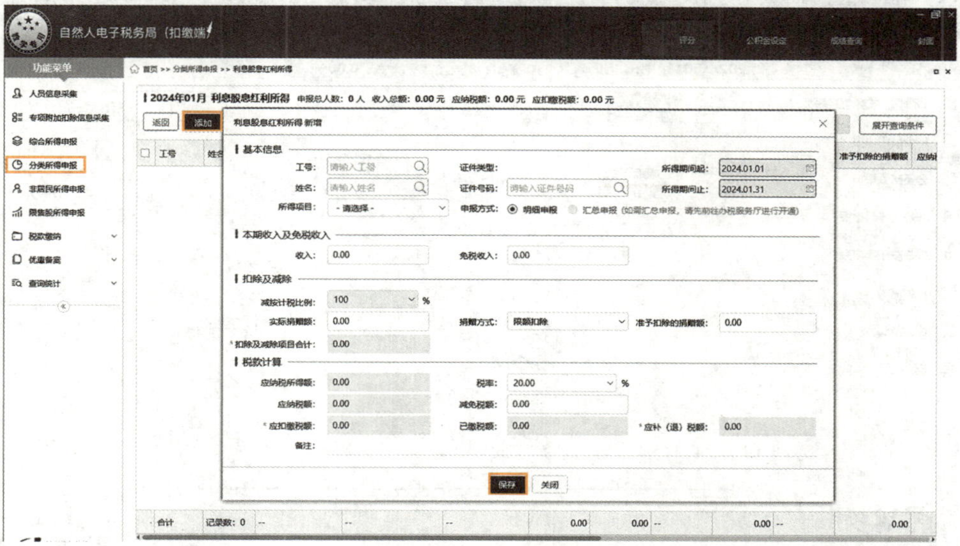

图15-20　填写数据后保存

（二）附表填写

选择“专项附加扣除信息采集”→“分类所得申报”→“附表填写”：即可填写减免事项附表。若一般分类所得代扣代缴申报填写了“减免税额”或“免税收入”，则需要填写减免事项附表，点击“减免事项附表”，再点击“模板下载”填写相应信息，如图15-21、图15-22所示。

图15-21　附表填写

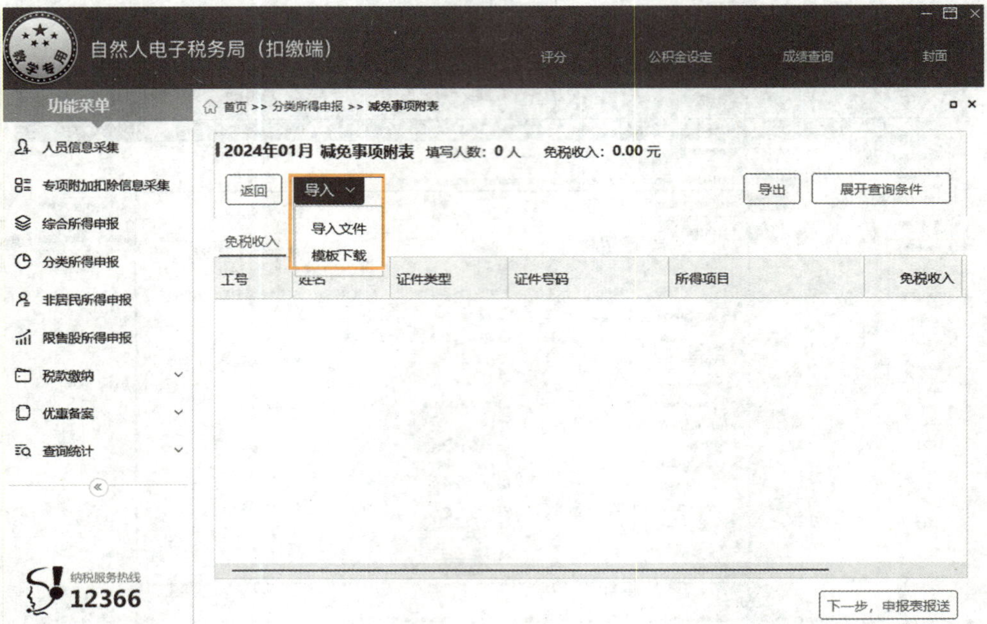

图15-22　模板下载

（三）申报表报送

点击“申报表报送”进入“申报表报送”界面，用于完成报表报送、获取反馈、作废申报、更正申报操作，如图15-23所示。

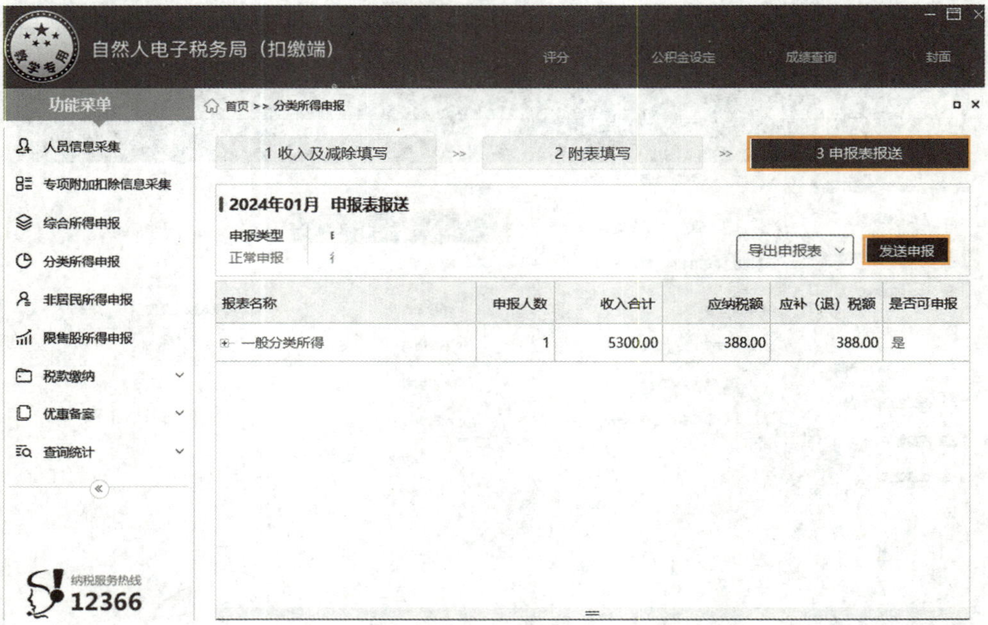

图15-23　“申报表报送”界面

点击“发送申报”按钮后有30秒等待反馈的时间，如图15-24所示；然后点击

“获取反馈”，完成申报，图 15-25 所示。若要修改数据，可通过“作废申报”或“更正申报”进行。

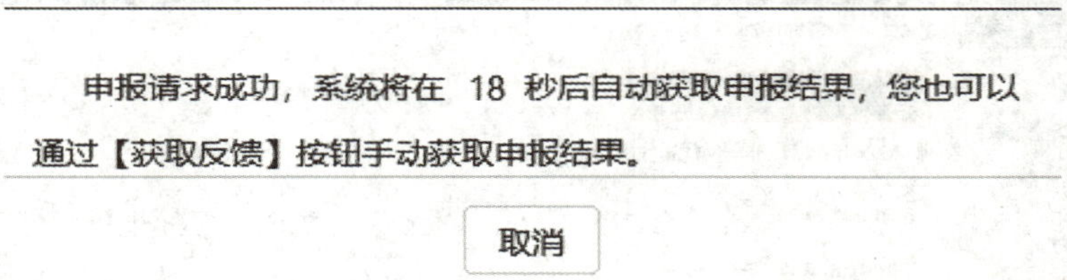

图15-24　等待反馈

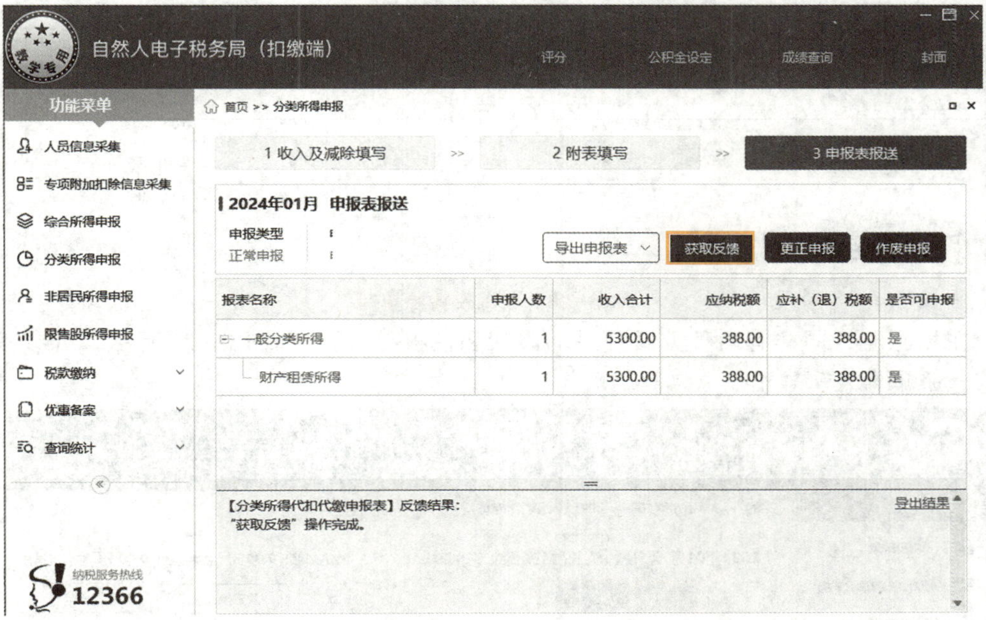

图15-25　获取反馈

预扣预缴更正申报与作废申报的区别在于，申报成功后是否已缴税款。已缴款时只能更正申报，无法作废申报。

三、非居民所得申报

（一）收入及减除填写

选择“非居民所得申报”→“收入及减除填写”，录入非居民代扣代缴所得项目的收入及减除项数据，包括“工资薪金所得”（无住所个人正常工资薪金、无住所个人数月奖金、解除劳动合同一次性补偿金、个人股权激励收入、税收递延型商业养老金）、“劳务报酬所得”、“稿酬所得”、“特许权使用费所得”、“利息股息红利所得”、“其他财产租赁所得”、“财产转让所得”（财产拍卖所得及回流文物拍卖所得、股权转让所得、其他财产转让所得）和“偶然所得”8个大类，如图 15-26 所示。

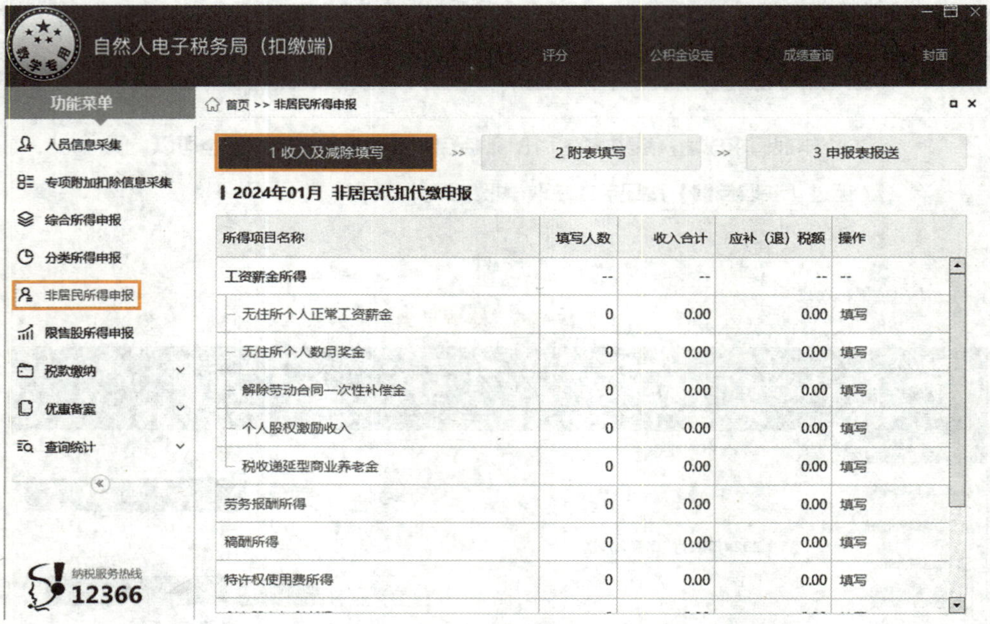

图15-26　收入及减除填写

在填写时，同样有两种方式（手动添加和模板导入），如图15-27所示，可参考人员信息采集导入、导出。

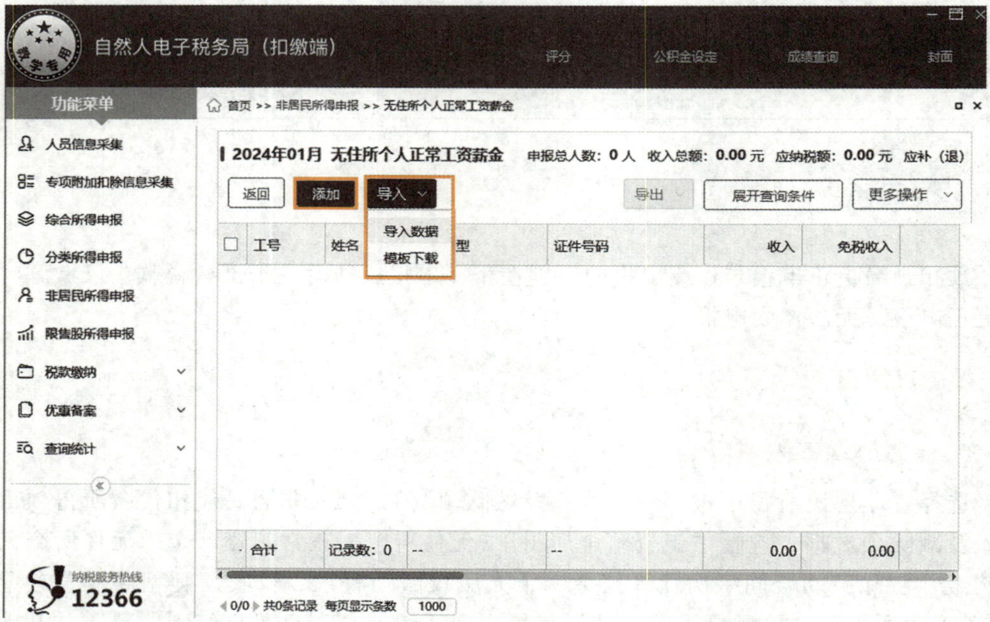

图15-27　填写界面

（二）附表填写

“附表填写”包含“减免事项附表”“准予扣除的捐赠附表”“个人股东股权转让

信息表”。如果非居民代扣代缴表中填写了“减免税额”或“免税收入”，需完善“减免事项附表”；如果非居民代扣代缴表中存在捐赠事项，需完善“准予扣除的捐赠附表”；如果非居民代扣代缴表中填写了“股权转让所得”报表，需完善“个人股东股权转让信息表”。具体操作界面如图15-28、图15-29所示。

图15-28　“附表填写”界面

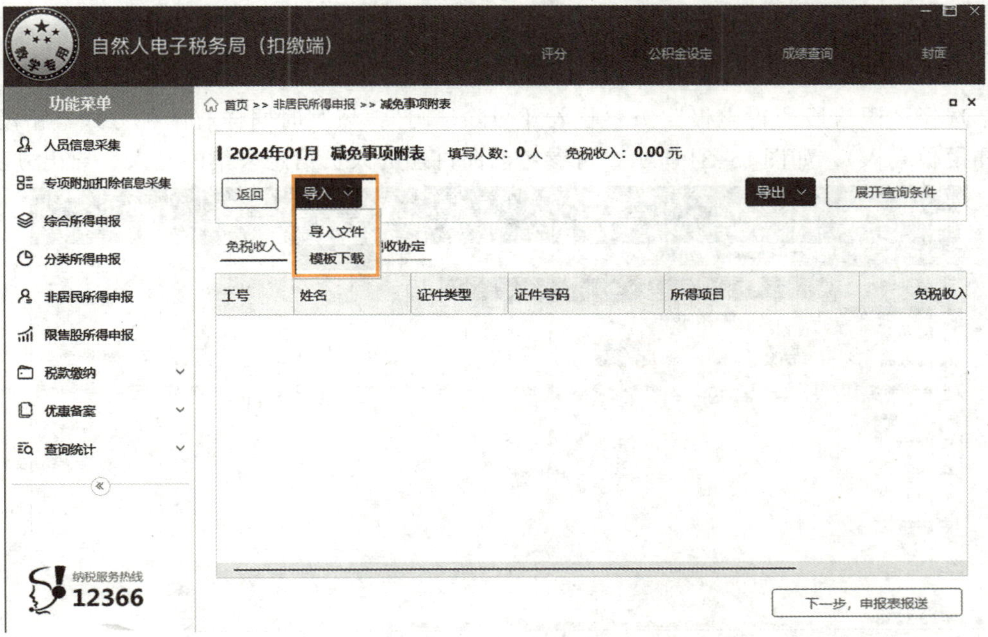

图15-29　“导入”操作界面

（三）申报表报送

点击“申报表报送”后，进入“申报表报送”界面，如图15-30所示，用于完成报表报送、获取反馈、作废申报、更正申报操作。

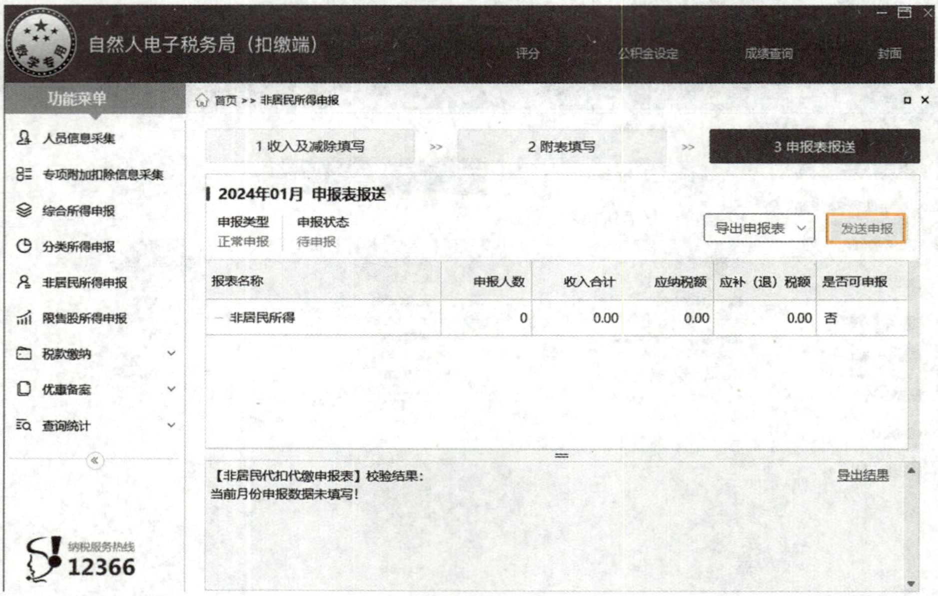

图15-30 “申报表报送”界面

四、限售股所得申报

（一）收入及减除填写

选择“限售股所得申报”→“收入及减除填写”，填写时同样有两种方式（手动添加和模板导入），如图15-31所示，可参考前面讲述的人员信息采集的导入、导出方法。

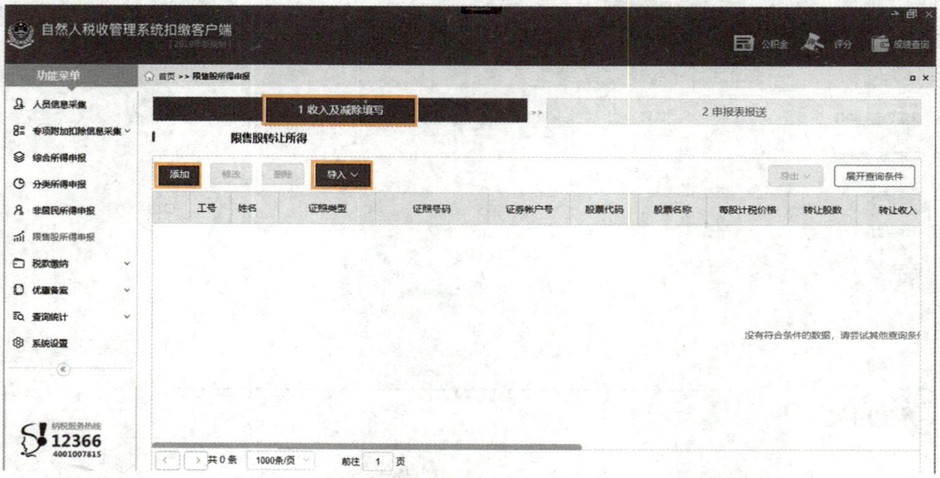

图15-31 限售股所得申报——收入及减除填写

（二）申报表报送

填写完毕后，点击“申报表报送”后加载“申报表报送”界面，如图 15-32 所示，用于完成报表报送、获取反馈、申报作废、更正申报操作。

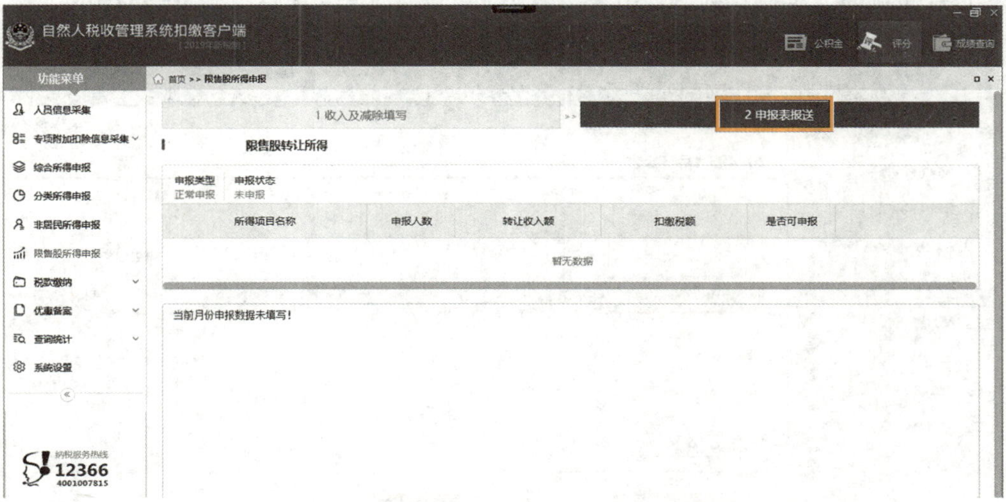

图 15-32　“限售股所得申报——申报表报送”界面

（三）税款缴纳

报表申报成功后，若采用三方协议缴款方式，则点击“税款缴纳”→“三方协议缴税”，如图 15-33 所示。

图 15-33　“税款缴纳”界面

界面下方显示欠税相关内容，包括所得月份、申报表种类、征收品目、税率、税款所属期起止、应补退税额以及缴款期限。

点击“立即缴款”，系统会调取企业三方协议，并核对信息是否存在及正确。

确认三方协议的开户行、账户名称等基本信息无误后，点击“确认扣款”发起缴款，进度条刷新完毕后得到缴款结果，即完成缴款，如图15-34、图15-35所示。

图15-34　选择三方协议并确认扣款

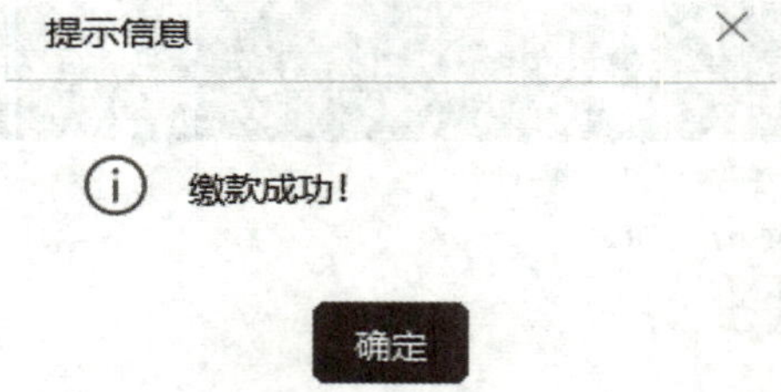

图15-35　“缴款成功”提示

主要参考文献

［1］财政部会计资格评价中心．经济法［M］．北京：经济科学出版社，2023.

［2］财政部会计资格评价中心：经济法基础［M］．北京：经济科学出版社，2023.

［3］中国注册会计师协会．税法［M］．北京：中国财政经济出版社，2023.

［4］全国税务师职业资格考试教材编写组．税法（Ⅰ）［M］．北京：中国税务出版社，2023.

［5］全国税务师职业资格考试教材编写组．税法（Ⅱ）［M］．北京：中国税务出版社，2023.

［6］全国税务师职业资格考试教材编写组．涉税服务实务［M］．北京：中国税务出版社，2023.